MERCIFUL WRITING BIBLE

야훼밑글씨

성령님과함께쓰는

은혜로운 필사성경

4

사무엘상 – 열왕기하

필 사 자 : ____________

시작한 날 : ____________

끝 난 날 : ____________

서울말씀사

일러두기

1. 성경 각 권의 서론을 수록하여 성경의 이해를 도왔습니다.

2. 성경의 장과 절이 인쇄되어 있어 보기 쉽고 쓰기 쉽습니다. 또한 밑글씨가 인쇄되어 있어, 성경 없이 누구나 쉽게 필사할 수 있습니다.

3. 성경의 순서에 관계없이 자유롭게 필사할 수 있습니다.

4. 성경과 같이 2단 편집으로 되어 있어 쓰기 쉽고, 여백 활용을 최대화하였습니다.

5. [성령님과 함께 쓰는 은혜로운 필사성경](개정)은 총 10권으로 구성되어 있습니다.

   1 : 구약 1 _ 율법서 1 (창세기 ~ 출애굽기)
   2 : 구약 2 _ 율법서 2 (레위기 ~ 신명기)
   3 : 구약 3 _ 역사서 1 (여호수아 ~ 룻기)
   4 : 구약 4 _ 역사서 2 (사무엘상 ~ 열왕기하)
   5 : 구약 5 _ 역사서 3 (역대상 ~ 에스더)
   6 : 구약 6 _ 시가서 (욥기 ~ 아가)
   7 : 구약 7 _ 예언서 1 (이사야 ~ 예레미야애가)
   8 : 구약 8 _ 예언서 2 (에스겔 ~ 말라기)
   9 : 신약 1 _ 마태복음 ~ 사도행전
   10 : 신약 2 _ 로마서 ~ 요한계시록

머리말

지식의 홍수 속에서 살아가는 현대인들의 영혼에 가장 필요한 지식은 무엇일까요? 그것은 바로 '하나님을 아는 지식'입니다. 하나님께서는 호세아 6장 6절에서 "나는 인애를 원하고 제사를 원하지 아니하며 번제보다 하나님을 아는 것을 원하노라"라고 말씀하셨습니다. 이처럼 하나님께서 가장 원하시는 것은 우리가 하나님을 알고 하나님의 뜻대로 사는 것입니다.

하나님을 알아가는 가장 좋은 방법은 하나님의 말씀인 성경을 가까이하는 것이며, 성경을 가까이하는 가장 좋은 방법들 중 하나는 성경을 직접 쓰는 것입니다. 성경을 필사하는 시간은 성경을 읽고 묵상하는 시간과 더불어 또 하나의 은혜의 시간, 축복의 시간이 될 것입니다. 이렇게 귀한 성경 필사에 도움이 되고자 이번에 『성령님과 함께 쓰는 은혜로운 필사성경』을 펴내게 되었습니다. 이 책은 말씀을 읽는 것에서 더 나아가 말씀을 직접 기록하며 하나님을 더욱 알기를 원하는 모든 분들에게 큰 유익이 될 것입니다. 인내와 정성이 깃든 성경 필사를 통해 성령님의 음성을 듣고 하나님 말씀의 더 깊은 세계로 나아가는 은혜를 체험하게 되시기를 간절히 바랍니다.

여의도순복음교회
위임목사 이영훈

SAMUEL

사무엘상 · 하

저 자 익명의 선지자

주 제 사무엘상 : 이스라엘 왕정체제의 형성 과정을 통해 이스라엘의 진정한 통치자는 하나님이심을 보여 준다.
사무엘하 : 다윗 언약과 그것을 신실하게 이루어 가시는 하나님

기록목적 사무엘상 : 사사 시대 이후 왕정 시대로의 변천과 사무엘, 사울, 다윗으로 이어지는 통치 역사 속에 이스라엘을 통치하시는 하나님의 섭리를 보여 주기 위해서 기록되었다.
사무엘하 : 다윗이 통일 왕국을 확립하여 하나님의 뜻을 따라 성실과 공의로 다스리는 것을 통해 장차 왕으로 오실 예수 그리스도의 통치를 보여 준다.

시대적 배경 원래 히브리 성경에서는 사무엘상 · 하가 한 권의 책이었으나, 70인역헬라어 성경에서는 상 · 하 두 권으로 구분했다. 사무엘상은 사무엘의 탄생으로부터 사울의 죽음에 이르는 약 한 세기 동안의 역사를 다루고 있으며, 사무엘하는 다윗이 사울의 뒤를 이어 이스라엘의 제2대 왕으로 등극한 후 통치한 약 40년간의 영욕의 역사가 기록되어 있다.

특 징
- 왕정 체제로의 전환이라는 이스라엘의 역사적 변환기를 다루면서, 이 모든 것을 주관하시고 섭리하시는 분은 하나님이라는 사실을 분명히 하고 있다.
- 이스라엘의 역사적 변환기 한가운데 있는 인물들, 즉 사무엘과 사울과 다윗에 대한 전기적 자료를 풍부하게 제공해 준다.
- 다윗 통치하에서의 이스라엘의 번영과 축복, 다윗의 범죄로 인한 다윗 가문과 이스라엘의 분쟁의 역사, 다윗과 이스라엘의 관계 회복을 통해 다윗 언약7:12-16을 이루어 가시는 하나님을 증거하고 있다.
- 자신의 이름으로 된 예언서를 가진 '문서예언자'들이사야, 예레미야 등 외에 이스라엘 역사에서 활동한 많은 예언자들나단, 갓 등의 이야기가 사무엘상 · 하에 많이 등장한다.

나의 기도

사무엘상

1

에브라임 산지 라마다임소빔에 에브라임 사람 엘가나라 하는 사람이 있었으니 그는 여로함의 아들이요 엘리후의 손자요 도후의 증손이요 숩의 현손이더라

2 그에게 두 아내가 있었으니 한 사람의 이름은 한나요 한 사람의 이름은 브닌나라 브닌나에게는 자식이 있고 한나에게는 자식이 없었더라

3 이 사람이 매년 자기 성읍에서 나와서 실로에 올라가서 만군의 야훼께 예배하며 제사를 드렸는데 엘리의 두 아들 홉니와 비느하스가 야훼의 제사장으로 거기에 있었더라

4 엘가나가 제사를 드리는 날에는 제물의 분깃을 그의 아내 브닌나와 그의 모든 자녀에게 주고

5 한나에게는 갑절을 주니 이는 그를 사랑함이라 그러나 야훼께서 그에게 임신하지 못하게 하시니

6 야훼께서 그에게 임신하지 못하게 하시므로 그의 적수인 브닌나가 그를 심히 격분하게 하여 괴롭게 하더라

7 매년 한나가 야훼의 집에 올라갈 때마다 남편이 그같이 하매 브닌나가 그를 격분시키므로 그가 울고 먹지 아니하니

8 그의 남편 엘가나가 그에게 이르되 한나여 어찌하여 울며 어찌하여 먹지 아니하며 어찌하여 그대의 마음이 슬프냐 내가 그대에게 열 아들보다 낫지 아니하냐 하니라

9 그들이 실로에서 먹고 마신 후에 한나가 일어나니 그 때에 제사장 엘리는 야훼의 전 문설주 곁 의자에 앉아 있었더라

10 한나가 마음이 괴로워서 야훼께 기도하고 통곡하며

11 서원하여 이르되 만군의 야훼여 만일 주의 여종의 고통을 돌보시고 나를 기억하사 주의 여종을 잊지 아니하시고 주의 여종에게 아들을 주시면 내가 그의 평생에 그를 야훼께 드리고 삭도를 그의 머리에 대지 아니하겠나이다

12 그가 야훼 앞에 오래 기도하는 동안에 엘리가 그의 입을 주목한즉

13 한나가 속으로 말하매 입술만 움직이고 음성은 들리지 아니하므로 엘리는 그가 취한 줄로 생각한지라

14 엘리가 그에게 이르되 네가 언제까지 취하여 있겠느냐 포도주를 끊으라 하니

15 한나가 대답하여 이르되 내 주여 그렇지 아니하니이다 나는 마음이

기록일 : . . .

슬픈 여자라 포도주나 독주를 마신
것이 아니요 야훼 앞에 내 심정을
통한 것뿐이오니
16 당신의 여종을 악한 여자로 여기지
마옵소서 내가 지금까지 말한 것은
나의 원통함과 격분됨이 많기 때문
이니이다 하는지라
17 엘리가 대답하여 이르되 평안히 가
라 이스라엘의 하나님이 네가 기도
하여 구한 것을 허락하시기를 원하
노라 하니
18 이르되 당신의 여종이 당신께 은혜
입기를 원하나이다 하고 가서 먹고
얼굴에 다시는 근심 빛이 없더라
19 그들이 아침에 일찍이 일어나 야훼
앞에 경배하고 돌아가 라마의 자기
집에 이르니라 엘가나가 그의 아내
한나와 동침하매 야훼께서 그를 생
각하신지라
20 한나가 임신하고 때가 이르매 아들
을 낳아 사무엘이라 이름하였으니
이는 내가 야훼께 그를 구하였다
함이더라
21 그 사람 엘가나와 그의 온 집이 야
훼께 매년제와 서원제를 드리러 올
라갈 때에
22 오직 한나는 올라가지 아니하고 그
의 남편에게 이르되 아이를 젖 떼
거든 내가 그를 데리고 가서 야훼
앞에 뵙게 하고 거기에 영원히 있
게 하리이다 하니
23 그의 남편 엘가나가 그에게 이르되
그대의 소견에 좋은 대로 하여 그
를 젖 떼기까지 기다리라 오직 야
훼께서 그의 말씀대로 이루시기를
원하노라 하니라 이에 그 여자가
그의 아들을 양육하며 그가 젖 떼
기까지 기다리다가
24 젖을 뗀 후에 그를 데리고 올라갈
새 수소 세 마리와 밀가루 한 에바
와 포도주 한 가죽부대를 가지고
실로 야훼의 집에 나아갔는데 아이
가 어리더라
25 그들이 수소를 잡고 아이를 데리고
엘리에게 가서
26 한나가 이르되 내 주여 당신의 사
심으로 맹세하나이다 나는 여기서
내 주 당신 곁에 서서 야훼께 기도
하던 여자라
27 이 아이를 위하여 내가 기도하였더
니 내가 구하여 기도한 바를 야훼
께서 내게 허락하신지라
28 그러므로 나도 그를 야훼께 드리되
그의 평생을 야훼께 드리나이다 하
고 그가 거기서 야훼께 경배하니라
2 한나가 기도하여 이르되 내 마음
이 야훼로 말미암아 즐거워하며 내
뿔이 야훼로 말미암아 높아졌으며
내 입이 내 원수들을 향하여 크게
열렸으니 이는 내가 주의 구원으로

말미암아 기뻐함이니이다
2 야훼와 같이 거룩하신 이가 없으시
니 이는 주 밖에 다른 이가 없고 우
리 하나님 같은 반석도 없으심이니
이다
3 심히 교만한 말을 다시 하지 말 것
이며 오만한 말을 너희의 입에서
내지 말지어다 야훼는 지식의 하나
님이시라 행동을 달아 보시느니라
4 용사의 활은 꺾이고 넘어진 자는
힘으로 띠를 띠도다
5 풍족하던 자들은 양식을 위하여 품
을 팔고 주리던 자들은 다시 주리
지 아니하도다 전에 임신하지 못하
던 자는 일곱을 낳았고 많은 자녀
를 둔 자는 쇠약하도다
6 야훼는 죽이기도 하시고 살리기도
하시며 스올에 내리게도 하시고 거
기에서 올리기도 하시는도다
7 야훼는 가난하게도 하시고 부하게
도 하시며 낮추기도 하시고 높이기
도 하시는도다
8 가난한 자를 진토에서 일으키시며
빈궁한 자를 거름더미에서 올리사
귀족들과 함께 앉게 하시며 영광의
자리를 차지하게 하시는도다 땅의
기둥들은 야훼의 것이라 야훼께서
세계를 그것들 위에 세우셨도다
9 그가 그의 거룩한 자들의 발을 지
키실 것이요 악인들을 흑암 중에서
잠잠하게 하시리니 힘으로는 이길
사람이 없음이로다
10 야훼를 대적하는 자는 산산이 깨
어질 것이라 하늘에서 우레로 그들
을 치시리로다 야훼께서 땅 끝까지
심판을 내리시고 자기 왕에게 힘을
주시며 자기의 기름 부음을 받은
자의 뿔을 높이시리로다 하니라
11 엘가나는 라마의 자기 집으로 돌아
가고 그 아이는 제사장 엘리 앞에
서 야훼를 섬기니라
12 엘리의 아들들은 행실이 나빠 야훼
를 알지 못하더라
13 그 제사장들이 백성에게 행하는 관
습은 이러하니 곧 어떤 사람이 제
사를 드리고 그 고기를 삶을 때에
제사장의 사환이 손에 세 살 갈고
리를 가지고 와서
14 그것으로 냄비에나 솥에나 큰 솥에
나 가마에 찔러 넣어 갈고리에 걸
려 나오는 것은 제사장이 자기 것
으로 가지되 실로에서 그 곳에 온
모든 이스라엘 사람에게 이같이 할
뿐 아니라
15 기름을 태우기 전에도 제사장의 사
환이 와서 제사 드리는 사람에게
이르기를 제사장에게 구워 드릴 고
기를 내라 그가 네게 삶은 고기를
원하지 아니하고 날 것을 원하신다
하다가

16 그 사람이 이르기를 반드시 먼저 기
름을 태운 후에 네 마음에 원하는
대로 가지라 하면 그가 말하기를
아니라 지금 내게 내라 그렇지 아
니하면 내가 억지로 빼앗으리라 하
였으니
17 이 소년들의 죄가 야훼 앞에 심히
큼은 그들이 야훼의 제사를 멸시함
이었더라
18 사무엘은 어렸을 때에 세마포 에봇
을 입고 야훼 앞에서 섬겼더라
19 그의 어머니가 매년 드리는 제사를
드리러 그의 남편과 함께 올라갈
때마다 작은 겉옷을 지어다가 그에
게 주었더니
20 엘리가 엘가나와 그의 아내에게 축
복하여 이르되 야훼께서 이 여인으
로 말미암아 네게 다른 후사를 주
사 이가 야훼께 간구하여 얻어 바
친 아들을 대신하게 하시기를 원하
노라 하였더니 그들이 자기 집으로
돌아가매
21 야훼께서 한나를 돌보시사 그로 하
여금 임신하여 세 아들과 두 딸을
낳게 하셨고 아이 사무엘은 야훼
앞에서 자라니라
22 엘리가 매우 늙었더니 그의 아들들
이 온 이스라엘에게 행한 모든 일
과 회막 문에서 수종 드는 여인들
과 동침하였음을 듣고
23 그들에게 이르되 너희가 어찌하여
이런 일을 하느냐 내가 너희의 악
행을 이 모든 백성에게서 듣노라
24 내 아들들아 그리하지 말라 내게
들리는 소문이 좋지 아니하니라 너
희가 야훼의 백성으로 범죄하게 하
는도다
25 사람이 사람에게 범죄하면 하나님
이 심판하시려니와 만일 사람이 야
훼께 범죄하면 누가 그를 위하여
간구하겠느냐 하되 그들이 자기 아
버지의 말을 듣지 아니하였으니 이
는 야훼께서 그들을 죽이기로 뜻하
셨음이더라
26 아이 사무엘이 점점 자라매 야훼와
사람들에게 은총을 더욱 받더라
27 하나님의 사람이 엘리에게 와서 그
에게 이르되 야훼의 말씀에 너희
조상의 집이 애굽에서 바로의 집에
속하였을 때에 내가 그들에게 나타
나지 아니하였느냐
28 이스라엘 모든 지파 중에서 내가
그를 택하여 내 제사장으로 삼아
그가 내 제단에 올라 분향하며 내
앞에서 에봇을 입게 하지 아니하였
느냐 이스라엘 자손이 드리는 모든
화제를 내가 네 조상의 집에 주지
아니하였느냐
29 너희는 어찌하여 내가 내 처소에서
명령한 내 제물과 예물을 밟으며 네

아들들을 나보다 더 중히 여겨 내
백성 이스라엘이 드리는 가장 좋은
것으로 너희들을 살지게 하느냐
30 그러므로 이스라엘의 하나님 나 야
훼가 말하노라 내가 전에 네 집과
네 조상의 집이 내 앞에 영원히 행
하리라 하였으나 이제 나 야훼가
말하노니 결단코 그렇게 하지 아니
하리라 나를 존중히 여기는 자를
내가 존중히 여기고 나를 멸시하는
자를 내가 경멸하리라
31 보라 내가 네 팔과 네 조상의 집 팔
을 끊어 네 집에 노인이 하나도 없
게 하는 날이 이를지라
32 이스라엘에게 모든 복을 내리는 중
에 너는 내 처소의 환난을 볼 것이
요 네 집에 영원토록 노인이 없을
것이며
33 내 제단에서 내가 끊어 버리지 아니
할 네 사람이 네 눈을 쇠잔하게 하
고 네 마음을 슬프게 할 것이요 네
집에서 출산되는 모든 자가 젊어서
죽으리라
34 네 두 아들 홉니와 비느하스가 한
날에 죽으리니 그 둘이 당할 그 일
이 네게 표징이 되리라
35 내가 나를 위하여 충실한 제사장
을 일으키리니 그 사람은 내 마음,
내 뜻대로 행할 것이라 내가 그를
위하여 견고한 집을 세우리니 그가
나의 기름 부음을 받은 자 앞에서
영구히 행하리라
36 그리고 네 집에 남은 사람이 각기
와서 은 한 조각과 떡 한 덩이를 위
하여 그에게 엎드려 이르되 청하노
니 내게 제사장의 직분 하나를 맡
겨 내게 떡 조각을 먹게 하소서 하
리라 하셨다 하니라

3 아이 사무엘이 엘리 앞에서 야훼
를 섬길 때에는 야훼의 말씀이 희귀
하여 이상이 흔히 보이지 않았더라
2 엘리의 눈이 점점 어두워 가서 잘
보지 못하는 그 때에 그가 자기 처
소에 누웠고
3 하나님의 등불은 아직 꺼지지 아니
하였으며 사무엘은 하나님의 궤 있
는 야훼의 전 안에 누웠더니
4 야훼께서 사무엘을 부르시는지라
그가 대답하되 내가 여기 있나이다
하고
5 엘리에게로 달려가서 이르되 당신
이 나를 부르셨기로 내가 여기 있나
이다 하니 그가 이르되 나는 부르
지 아니하였으니 다시 누우라 하는
지라 그가 가서 누웠더니
6 야훼께서 다시 사무엘을 부르시는
지라 사무엘이 일어나 엘리에게로
가서 이르되 당신이 나를 부르셨기
로 내가 여기 있나이다 하니 그가
대답하되 내 아들아 내가 부르지

기록일 : . . .

아니하였으니 다시 누우라 하니라
7 사무엘이 아직 야훼를 알지 못하고
야훼의 말씀도 아직 그에게 나타나
지 아니한 때라
8 야훼께서 세 번째 사무엘을 부르시
는지라 그가 일어나 엘리에게로 가
서 이르되 당신이 나를 부르셨기로
내가 여기 있나이다 하니 엘리가 야
훼께서 이 아이를 부르신 줄을 깨
닫고
9 엘리가 사무엘에게 이르되 가서 누
웠다가 그가 너를 부르시거든 네가
말하기를 야훼여 말씀하옵소서 주
의 종이 듣겠나이다 하라 하니 이
에 사무엘이 가서 자기 처소에 누
우니라
10 야훼께서 임하여 서서 전과 같이 사
무엘아 사무엘아 부르시는지라 사
무엘이 이르되 말씀하옵소서 주의
종이 듣겠나이다 하니
11 야훼께서 사무엘에게 이르시되 보
라 내가 이스라엘 중에 한 일을 행
하리니 그것을 듣는 자마다 두 귀
가 울리리라
12 내가 엘리의 집에 대하여 말한 것
을 처음부터 끝까지 그 날에 그에
게 다 이루리라
13 내가 그의 집을 영원토록 심판하겠
다고 그에게 말한 것은 그가 아는
죄악 때문이니 이는 그가 자기의
아들들이 저주를 자청하되 금하지
아니하였음이니라
14 그러므로 내가 엘리의 집에 대하여
맹세하기를 엘리 집의 죄악은 제물
로나 예물로나 영원히 속죄함을 받
지 못하리라 하였노라 하셨더라
15 사무엘이 아침까지 누웠다가 야훼의
집의 문을 열었으나 그 이상을 엘리
에게 알게 하기를 두려워하더니
16 엘리가 사무엘을 불러 이르되 내
아들 사무엘아 하니 그가 대답하되
내가 여기 있나이다 하니 그가
17 이르되 네게 무엇을 말씀하셨느냐
청하노니 내게 숨기지 말라 네게
말씀하신 모든 것을 하나라도 숨기
면 하나님이 네게 벌을 내리시고 또
내리시기를 원하노라 하는지라
18 사무엘이 그것을 그에게 자세히 말
하고 조금도 숨기지 아니하니 그가
이르되 이는 야훼이시니 선하신 대
로 하실 것이니라 하니라
19 사무엘이 자라매 야훼께서 그와 함
께 계셔서 그의 말이 하나도 땅에
떨어지지 않게 하시니
20 단에서부터 브엘세바까지의 온 이
스라엘이 사무엘은 야훼의 선지자
로 세우심을 입은 줄을 알았더라
21 야훼께서 실로에서 다시 나타나시
되 야훼께서 실로에서 야훼의 말씀
으로 사무엘에게 자기를 나타내시

기록일 : . . .

니라

4

사무엘의 말이 온 이스라엘에 전
파되니라 이스라엘은 나가서 블레
셋 사람들과 싸우려고 에벤에셀 곁
에 진 치고 블레셋 사람들은 아벡
에 진 쳤더니
2 블레셋 사람들이 이스라엘에 대하
여 전열을 벌이니라 그 둘이 싸우
다가 이스라엘이 블레셋 사람들
앞에서 패하여 그들에게 전쟁에서
죽임을 당한 군사가 사천 명 가량
이라
3 백성이 진영으로 돌아오매 이스라
엘 장로들이 이르되 야훼께서 어찌
하여 우리에게 오늘 블레셋 사람들
앞에 패하게 하셨는고 야훼의 언약
궤를 실로에서 우리에게로 가져다
가 우리 중에 있게 하여 그것으로
우리를 우리 원수들의 손에서 구원
하게 하자 하니
4 이에 백성이 실로에 사람을 보내
어 그룹 사이에 계신 만군의 야훼
의 언약궤를 거기서 가져왔고 엘리
의 두 아들 홉니와 비느하스는 하
나님의 언약궤와 함께 거기에 있었
더라
5 야훼의 언약궤가 진영에 들어올 때
에 온 이스라엘이 큰 소리로 외치
매 땅이 울린지라
6 블레셋 사람이 그 외치는 소리를
듣고 이르되 히브리 진영에서 큰 소
리로 외침은 어찌 됨이냐 하다가
야훼의 궤가 진영에 들어온 줄을
깨달은지라
7 블레셋 사람이 두려워하여 이르되
신이 진영에 이르렀도다 하고 또 이
르되 우리에게 화로다 전날에는 이
런 일이 없었도다
8 우리에게 화로다 누가 우리를 이
능한 신들의 손에서 건지리요 그들
은 광야에서 여러 가지 재앙으로
애굽인을 친 신들이니라
9 너희 블레셋 사람들아 강하게 되며
대장부가 되라 너희가 히브리 사람
의 종이 되기를 그들이 너희의 종
이 되었던 것 같이 되지 말고 대장
부 같이 되어 싸우라 하고
10 블레셋 사람들이 쳤더니 이스라엘
이 패하여 각기 장막으로 도망하였
고 살육이 심히 커서 이스라엘 보병
의 엎드러진 자가 삼만 명이었으며
11 하나님의 궤는 빼앗겼고 엘리의 두
아들 홉니와 비느하스는 죽임을 당
하였더라
12 당일에 어떤 베냐민 사람이 진영에
서 달려나와 자기의 옷을 찢고 자
기의 머리에 티끌을 덮어쓰고 실로
에 이르니라
13 그가 이를 때는 엘리가 길 옆 자기
의 의자에 앉아 기다리며 그의 마

음이 하나님의 궤로 말미암아 떨릴
즈음이라 그 사람이 성읍에 들어오
며 알리매 온 성읍이 부르짖는지라
14 엘리가 그 부르짖는 소리를 듣고
이르되 이 떠드는 소리는 어찌 됨
이냐 그 사람이 빨리 가서 엘리에
게 말하니
15 그 때에 엘리의 나이가 구십팔 세
라 그의 눈이 어두워서 보지 못하
더라
16 그 사람이 엘리에게 말하되 나는
진중에서 나온 자라 내가 오늘 진
중에서 도망하여 왔나이다 엘리가
이르되 내 아들아 일이 어떻게 되
었느냐
17 소식을 전하는 자가 대답하여 이르
되 이스라엘이 블레셋 사람들 앞에
서 도망하였고 백성 중에는 큰 살
육이 있었고 당신의 두 아들 홉니
와 비느하스도 죽임을 당하였고 하
나님의 궤는 빼앗겼나이다
18 하나님의 궤를 말할 때에 엘리가
자기 의자에서 뒤로 넘어져 문 곁에
서 목이 부러져 죽었으니 나이가 많
고 비대한 까닭이라 그가 이스라엘
의 사사가 된 지 사십 년이었더라
19 그의 며느리인 비느하스의 아내가
임신하여 해산 때가 가까웠더니 하
나님의 궤를 빼앗긴 것과 그의 시아
버지와 남편이 죽은 소식을 듣고 갑
자기 아파서 몸을 구푸려 해산하고
20 죽어갈 때에 곁에 서 있던 여인들이
그에게 이르되 두려워하지 말라 네
가 아들을 낳았다 하되 그가 대답
하지도 아니하며 관념하지도 아니
하고
21 이르기를 영광이 이스라엘에서 떠
났다 하고 아이 이름을 이가봇이라
하였으니 하나님의 궤가 빼앗겼고
그의 시아버지와 남편이 죽었기 때
문이며
22 또 이르기를 하나님의 궤를 빼앗겼
으므로 영광이 이스라엘에서 떠났
다 하였더라

5 블레셋 사람들이 하나님의 궤를
빼앗아 가지고 에벤에셀에서부터
아스돗에 이르니라
2 블레셋 사람들이 하나님의 궤를 가
지고 다곤의 신전에 들어가서 다곤
곁에 두었더니
3 아스돗 사람들이 이튿날 일찍이 일
어나 본즉 다곤이 야훼의 궤 앞에
서 엎드러져 그 얼굴이 땅에 닿았
는지라 그들이 다곤을 일으켜 다시
그 자리에 세웠더니
4 그 이튿날 아침에 그들이 일찍이
일어나 본즉 다곤이 야훼의 궤 앞
에서 또다시 엎드러져 얼굴이 땅에
닿았고 그 머리와 두 손목은 끊어
져 문지방에 있고 다곤의 몸뚱이만

남았더라
5 그러므로 다곤의 제사장들이나 다
곤의 신전에 들어가는 자는 오늘까
지 아스돗에 있는 다곤의 문지방을
밟지 아니하더라
6 야훼의 손이 아스돗 사람에게 엄
중히 더하사 독한 종기의 재앙으로
아스돗과 그 지역을 쳐서 망하게
하니
7 아스돗 사람들이 이를 보고 이르되
이스라엘 신의 궤를 우리와 함께
있지 못하게 할지라 그의 손이 우
리와 우리 신 다곤을 친다 하고
8 이에 사람을 보내어 블레셋 사람들
의 모든 방백을 모으고 이르되 우
리가 이스라엘 신의 궤를 어찌하랴
하니 그들이 대답하되 이스라엘 신
의 궤를 가드로 옮겨 가라 하므로
이스라엘 신의 궤를 옮겨 갔더니
9 그것을 옮겨 간 후에 야훼의 손이
심히 큰 환난을 그 성읍에 더하사
성읍 사람들의 작은 자와 큰 자를
다 쳐서 독한 종기가 나게 하신지라
10 이에 그들이 하나님의 궤를 에그론
으로 보내니라 하나님의 궤가 에
그론에 이른즉 에그론 사람이 부르
짖어 이르되 그들이 이스라엘 신의
궤를 우리에게로 가져다가 우리와
우리 백성을 죽이려 한다 하고
11 이에 사람을 보내어 블레셋 모든
방백을 모으고 이르되 이스라엘 신
의 궤를 보내어 그 있던 곳으로 돌
아가게 하고 우리와 우리 백성이
죽임 당함을 면하게 하자 하니 이
는 온 성읍이 사망의 환난을 당함
이라 거기서 하나님의 손이 엄중하
시므로
12 죽지 아니한 사람들은 독한 종기로
치심을 당해 성읍의 부르짖음이 하
늘에 사무쳤더라

6 야훼의 궤가 블레셋 사람들의 지
방에 있은 지 일곱 달이라
2 블레셋 사람들이 제사장들과 복술
자들을 불러서 이르되 우리가 야훼
의 궤를 어떻게 할까 그것을 어떻
게 그 있던 곳으로 보낼 것인지 우
리에게 가르치라
3 그들이 이르되 이스라엘 신의 궤를
보내려거든 거저 보내지 말고 그에
게 속건제를 드려야 할지니라 그리
하면 병도 낫고 그의 손을 너희에
게서 옮기지 아니하는 이유도 알리
라 하니
4 그들이 이르되 무엇으로 그에게 드
릴 속건제를 삼을까 하니 이르되
블레셋 사람의 방백의 수효대로 금
독종 다섯과 금 쥐 다섯 마리라야
하리니 너희와 너희 통치자에게 내
린 재앙이 같음이니라
5 그러므로 너희는 너희의 독한 종기

기록일 : . . .

의 형상과 땅을 해롭게 하는 쥐의
형상을 만들어 이스라엘 신께 영광
을 돌리라 그가 혹 그의 손을 너희
와 너희의 신들과 너희 땅에서 가
볍게 하실까 하노라
6 애굽인과 바로가 그들의 마음을 완
악하게 한 것 같이 어찌하여 너희
가 너희의 마음을 완악하게 하겠느
냐 그가 그들 중에서 재앙을 내린
후에 그들이 백성을 가게 하므로
백성이 떠나지 아니하였느냐
7 그러므로 새 수레를 하나 만들고
멍에를 메어 보지 아니한 젖 나는
소 두 마리를 끌어다가 소에 수레
를 메우고 그 송아지들은 떼어 집
으로 돌려보내고
8 야훼의 궤를 가져다가 수레에 싣고
속건제로 드릴 금으로 만든 물건들
은 상자에 담아 궤 곁에 두고 그것
을 보내어 가게 하고
9 보고 있다가 만일 궤가 그 본 지역
길로 올라가서 벧세메스로 가면 이
큰 재앙은 그가 우리에게 내린 것
이요 그렇지 아니하면 우리를 친 것
이 그의 손이 아니요 우연히 당한
것인 줄 알리라 하니라
10 그 사람들이 그같이 하여 젖 나는
소 둘을 끌어다가 수레를 메우고
송아지들은 집에 가두고
11 야훼의 궤와 및 금 쥐와 그들의 독
종의 형상을 담은 상자를 수레 위
에 실으니
12 암소가 벧세메스 길로 바로 행하여
대로로 가며 갈 때에 울고 좌우로
치우치지 아니하였고 블레셋 방백
들은 벧세메스 경계선까지 따라 가
니라
13 벧세메스 사람들이 골짜기에서 밀
을 베다가 눈을 들어 궤를 보고 그
본 것을 기뻐하더니
14 수레가 벧세메스 사람 여호수아의
밭 큰 돌 있는 곳에 이르러 선지라
무리가 수레의 나무를 패고 그 암
소들을 번제물로 야훼께 드리고
15 레위인은 야훼의 궤와 그 궤와 함
께 있는 금 보물 담긴 상자를 내려
다가 큰 돌 위에 두매 그 날에 벧세
메스 사람들이 야훼께 번제와 다른
제사를 드리니라
16 블레셋 다섯 방백이 이것을 보고
그 날에 에그론으로 돌아갔더라
17 블레셋 사람이 야훼께 속건제물로
드린 금 독종은 이러하니 아스돗을
위하여 하나요 가사를 위하여 하나
요 아스글론을 위하여 하나요 가드
를 위하여 하나요 에그론을 위하여
하나이며
18 드린 바 금 쥐들은 견고한 성읍에
서부터 시골의 마을에까지 그리고
사람들이 야훼의 궤를 큰 돌에 이

르기까지 다섯 방백들에게 속한 블
레셋 사람들의 모든 성읍들의 수
대로였더라 그 돌은 벧세메스 사람
여호수아의 밭에 오늘까지 있더라
19 벧세메스 사람들이 야훼의 궤를 들
여다 본 까닭에 그들을 치사 (오
만) 칠십 명을 죽이신지라 야훼께서
백성을 쳐서 크게 살육하셨으므로
백성이 슬피 울었더라
20 벧세메스 사람들이 이르되 이 거룩
하신 하나님 야훼 앞에 누가 능히
서리요 그를 우리에게서 누구에게
로 올라가시게 할까 하고
21 전령들을 기럇여아림 주민에게 보
내어 이르되 블레셋 사람들이 야
훼의 궤를 도로 가져왔으니 너희는
내려와서 그것을 너희에게로 옮겨
가라

7

기럇여아림 사람들이 와서 야훼
의 궤를 옮겨 산에 사는 아비나답
의 집에 들여놓고 그의 아들 엘리
아살을 거룩하게 구별하여 야훼의
궤를 지키게 하였더니
2 궤가 기럇여아림에 들어간 날부터
이십 년 동안 오래 있은지라 이스라
엘 온 족속이 야훼를 사모하니라
3 사무엘이 이스라엘 온 족속에게 말
하여 이르되 만일 너희가 전심으로
야훼께 돌아오려거든 이방 신들과
아스다롯을 너희 중에서 제거하고
너희 마음을 야훼께로 향하여 그만
을 섬기라 그리하면 너희를 블레셋
사람의 손에서 건져내시리라
4 이에 이스라엘 자손이 바알들과 아
스다롯을 제거하고 야훼만 섬기니라
5 사무엘이 이르되 온 이스라엘은 미
스바로 모이라 내가 너희를 위하여
야훼께 기도하리라 하매
6 그들이 미스바에 모여 물을 길어
야훼 앞에 붓고 그 날 종일 금식하
고 거기에서 이르되 우리가 야훼께
범죄하였나이다 하니라 사무엘이
미스바에서 이스라엘 자손을 다스
리니라
7 이스라엘 자손이 미스바에 모였다
함을 블레셋 사람들이 듣고 그들의
방백들이 이스라엘을 치러 올라온
지라 이스라엘 자손들이 듣고 블레
셋 사람들을 두려워하여
8 이스라엘 자손이 사무엘에게 이르
되 당신은 우리를 위하여 우리 하
나님 야훼께 쉬지 말고 부르짖어
우리를 블레셋 사람들의 손에서 구
원하시게 하소서 하니
9 사무엘이 젖 먹는 어린 양 하나를
가져다가 온전한 번제를 야훼께 드
리고 이스라엘을 위하여 야훼께 부
르짖으매 야훼께서 응답하셨더라
10 사무엘이 번제를 드릴 때에 블레셋
사람이 이스라엘과 싸우려고 가까

기록일 : . . .

이 오매 그 날에 야훼께서 블레셋
사람에게 큰 우레를 발하여 그들을
어지럽게 하시니 그들이 이스라엘
앞에 패한지라
11 이스라엘 사람들이 미스바에서 나
가서 블레셋 사람들을 추격하여 벧
갈 아래에 이르기까지 쳤더라
12 사무엘이 돌을 취하여 미스바와 센
사이에 세워 이르되 야훼께서 여기
까지 우리를 도우셨다 하고 그 이
름을 에벤에셀이라 하니라
13 이에 블레셋 사람들이 굴복하여 다
시는 이스라엘 지역 안에 들어오지
못하였으며 야훼의 손이 사무엘이
사는 날 동안에 블레셋 사람을 막
으시매
14 블레셋 사람들이 이스라엘에게서
빼앗았던 성읍이 에그론부터 가드
까지 이스라엘에게 회복되니 이스
라엘이 그 사방 지역을 블레셋 사
람들의 손에서 도로 찾았고 또 이
스라엘과 아모리 사람 사이에 평화
가 있었더라
15 사무엘이 사는 날 동안에 이스라엘
을 다스렸으되
16 해마다 벧엘과 길갈과 미스바로 순
회하여 그 모든 곳에서 이스라엘을
다스렸고
17 라마로 돌아왔으니 이는 거기에 자
기 집이 있음이니라 거기서도 이스
라엘을 다스렸으며 또 거기에 야훼
를 위하여 제단을 쌓았더라

8

사무엘이 늙으매 그의 아들들을
이스라엘 사사로 삼으니
2 장자의 이름은 요엘이요 차자의 이
름은 아비야라 그들이 브엘세바에
서 사사가 되니라
3 그의 아들들이 자기 아버지의 행위
를 따르지 아니하고 이익을 따라
뇌물을 받고 판결을 굽게 하니라
4 이스라엘 모든 장로가 모여 라마에
있는 사무엘에게 나아가서
5 그에게 이르되 보소서 당신은 늙
고 당신의 아들들은 당신의 행위를
따르지 아니하니 모든 나라와 같이
우리에게 왕을 세워 우리를 다스리
게 하소서 한지라
6 우리에게 왕을 주어 우리를 다스리
게 하라 했을 때에 사무엘이 그것
을 기뻐하지 아니하여 야훼께 기도
하매
7 야훼께서 사무엘에게 이르시되 백
성이 네게 한 말을 다 들으라 이는
그들이 너를 버림이 아니요 나를 버
려 자기들의 왕이 되지 못하게 함
이니라
8 내가 그들을 애굽에서 인도하여 낸
날부터 오늘까지 그들이 모든 행사
로 나를 버리고 다른 신들을 섬김
같이 네게도 그리하는도다

9 그러므로 그들의 말을 듣되 너는
그들에게 엄히 경고하고 그들을 다
스릴 왕의 제도를 가르치라
10 사무엘이 왕을 요구하는 백성에게
야훼의 모든 말씀을 말하여
11 이르되 너희를 다스릴 왕의 제도는
이러하니라 그가 너희 아들들을 데
려다가 그의 병거와 말을 어거하게
하리니 그들이 그 병거 앞에서 달릴
것이며
12 그가 또 너희의 아들들을 천부장과
오십부장을 삼을 것이며 자기 밭을
갈게 하고 자기 추수를 하게 할 것
이며 자기 무기와 병거의 장비도 만
들게 할 것이며
13 그가 또 너희의 딸들을 데려다가
향료 만드는 자와 요리하는 자와
떡 굽는 자로 삼을 것이며
14 그가 또 너희의 밭과 포도원과 감
람원에서 제일 좋은 것을 가져다가
자기의 신하들에게 줄 것이며
15 그가 또 너희의 곡식과 포도원 소
산의 십일조를 거두어 자기의 관리
와 신하에게 줄 것이며
16 그가 또 너희의 노비와 가장 아름
다운 소년과 나귀들을 끌어다가 자
기 일을 시킬 것이며
17 너희의 양 떼의 십분의 일을 거두
어 가리니 너희가 그의 종이 될 것
이라
18 그 날에 너희는 너희가 택한 왕으
로 말미암아 부르짖되 그 날에 야
훼께서 너희에게 응답하지 아니하
시리라 하니
19 백성이 사무엘의 말 듣기를 거절하
여 이르되 아니로소이다 우리도 우
리 왕이 있어야 하리니
20 우리도 다른 나라들 같이 되어 우
리의 왕이 우리를 다스리며 우리 앞
에 나가서 우리의 싸움을 싸워야
할 것이니이다 하는지라
21 사무엘이 백성의 말을 다 듣고 야
훼께 아뢰매
22 야훼께서 사무엘에게 이르시되 그
들의 말을 들어 왕을 세우라 하시
니 사무엘이 이스라엘 사람들에게
이르되 너희는 각기 성읍으로 돌아
가라 하니라

9 베냐민 지파에 기스라 이름하는
유력한 사람이 있으니 그는 아비엘
의 아들이요 스롤의 손자요 베고랏
의 증손이요 아비아의 현손이며 베
냐민 사람이더라
2 기스에게 아들이 있으니 그의 이름
은 사울이요 준수한 소년이라 이스
라엘 자손 중에 그보다 더 준수한
자가 없고 키는 모든 백성보다 어
깨 위만큼 더 컸더라
3 사울의 아버지 기스가 암나귀들을
잃고 그의 아들 사울에게 이르되

기록일 : . . .

너는 일어나 한 사환을 데리고 가
서 암나귀들을 찾으라 하매
4 그가 에브라임 산지와 살리사 땅으
로 두루 다녀 보았으나 찾지 못하
고 사알림 땅으로 두루 다녀 보았
으나 그 곳에는 없었고 베냐민 사
람의 땅으로 두루 다녀 보았으나
찾지 못하니라
5 그들이 숩 땅에 이른 때에 사울이
함께 가던 사환에게 이르되 돌아
가자 내 아버지께서 암나귀 생각은
고사하고 우리를 위하여 걱정하실
까 두려워하노라 하니
6 그가 대답하되 보소서 이 성읍에
하나님의 사람이 있는데 존경을 받
는 사람이라 그가 말한 것은 반드
시 다 응하나니 그리로 가사이다
그가 혹 우리가 갈 길을 가르쳐 줄
까 하나이다 하는지라
7 사울이 그의 사환에게 이르되 우리
가 가면 그 사람에게 무엇을 드리
겠느냐 우리 주머니에 먹을 것이 다
하였으니 하나님의 사람에게 드릴
예물이 없도다 무엇이 있느냐 하니
8 사환이 사울에게 다시 대답하여 이
르되 보소서 내 손에 은 한 세겔의
사분의 일이 있으니 하나님의 사람
에게 드려 우리 길을 가르쳐 달라
하겠나이다 하더라
9 (옛적 이스라엘에 사람이 하나님께
가서 물으려 하면 말하기를 선견자
에게로 가자 하였으니 지금 선지자
라 하는 자를 옛적에는 선견자라
일컬었더라)
10 사울이 그의 사환에게 이르되 네
말이 옳다 가자 하고 그들이 하나
님의 사람이 있는 성읍으로 가니라
11 그들이 성읍을 향한 비탈길로 올라
가다가 물 길으러 나오는 소녀들을
만나 그들에게 묻되 선견자가 여기
있느냐 하니
12 그들이 대답하여 이르되 있나이다
보소서 그가 당신보다 앞서 갔으니
빨리 가소서 백성이 오늘 산당에서
제사를 드리므로 그가 오늘 성읍에
들어오셨나이다
13 당신들이 성읍으로 들어가면 그가
먹으러 산당에 올라가기 전에 곧
만나리이다 그가 오기 전에는 백성
이 먹지 아니하나니 이는 그가 제물
을 축사한 후에야 청함을 받은 자
가 먹음이니이다 그러므로 지금 올
라가소서 곧 그를 만나리이다 하는
지라
14 그들이 성읍으로 올라가서 그리로
들어갈 때에 사무엘이 마침 산당으
로 올라가려고 마주 나오더라
15 사울이 오기 전날에 야훼께서 사무
엘에게 알게 하여 이르시되
16 내일 이맘 때에 내가 베냐민 땅에

기록일 : . . .

서 한 사람을 네게로 보내리니 너
는 그에게 기름을 부어 내 백성 이
스라엘의 지도자로 삼으라 그가 내
백성을 블레셋 사람들의 손에서 구
원하리라 내 백성의 부르짖음이 내
게 상달되었으므로 내가 그들을 돌
보았노라 하셨더니
17 사무엘이 사울을 볼 때에 야훼께
서 그에게 이르시되 보라 이는 내
가 네게 말한 사람이니 이가 내 백
성을 다스리리라 하시니라
18 사울이 성문 안 사무엘에게 나아가
이르되 선견자의 집이 어디인지 청
하건대 내게 가르치소서 하니
19 사무엘이 사울에게 대답하여 이르
되 내가 선견자이니라 너는 내 앞서
산당으로 올라가라 너희가 오늘 나
와 함께 먹을 것이요 아침에는 내
가 너를 보내되 네 마음에 있는 것
을 다 네게 말하리라
20 사흘 전에 잃은 네 암나귀들을 염려
하지 말라 찾았느니라 온 이스라엘
이 사모하는 자가 누구냐 너와 네
아버지의 온 집이 아니냐 하는지라
21 사울이 대답하여 이르되 나는 이스
라엘 지파의 가장 작은 지파 베냐
민 사람이 아니니이까 또 나의 가
족은 베냐민 지파 모든 가족 중에
가장 미약하지 아니하니이까 당신
이 어찌하여 내게 이같이 말씀하시
나이까 하니
22 사무엘이 사울과 그의 사환을 인도
하여 객실로 들어가서 청한 자 중
상석에 앉게 하였는데 객은 삼십
명 가량이었더라
23 사무엘이 요리인에게 이르되 내가
네게 주며 네게 두라고 말한 그 부
분을 가져오라
24 요리인이 넓적다리와 그것에 붙은
것을 가져다가 사울 앞에 놓는지라
사무엘이 이르되 보라 이는 두었던
것이니 네 앞에 놓고 먹으라 내가
백성을 청할 때부터 너를 위하여
이것을 두고 이 때를 기다리게 하
였느니라 그 날에 사울이 사무엘과
함께 먹으니라
25 그들이 산당에서 내려 성읍에 들어
가서는 사무엘이 사울과 함께 지붕
에서 담화하고
26 그들이 일찍이 일어날새 동틀 때쯤
이라 사무엘이 지붕에서 사울을 불
러 이르되 일어나라 내가 너를 보
내리라 하매 사울이 일어나고 그
두 사람 사울과 사무엘이 함께 밖
으로 나가서
27 성읍 끝에 이르매 사무엘이 사울에
게 이르되 사환에게 우리를 앞서게
하라 하니라 사환이 앞서가므로 또
이르되 너는 이제 잠깐 서 있으라
내가 하나님의 말씀을 네게 들려

기록일 : . . .

주리라 하더라

10

이에 사무엘이 기름병을 가져다
가 사울의 머리에 붓고 입맞추며
이르되 야훼께서 네게 기름을 부으
사 그의 기업의 지도자로 삼지 아
니하셨느냐
2 네가 오늘 나를 떠나가다가 베냐
민 경계 셀사에 있는 라헬의 묘실
곁에서 두 사람을 만나리니 그들
이 네게 이르기를 네가 찾으러 갔
던 암나귀들을 찾은지라 네 아버지
가 암나귀들의 염려는 놓았으나 너
희로 말미암아 걱정하여 이르되 내
아들을 위하여 어찌하리요 하더라
할 것이요
3 네가 거기서 더 나아가서 다볼 상
수리나무에 이르면 거기서 하나님
을 뵈오려고 벧엘로 올라가는 세
사람을 만나리니 한 사람은 염소
새끼 셋을 이끌었고 한 사람은 떡
세 덩이를 가졌고 한 사람은 포도
주 한 가죽부대를 가진 자라
4 그들이 네게 문안하고 떡 두 덩이
를 주겠고 너는 그의 손에서 받으
리라
5 그 후에 네가 하나님의 산에 이르
리니 그 곳에는 블레셋 사람들의
영문이 있느니라 네가 그리로 가서
그 성읍으로 들어갈 때에 선지자의
무리가 산당에서부터 비파와 소고
와 저와 수금을 앞세우고 예언하며
내려오는 것을 만날 것이요
6 네게는 야훼의 영이 크게 임하리니
너도 그들과 함께 예언을 하고 변
하여 새 사람이 되리라
7 이 징조가 네게 임하거든 너는 기회
를 따라 행하라 하나님이 너와 함
께 하시느니라
8 너는 나보다 앞서 길갈로 내려가라
내가 네게로 내려가서 번제와 화목
제를 드리리니 내가 네게 가서 네
가 행할 것을 가르칠 때까지 칠 일
동안 기다리라
9 그가 사무엘에게서 떠나려고 몸을
돌이킬 때에 하나님이 새 마음을 주
셨고 그 날 그 징조도 다 응하니라
10 그들이 산에 이를 때에 선지자의
무리가 그를 영접하고 하나님의 영
이 사울에게 크게 임하므로 그가
그들 중에서 예언을 하니
11 전에 사울을 알던 모든 사람들이
사울이 선지자들과 함께 예언함을
보고 서로 이르되 기스의 아들에게
무슨 일이 일어났느냐 사울도 선지
자들 중에 있느냐 하고
12 그 곳의 어떤 사람은 말하여 이르
되 그들의 아버지가 누구냐 한지라
그러므로 속담이 되어 이르되 사울
도 선지자들 중에 있느냐 하더라
13 사울이 예언하기를 마치고 산당으

기록일 : . . .

로 가니라
14 사울의 숙부가 사울과 그의 사환
에게 이르되 너희가 어디로 갔더냐
사울이 이르되 암나귀들을 찾다가
찾지 못하므로 사무엘에게 갔었나
이다 하니
15 사울의 숙부가 이르되 청하노니 사
무엘이 너희에게 이른 말을 내게
말하라 하니라
16 사울이 그의 숙부에게 말하되 그가
암나귀들을 찾았다고 우리에게 분명
히 말하더이다 하고 사무엘이 말하
던 나라의 일은 말하지 아니하니라
17 사무엘이 백성을 미스바로 불러 야
훼 앞에 모으고
18 이스라엘 자손에게 이르되 이스라
엘 하나님 야훼께서 이같이 말씀하
시기를 내가 이스라엘을 애굽에서
인도하여 내고 너희를 애굽인의 손
과 너희를 압제하는 모든 나라의
손에서 건져내었느니라 하셨거늘
19 너희는 너희를 모든 재난과 고통
중에서 친히 구원하여 내신 너희의
하나님을 오늘 버리고 이르기를 우
리 위에 왕을 세우라 하는도다 그
런즉 이제 너희의 지파대로 천 명
씩 야훼 앞에 나아오라 하고
20 사무엘이 이에 이스라엘 모든 지파
를 가까이 오게 하였더니 베냐민
지파가 뽑혔고
21 베냐민 지파를 그들의 가족별로 가
까이 오게 하였더니 마드리의 가족
이 뽑혔고 그 중에서 기스의 아들
사울이 뽑혔으나 그를 찾아도 찾지
못한지라
22 그러므로 그들이 또 야훼께 묻되
그 사람이 여기 왔나이까 야훼께서
대답하시되 그가 짐보따리들 사이
에 숨었느니라 하셨더라
23 그들이 달려 가서 거기서 그를 데려
오매 그가 백성 중에 서니 다른 사
람보다 어깨 위만큼 컸더라
24 사무엘이 모든 백성에게 이르되 너
희는 야훼께서 택하신 자를 보느냐
모든 백성 중에 짝할 이가 없느니
라 하니 모든 백성이 왕의 만세를
외쳐 부르니라
25 사무엘이 나라의 제도를 백성에게
말하고 책에 기록하여 야훼 앞에
두고 모든 백성을 각기 집으로 보
내매
26 사울도 기브아 자기 집으로 갈 때
에 마음이 하나님께 감동된 유력한
자들과 함께 갔느니라
27 어떤 불량배는 이르되 이 사람이
어떻게 우리를 구원하겠느냐 하고
멸시하며 예물을 바치지 아니하였
으나 그는 잠잠하였더라
11 암몬 사람 나하스가 올라와서 길
르앗 야베스에 맞서 진 치매 야베

스 모든 사람들이 나하스에게 이르
되 우리와 언약하자 그리하면 우리
가 너를 섬기리라 하니
2 암몬 사람 나하스가 그들에게 이르
되 내가 너희 오른 눈을 다 빼야 너
희와 언약하리라 내가 온 이스라엘
을 이같이 모욕하리라
3 야베스 장로들이 그에게 이르되 우
리에게 이레 동안 말미를 주어 우리
가 이스라엘 온 지역에 전령들을 보
내게 하라 만일 우리를 구원할 자가
없으면 네게 나아가리라 하니라
4 이에 전령들이 사울이 사는 기브아
에 이르러 이 말을 백성에게 전하
매 모든 백성이 소리를 높여 울더니
5 마침 사울이 밭에서 소를 몰고 오
다가 이르되 백성이 무슨 일로 우
느냐 하니 그들이 야베스 사람의
말을 전하니라
6 사울이 이 말을 들을 때에 하나님
의 영에게 크게 감동되매 그의 노
가 크게 일어나
7 한 겨리의 소를 잡아 각을 뜨고 전
령들의 손으로 그것을 이스라엘 모
든 지역에 두루 보내어 이르되 누
구든지 나와서 사울과 사무엘을 따
르지 아니하면 그의 소들도 이와
같이 하리라 하였더니 야훼의 두려
움이 백성에게 임하매 그들이 한
사람 같이 나온지라
8 사울이 베섹에서 그들의 수를 세어
보니 이스라엘 자손이 삼십만 명이
요 유다 사람이 삼만 명이더라
9 무리가 와 있는 전령들에게 이르되
너희는 길르앗 야베스 사람에게 이
같이 이르기를 내일 해가 더울 때
에 너희가 구원을 받으리라 하라
전령들이 돌아가서 야베스 사람들
에게 전하매 그들이 기뻐하니라
10 야베스 사람들이 이에 이르되 우리
가 내일 너희에게 나아가리니 너희
생각에 좋을 대로 우리에게 다 행
하라 하니라
11 이튿날 사울이 백성을 삼 대로 나
누고 새벽에 적진 한가운데로 들어
가서 날이 더울 때까지 암몬 사람
들을 치매 남은 자가 다 흩어져서
둘도 함께 한 자가 없었더라
12 백성이 사무엘에게 이르되 사울이
어찌 우리를 다스리겠느냐 한 자가
누구니이까 그들을 끌어내소서 우
리가 죽이겠나이다
13 사울이 이르되 이 날에는 사람을 죽
이지 못하리니 야훼께서 오늘 이스
라엘 중에 구원을 베푸셨음이니라
14 사무엘이 백성에게 이르되 오라 우
리가 길갈로 가서 나라를 새롭게
하자
15 모든 백성이 길갈로 가서 거기서 야
훼 앞에서 사울을 왕으로 삼고 길

갈에서 야훼 앞에 화목제를 드리고
사울과 이스라엘 모든 사람이 거기
서 크게 기뻐하니라

12

사무엘이 온 이스라엘에게 이르
되 보라 너희가 내게 한 말을 내가
다 듣고 너희 위에 왕을 세웠더니
2 이제 왕이 너희 앞에 출입하느니라
보라 나는 늙어 머리가 희어졌고
내 아들들도 너희와 함께 있느니라
내가 어려서부터 오늘까지 너희 앞
에 출입하였거니와
3 내가 여기 있나니 야훼 앞과 그의
기름 부음을 받은 자 앞에서 내게
대하여 증언하라 내가 누구의 소를
빼앗았느냐 누구의 나귀를 빼앗았
느냐 누구를 속였느냐 누구를 압제
하였느냐 내 눈을 흐리게 하는 뇌
물을 누구의 손에서 받았느냐 그리
하였으면 내가 그것을 너희에게 갚
으리라 하니
4 그들이 이르되 당신이 우리를 속이
지 아니하였고 압제하지 아니하였
고 누구의 손에서든지 아무것도 빼
앗은 것이 없나이다 하니라
5 사무엘이 백성에게 이르되 너희가
내 손에서 아무것도 찾아낸 것이
없음을 야훼께서 너희에게 대하여
증언하시며 그의 기름 부음을 받은
자도 오늘 증언하느니라 하니 그들
이 이르되 그가 증언하시나이다 하
니라
6 사무엘이 백성에게 이르되 모세와
아론을 세우시며 너희 조상들을 애
굽 땅에서 인도하여 내신 이는 야
훼이시니
7 그런즉 가만히 서 있으라 야훼께서
너희와 너희 조상들에게 행하신 모
든 공의로운 일에 대하여 내가 야
훼 앞에서 너희와 담론하리라
8 야곱이 애굽에 들어간 후 너희 조
상들이 야훼께 부르짖으매 야훼께
서 모세와 아론을 보내사 그 두 사
람으로 너희 조상들을 애굽에서 인
도해 내어 이 곳에 살게 하셨으나
9 그들이 그들의 하나님 야훼를 잊은
지라 야훼께서 그들을 하솔 군사령
관 시스라의 손과 블레셋 사람들의
손과 모압 왕의 손에 넘기셨더니
그들이 저희를 치매
10 백성이 야훼께 부르짖어 이르되 우
리가 야훼를 버리고 바알들과 아스
다롯을 섬김으로 범죄하였나이다
그러하오나 이제 우리를 원수들의
손에서 건져내소서 그리하시면 우
리가 주를 섬기겠나이다 하매
11 야훼께서 여룹바알과 베단과 입다
와 나 사무엘을 보내사 너희를 너
희 사방 원수의 손에서 건져내사
너희에게 안전하게 살게 하셨거늘
12 너희가 암몬 자손의 왕 나하스가

기록일 : . . .

너희를 치러 옴을 보고 너희의 하
나님 야훼께서는 너희의 왕이 되심
에도 불구하고 너희가 내게 이르기
를 아니라 우리를 다스릴 왕이 있어
야 하겠다 하였도다
13 이제 너희가 구한 왕, 너희가 택한
왕을 보라 야훼께서 너희 위에 왕
을 세우셨느니라
14 너희가 만일 야훼를 경외하여 그를
섬기며 그의 목소리를 듣고 야훼
의 명령을 거역하지 아니하며 또 너
희와 너희를 다스리는 왕이 너희의
하나님 야훼를 따르면 좋겠지마는
15 너희가 만일 야훼의 목소리를 듣지
아니하고 야훼의 명령을 거역하면
야훼의 손이 너희의 조상들을 치신
것 같이 너희를 치실 것이라
16 너희는 이제 가만히 서서 야훼께서
너희 목전에서 행하시는 이 큰 일을
보라
17 오늘은 밀 베는 때가 아니냐 내가
야훼께 아뢰리니 야훼께서 우레와
비를 보내사 너희가 왕을 구한 일
곧 야훼의 목전에서 범한 죄악이
큼을 너희에게 밝히 알게 하시리라
18 이에 사무엘이 야훼께 아뢰매 야
훼께서 그 날에 우레와 비를 보내
시니 모든 백성이 야훼와 사무엘을
크게 두려워하니라
19 모든 백성이 사무엘에게 이르되 당
신의 종들을 위하여 당신의 하나님
야훼께 기도하여 우리가 죽지 않게
하소서 우리가 우리의 모든 죄에
왕을 구하는 악을 더하였나이다
20 사무엘이 백성에게 이르되 두려워
하지 말라 너희가 과연 이 모든 악
을 행하였으나 야훼를 따르는 데에
서 돌아서지 말고 오직 너희의 마
음을 다하여 야훼를 섬기라
21 돌아서서 유익하게도 못하며 구원
하지도 못하는 헛된 것을 따르지
말라 그들은 헛되니라
22 야훼께서는 너희를 자기 백성으로
삼으신 것을 기뻐하셨으므로 야훼
께서는 그의 크신 이름을 위해서라
도 자기 백성을 버리지 아니하실 것
이요
23 나는 너희를 위하여 기도하기를 쉬
는 죄를 야훼 앞에 결단코 범하지
아니하고 선하고 의로운 길을 너희
에게 가르칠 것인즉
24 너희는 야훼께서 너희를 위하여 행
하신 그 큰 일을 생각하여 오직 그
를 경외하며 너희의 마음을 다하여
진실히 섬기라
25 만일 너희가 여전히 악을 행하면 너
희와 너희 왕이 다 멸망하리라
13 사울이 왕이 될 때에 사십세라 그
가 이스라엘을 다스린 지 이 년에
2 이스라엘 사람 삼천 명을 택하여

그 중에서 이천 명은 자기와 함께
믹마스와 벧엘 산에 있게 하고 일
천 명은 요나단과 함께 베냐민 기
브아에 있게 하고 남은 백성은 각
기 장막으로 보내니라
3 요나단이 게바에 있는 블레셋 사
람의 수비대를 치매 블레셋 사람이
이를 들은지라 사울이 온 땅에 나
팔을 불어 이르되 히브리 사람들은
들으라 하니
4 온 이스라엘이 사울이 블레셋 사람
들의 수비대를 친 것과 이스라엘이
블레셋 사람들의 미움을 받게 되었
다 함을 듣고 그 백성이 길갈로 모
여 사울을 따르니라
5 블레셋 사람들이 이스라엘과 싸우
려고 모였는데 병거가 삼만이요 마
병이 육천 명이요 백성은 해변의 모
래 같이 많더라 그들이 올라와 벧
아웬 동쪽 믹마스에 진 치매
6 이스라엘 사람들이 위급함을 보고
절박하여 굴과 수풀과 바위 틈과
은밀한 곳과 웅덩이에 숨으며
7 어떤 히브리 사람들은 요단을 건너
갓과 길르앗 땅으로 가되 사울은
아직 길갈에 있고 그를 따른 모든
백성은 떨더라
8 사울은 사무엘이 정한 기한대로 이
레 동안을 기다렸으나 사무엘이 길
갈로 오지 아니하매 백성이 사울에
게서 흩어지는지라
9 사울이 이르되 번제와 화목제물을
이리로 가져오라 하여 번제를 드렸
더니
10 번제 드리기를 마치자 사무엘이 온
지라 사울이 나가 맞으며 문안하매
11 사무엘이 이르되 왕이 행하신 것
이 무엇이냐 하니 사울이 이르되 백
성은 내게서 흩어지고 당신은 정한
날 안에 오지 아니하고 블레셋 사
람은 믹마스에 모였음을 내가 보았
으므로
12 이에 내가 이르기를 블레셋 사람들
이 나를 치러 길갈로 내려오겠거늘
내가 야훼께 은혜를 간구하지 못하
였다 하고 부득이하여 번제를 드렸
나이다 하니라
13 사무엘이 사울에게 이르되 왕이 망
령되이 행하였도다 왕이 왕의 하나
님 야훼께서 왕에게 내리신 명령을
지키지 아니하였도다 그리하였더라
면 야훼께서 이스라엘 위에 왕의
나라를 영원히 세우셨을 것이거늘
14 지금은 왕의 나라가 길지 못할 것
이라 야훼께서 왕에게 명령하신 바
를 왕이 지키지 아니하였으므로 야
훼께서 그의 마음에 맞는 사람을
구하여 야훼께서 그를 그의 백성의
지도자로 삼으셨느니라 하고
15 사무엘이 일어나 길갈에서 떠나 베

기록일 : . . .

냐민 기브아로 올라가니라 사울이
자기와 함께 한 백성의 수를 세어
보니 육백 명 가량이라
16 사울과 그의 아들 요나단과 그들
과 함께 한 백성은 베냐민 게바에
있고 블레셋 사람들은 믹마스에 진
쳤더니
17 노략꾼들이 세 대로 블레셋 사람들
의 진영에서 나와서 한 대는 오브라
길을 따라서 수알 땅에 이르렀고
18 한 대는 벧호론 길로 향하였고 한
대는 광야쪽으로 스보임 골짜기가
내려다 보이는 지역 길로 향하였
더라
19 그 때에 이스라엘 온 땅에 철공이
없었으니 이는 블레셋 사람들이 말
하기를 히브리 사람이 칼이나 창을
만들까 두렵다 하였음이라
20 온 이스라엘 사람들이 각기 보습이
나 삽이나 도끼나 괭이를 벼리려면
블레셋 사람들에게로 내려갔었는데
21 곧 그들이 괭이나 삽이나 쇠스랑이
나 도끼나 쇠채찍이 무딜 때에 그
리하였으므로
22 싸우는 날에 사울과 요나단과 함께
한 백성의 손에는 칼이나 창이 없
고 오직 사울과 그의 아들 요나단
에게만 있었더라
23 블레셋 사람들의 부대가 나와서 믹
마스 어귀에 이르렀더라

14

하루는 사울의 아들 요나단이 자
기의 무기를 든 소년에게 이르되
우리가 건너편 블레셋 사람들의 부
대로 건너가자 하고 그의 아버지에
게는 아뢰지 아니하였더라
2 사울이 기브아 변두리 미그론에 있
는 석류나무 아래에 머물렀고 함께
한 백성은 육백 명 가량이며
3 아히야는 에봇을 입고 거기 있었으
니 그는 이가봇의 형제 아히둡의
아들이요 비느하스의 손자요 실로
에서 야훼의 제사장이 되었던 엘리
의 증손이었더라 백성은 요나단이
간 줄을 알지 못하니라
4 요나단이 블레셋 사람들에게로 건
너가려 하는 어귀 사이 이쪽에는 험
한 바위가 있고 저쪽에도 험한 바
위가 있는데 하나의 이름은 보세스
요 하나의 이름은 세네라
5 한 바위는 북쪽에서 믹마스 앞에
일어섰고 하나는 남쪽에서 게바 앞
에 일어섰더라
6 요나단이 자기의 무기를 든 소년에
게 이르되 우리가 이 할례 받지 않
은 자들에게로 건너가자 야훼께서
우리를 위하여 일하실까 하노라 야
훼의 구원은 사람이 많고 적음에
달리지 아니하였느니라
7 무기를 든 자가 그에게 이르되 당
신의 마음에 있는 대로 다 행하여

앞서 가소서 내가 당신과 마음을
같이 하여 따르리이다
8 요나단이 이르되 보라 우리가 그
사람들에게로 건너가서 그들에게
보이리니
9 그들이 만일 우리에게 이르기를 우
리가 너희에게로 가기를 기다리라
하면 우리는 우리가 있는 곳에 가
만히 서서 그들에게로 올라가지 말
것이요
10 그들이 만일 말하기를 우리에게로
올라오라 하면 우리가 올라갈 것은
야훼께서 그들을 우리 손에 넘기셨
음이니 이것이 우리에게 표징이 되
리라 하고
11 둘이 다 블레셋 사람들에게 보이매
블레셋 사람이 이르되 보라 히브리
사람이 그들이 숨었던 구멍에서 나
온다 하고
12 그 부대 사람들이 요나단과 그의
무기를 든 자에게 이르되 우리에게
로 올라오라 너희에게 보여 줄 것
이 있느니라 한지라 요나단이 자기
의 무기를 든 자에게 이르되 나를
따라 올라오라 야훼께서 그들을 이
스라엘의 손에 넘기셨느니라 하고
13 요나단이 손 발로 기어 올라갔고
그 무기를 든 자도 따랐더라 블레
셋 사람들이 요나단 앞에서 엎드러
지매 무기를 든 자가 따라가며 죽
였으니
14 요나단과 그 무기를 든 자가 반나
절 갈이 땅 안에서 처음으로 쳐죽
인 자가 이십 명 가량이라
15 들에 있는 진영과 모든 백성들이
공포에 떨었고 부대와 노략꾼들도
떨었으며 땅도 진동하였으니 이는
큰 떨림이었더라
16 베냐민 기브아에 있는 사울의 파수
꾼이 바라본즉 허다한 블레셋 사람
들이 무너져 이리 저리 흩어지더라
17 사울이 자기와 함께 한 백성에게
이르되 우리에게서 누가 나갔는지
점호하여 보라 하여 점호한즉 요나
단과 그의 무기를 든 자가 없어졌
더라
18 사울이 아히야에게 이르되 하나님
의 궤를 이리로 가져오라 하니 그
때에 하나님의 궤가 이스라엘 자손
과 함께 있음이니라
19 사울이 제사장에게 말할 때에 블레
셋 사람들의 진영에 소동이 점점 더
한지라 사울이 제사장에게 이르되
네 손을 거두라 하고
20 사울과 그와 함께 한 모든 백성이
모여 전장에 가서 본즉 블레셋 사
람들이 각각 칼로 자기의 동무들을
치므로 크게 혼란하였더라
21 전에 블레셋 사람들과 함께 하던
히브리 사람이 사방에서 블레셋 사

기록일 : . . .

람들과 함께 진영에 들어왔더니 그
들이 돌이켜 사울과 요나단과 함께
한 이스라엘 사람들과 합하였고
22 에브라임 산지에 숨었던 이스라엘
모든 사람도 블레셋 사람들이 도망
함을 듣고 싸우러 나와서 그들을
추격하였더라
23 야훼께서 그 날에 이스라엘을 구원
하시므로 전쟁이 벧아웬을 지나니라
24 이 날에 이스라엘 백성들이 피곤하
였으니 이는 사울이 백성에게 맹세
시켜 경계하여 이르기를 저녁 곧 내
가 내 원수에게 보복하는 때까지
아무 음식물이든지 먹는 사람은 저
주를 받을지어다 하였음이라 그러
므로 모든 백성이 음식물을 맛보지
못하고
25 그들이 다 수풀에 들어간즉 땅에
꿀이 있더라
26 백성이 수풀로 들어갈 때에 꿀이
흐르는 것을 보고도 그들이 맹세를
두려워하여 손을 그 입에 대는 자
가 없었으나
27 요나단은 그의 아버지가 백성에게
맹세하여 명령할 때에 듣지 못하였
으므로 손에 가진 지팡이 끝을 내
밀어 벌집의 꿀을 찍고 그의 손을
돌려 입에 대매 눈이 밝아졌더라
28 그 때에 백성 중 한 사람이 말하여
이르되 당신의 부친이 백성에게 맹
세하여 엄히 말씀하시기를 오늘 음
식물을 먹는 사람은 저주를 받을지
어다 하셨나이다 그러므로 백성이
피곤하였나이다 하니
29 요나단이 이르되 내 아버지께서 이
땅을 곤란하게 하셨도다 보라 내가
이 꿀 조금을 맛보고도 내 눈이 이
렇게 밝아졌거든
30 하물며 백성이 오늘 그 대적에게서
탈취하여 얻은 것을 임의로 먹었더
라면 블레셋 사람을 살육함이 더욱
많지 아니하였겠느냐
31 그 날에 백성이 믹마스에서부터 아
얄론에 이르기까지 블레셋 사람들을
쳤으므로 그들이 심히 피곤한지라
32 백성이 이에 탈취한 물건에 달려가
서 양과 소와 송아지들을 끌어다가
그것을 땅에서 잡아 피째 먹었더니
33 무리가 사울에게 전하여 이르되 보
소서 백성이 고기를 피째 먹어 야훼
께 범죄하였나이다 사울이 이르되
너희가 믿음 없이 행하였도다 이제
큰 돌을 내게로 굴려 오라 하고
34 또 사울이 이르되 너희는 백성 중에
흩어져 다니며 그들에게 이르기를
사람은 각기 소와 양을 이리로 끌어
다가 여기서 잡아 먹되 피째로 먹어
야훼께 범죄하지 말라 하라 하매 그
밤에 모든 백성이 각각 자기의 소를
끌어다가 거기서 잡으니라

기록일 : . . .

35 사울이 야훼를 위하여 제단을 쌓았
으니 이는 그가 야훼를 위하여 처
음 쌓은 제단이었더라
36 사울이 이르되 우리가 밤에 블레셋
사람들을 추격하여 동틀 때까지 그
들 중에서 탈취하고 한 사람도 남
기지 말자 무리가 이르되 왕의 생
각에 좋은 대로 하소서 할 때에 제
사장이 이르되 이리로 와서 하나님
께로 나아가사이다 하매
37 사울이 하나님께 묻자오되 내가 블
레셋 사람들을 추격하리이까 주께
서 그들을 이스라엘의 손에 넘기시
겠나이까 하되 그 날에 대답하지
아니하시는지라
38 사울이 이르되 너희 군대의 지휘관
들아 다 이리로 오라 오늘 이 죄가
누구에게 있나 알아보자
39 이스라엘을 구원하신 야훼께서 살
아 계심을 두고 맹세하노니 내 아
들 요나단에게 있다 할지라도 반드
시 죽으리라 하되 모든 백성 중 한
사람도 대답하지 아니하매
40 이에 그가 온 이스라엘에게 이르되
너희는 저쪽에 있으라 나와 내 아
들 요나단은 이쪽에 있으리라 백성
이 사울에게 말하되 왕의 생각에
좋은 대로 하소서 하니라
41 이에 사울이 이스라엘의 하나님 야
훼께 아뢰되 원하건대 실상을 보이
소서 하였더니 요나단과 사울이 뽑
히고 백성은 면한지라
42 사울이 이르되 나와 내 아들 요나
단 사이에 뽑으라 하였더니 요나단
이 뽑히니라
43 사울이 요나단에게 이르되 네가 행
한 것을 내게 말하라 요나단이 말
하여 이르되 내가 다만 내 손에 가
진 지팡이 끝으로 꿀을 조금 맛보
았을 뿐이오나 내가 죽을 수밖에
없나이다
44 사울이 이르되 요나단아 네가 반드
시 죽으리라 그렇지 않으면 하나님
이 내게 벌을 내리시고 또 내리시기
를 원하노라 하니
45 백성이 사울에게 말하되 이스라엘
에 이 큰 구원을 이룬 요나단이 죽
겠나이까 결단코 그렇지 아니하니
이다 야훼의 살아 계심을 두고 맹
세하옵나니 그의 머리털 하나도 땅
에 떨어지지 아니할 것은 그가 오
늘 하나님과 동역하였음이니이다
하여 백성이 요나단을 구원하여 죽
지 않게 하니라
46 사울이 블레셋 사람들 추격하기를
그치고 올라가매 블레셋 사람들이
자기 곳으로 돌아가니라
47 사울이 이스라엘 왕위에 오른 후에
사방에 있는 모든 대적 곧 모압과
암몬 자손과 에돔과 소바의 왕들과

기록일 : . . .

블레셋 사람들을 쳤는데 향하는 곳
마다 이겼고
48 용감하게 아말렉 사람들을 치고 이
스라엘을 그 약탈하는 자들의 손에
서 건졌더라
49 사울의 아들은 요나단과 이스위와
말기수아요 그의 두 딸의 이름은
이러하니 맏딸의 이름은 메랍이요
작은 딸의 이름은 미갈이며
50 사울의 아내의 이름은 아히노암이
니 아히마아스의 딸이요 그의 군사
령관의 이름은 아브넬이니 사울의
숙부 넬의 아들이며
51 사울의 아버지는 기스요 아브넬의
아버지는 넬이니 아비엘의 아들이
었더라
52 사울이 사는 날 동안에 블레셋 사
람과 큰 싸움이 있었으므로 사울이
힘 센 사람이나 용감한 사람을 보
면 그들을 불러모았더라
15 사무엘이 사울에게 이르되 야훼
께서 나를 보내어 왕에게 기름을
부어 그의 백성 이스라엘 위에 왕
으로 삼으셨은즉 이제 왕은 야훼의
말씀을 들으소서
2 만군의 야훼께서 이같이 말씀하시
기를 아말렉이 이스라엘에게 행한
일 곧 애굽에서 나올 때에 길에서
대적한 일로 내가 그들을 벌하노니
3 지금 가서 아말렉을 쳐서 그들의
모든 소유를 남기지 말고 진멸하되
남녀와 소아와 젖 먹는 아이와 우
양과 낙타와 나귀를 죽이라 하셨나
이다 하니
4 사울이 백성을 소집하고 그들을 들
라임에서 세어 보니 보병이 이십만
명이요 유다 사람이 만 명이라
5 사울이 아말렉 성에 이르러 골짜기
에 복병시키니라
6 사울이 겐 사람에게 이르되 아말렉
사람 중에서 떠나 가라 그들과 함
께 너희를 멸하게 될까 하노라 이
스라엘 모든 자손이 애굽에서 올라
올 때에 너희가 그들을 선대하였느
니라 이에 겐 사람이 아말렉 사람
중에서 떠나니라
7 사울이 하윌라에서부터 애굽 앞 술
에 이르기까지 아말렉 사람을 치고
8 아말렉 사람의 왕 아각을 사로잡고
칼날로 그의 모든 백성을 진멸하였
으되
9 사울과 백성이 아각과 그의 양과
소의 가장 좋은 것 또는 기름진 것
과 어린 양과 모든 좋은 것을 남기
고 진멸하기를 즐겨 아니하고 가치
없고 하찮은 것은 진멸하니라
10 야훼의 말씀이 사무엘에게 임하니
라 이르시되
11 내가 사울을 왕으로 세운 것을 후
회하노니 그가 돌이켜서 나를 따르

기록일 : . . .

지 아니하며 내 명령을 행하지 아
니하였음이니라 하신지라 사무엘이
근심하여 온 밤을 야훼께 부르짖으
니라
12 사무엘이 사울을 만나려고 아침에
일찍이 일어났더니 어떤 사람이 사
무엘에게 말하여 이르되 사울이 갈
멜에 이르러 자기를 위하여 기념비
를 세우고 발길을 돌려 길갈로 내
려갔다 하는지라
13 사무엘이 사울에게 이른즉 사울이
그에게 이르되 원하건대 당신은 야
훼께 복을 받으소서 내가 야훼의
명령을 행하였나이다 하니
14 사무엘이 이르되 그러면 내 귀에
들려오는 이 양의 소리와 내게 들
리는 소의 소리는 어찌 됨이니이까
하니라
15 사울이 이르되 그것은 무리가 아말
렉 사람에게서 끌어 온 것인데 백
성이 당신의 하나님 야훼께 제사하
려 하여 양들과 소들 중에서 가장
좋은 것을 남김이요 그 외의 것은
우리가 진멸하였나이다 하는지라
16 사무엘이 사울에게 이르되 가만히
계시옵소서 간 밤에 야훼께서 내게
이르신 것을 왕에게 말하리이다 하
니 그가 이르되 말씀하소서
17 사무엘이 이르되 왕이 스스로 작
게 여길 그 때에 이스라엘 지파의
머리가 되지 아니하셨나이까 야훼
께서 왕에게 기름을 부어 이스라엘
왕을 삼으시고
18 또 야훼께서 왕을 길로 보내시며
이르시기를 가서 죄인 아말렉 사람
을 진멸하되 다 없어지기까지 치라
하셨거늘
19 어찌하여 왕이 야훼의 목소리를 청
종하지 아니하고 탈취하기에만 급
하여 야훼께서 악하게 여기시는 일
을 행하였나이까
20 사울이 사무엘에게 이르되 나는 실
로 야훼의 목소리를 청종하여 야훼
께서 보내신 길로 가서 아말렉 왕
아각을 끌어 왔고 아말렉 사람들을
진멸하였으나
21 다만 백성이 그 마땅히 멸할 것 중
에서 가장 좋은 것으로 길갈에서
당신의 하나님 야훼께 제사하려고
양과 소를 끌어 왔나이다 하는지라
22 사무엘이 이르되 야훼께서 번제와
다른 제사를 그의 목소리를 청종하
는 것을 좋아하심 같이 좋아하시겠
나이까 순종이 제사보다 낫고 듣는
것이 숫양의 기름보다 나으니
23 이는 거역하는 것은 점치는 죄와 같
고 완고한 것은 사신 우상에게 절
하는 죄와 같음이라 왕이 야훼의
말씀을 버렸으므로 야훼께서도 왕
을 버려 왕이 되지 못하게 하셨나이

기록일 : . . .

다 하니
24 사울이 사무엘에게 이르되 내가 범
죄하였나이다 내가 야훼의 명령과
당신의 말씀을 어긴 것은 내가 백
성을 두려워하여 그들의 말을 청종
하였음이니이다
25 청하오니 지금 내 죄를 사하고 나
와 함께 돌아가서 나로 하여금 야
훼께 경배하게 하소서 하니
26 사무엘이 사울에게 이르되 나는 왕
과 함께 돌아가지 아니하리니 이
는 왕이 야훼의 말씀을 버렸으므로
야훼께서 왕을 버려 이스라엘 왕이
되지 못하게 하셨음이니이다 하고
27 사무엘이 가려고 돌아설 때에 사울
이 그의 겉옷자락을 붙잡으매 찢어
진지라
28 사무엘이 그에게 이르되 야훼께서
오늘 이스라엘 나라를 왕에게서 떼
어 왕보다 나은 왕의 이웃에게 주
셨나이다
29 이스라엘의 지존자는 거짓이나 변
개함이 없으시니 그는 사람이 아니
시므로 결코 변개하지 않으심이니
이다 하니
30 사울이 이르되 내가 범죄하였을지
라도 이제 청하옵나니 내 백성의
장로들 앞과 이스라엘 앞에서 나를
높이사 나와 함께 돌아가서 내가
당신의 하나님 야훼께 경배하게 하
소서 하더라
31 이에 사무엘이 돌이켜 사울을 따라
가매 사울이 야훼께 경배하니라
32 사무엘이 이르되 너희는 아말렉 사
람의 왕 아각을 내게로 끌어 오라
하였더니 아각이 즐거이 오며 이르
되 진실로 사망의 괴로움이 지났도
다 하니라
33 사무엘이 이르되 네 칼이 여인들에
게 자식이 없게 한 것 같이 여인 중
네 어미에게 자식이 없으리라 하고
그가 길갈에서 야훼 앞에서 아각을
찍어 쪼개니라
34 이에 사무엘은 라마로 가고 사울은
사울 기브아 자기의 집으로 올라가
니라
35 사무엘이 죽는 날까지 사울을 다시
가서 보지 아니하였으니 이는 그가
사울을 위하여 슬퍼함이었고 야훼
께서는 사울을 이스라엘 왕으로 삼
으신 것을 후회하셨더라

16

야훼께서 사무엘에게 이르시되
내가 이미 사울을 버려 이스라엘
왕이 되지 못하게 하였거늘 네가
그를 위하여 언제까지 슬퍼하겠느
냐 너는 뿔에 기름을 채워 가지고
가라 내가 너를 베들레헴 사람 이
새에게로 보내리니 이는 내가 그의
아들 중에서 한 왕을 보았느니라
하시는지라

2 사무엘이 이르되 내가 어찌 갈 수
있으리이까 사울이 들으면 나를 죽
이리이다 하니 야훼께서 이르시되
너는 암송아지를 끌고 가서 말하기
를 내가 야훼께 제사를 드리러 왔
다 하고
3 이새를 제사에 청하라 내가 네게
행할 일을 가르치리니 내가 네게
알게 하는 자에게 나를 위하여 기
름을 부을지니라
4 사무엘이 야훼의 말씀대로 행하여
베들레헴에 이르매 성읍 장로들이
떨며 그를 영접하여 이르되 평강을
위하여 오시나이까
5 이르되 평강을 위함이니라 내가 야
훼께 제사하러 왔으니 스스로 성결
하게 하고 와서 나와 함께 제사하
자 하고 이새와 그의 아들들을 성
결하게 하고 제사에 청하니라
6 그들이 오매 사무엘이 엘리압을 보
고 마음에 이르기를 야훼의 기름
부으실 자가 과연 주님 앞에 있도
다 하였더니
7 야훼께서 사무엘에게 이르시되 그
의 용모와 키를 보지 말라 내가 이
미 그를 버렸노라 내가 보는 것은
사람과 같지 아니하니 사람은 외모
를 보거니와 나 야훼는 중심을 보
느니라 하시더라
8 이새가 아비나답을 불러 사무엘 앞
을 지나가게 하매 사무엘이 이르되
이도 야훼께서 택하지 아니하셨느
니라 하니
9 이새가 삼마로 지나게 하매 사무
엘이 이르되 이도 야훼께서 택하지
아니하셨느니라 하니라
10 이새가 그의 아들 일곱을 다 사무
엘 앞으로 지나가게 하나 사무엘이
이새에게 이르되 야훼께서 이들을
택하지 아니하셨느니라 하고
11 또 사무엘이 이새에게 이르되 네
아들들이 다 여기 있느냐 이새가 이
르되 아직 막내가 남았는데 그는
양을 지키나이다 사무엘이 이새에
게 이르되 사람을 보내어 그를 데
려오라 그가 여기 오기까지는 우리
가 식사 자리에 앉지 아니하겠노라
12 이에 사람을 보내어 그를 데려오매
그의 빛이 붉고 눈이 빼어나고 얼
굴이 아름답더라 야훼께서 이르시
되 이가 그니 일어나 기름을 부으
라 하시는지라
13 사무엘이 기름 뿔병을 가져다가 그
의 형제 중에서 그에게 부었더니 이
날 이후로 다윗이 야훼의 영에게
크게 감동되니라 사무엘이 떠나서
라마로 가니라
14 야훼의 영이 사울에게서 떠나고 야
훼께서 부리시는 악령이 그를 번뇌
하게 한지라

기록일 : . . .

15 사울의 신하들이 그에게 이르되 보
소서 하나님께서 부리시는 악령이
왕을 번뇌하게 하온즉
16 원하건대 우리 주께서는 당신 앞에
서 모시는 신하들에게 명령하여 수
금을 잘 타는 사람을 구하게 하소
서 하나님께서 부리시는 악령이 왕
에게 이를 때에 그가 손으로 타면
왕이 나으시리이다 하는지라
17 사울이 신하에게 이르되 나를 위하
여 잘 타는 사람을 구하여 내게로
데려오라 하니
18 소년 중 한 사람이 대답하여 이르
되 내가 베들레헴 사람 이새의 아
들을 본즉 수금을 탈 줄 알고 용기
와 무용과 구변이 있는 준수한 자
라 야훼께서 그와 함께 계시더이다
하더라
19 사울이 이에 전령들을 이새에게 보
내어 이르되 양 치는 네 아들 다윗
을 내게로 보내라 하매
20 이새가 떡과 한 가죽부대의 포도주
와 염소 새끼를 나귀에 실리고 그
의 아들 다윗을 시켜 사울에게 보
내니
21 다윗이 사울에게 이르러 그 앞에 모
셔 서매 사울이 그를 크게 사랑하여
자기의 무기를 드는 자로 삼고
22 또 사울이 이새에게 사람을 보내어
이르되 원하건대 다윗을 내 앞에
모셔 서게 하라 그가 내게 은총을
얻었느니라 하니라
23 하나님께서 부리시는 악령이 사울
에게 이를 때에 다윗이 수금을 들
고 와서 손으로 탄즉 사울이 상쾌하
여 낫고 악령이 그에게서 떠나더라

17

블레셋 사람들이 그들의 군대를
모으고 싸우고자 하여 유다에 속한
소고에 모여 소고와 아세가 사이의
에베스담밈에 진 치매
2 사울과 이스라엘 사람들이 모여서
엘라 골짜기에 진 치고 블레셋 사
람들을 대하여 전열을 벌였으니
3 블레셋 사람들은 이쪽 산에 섰고
이스라엘은 저쪽 산에 섰고 그 사
이에는 골짜기가 있었더라
4 블레셋 사람들의 진영에서 싸움을
돋우는 자가 왔는데 그의 이름은
골리앗이요 가드 사람이라 그의 키
는 여섯 규빗 한 뼘이요
5 머리에는 놋 투구를 썼고 몸에는
비늘 갑옷을 입었으니 그 갑옷의
무게가 놋 오천 세겔이며
6 그의 다리에는 놋 각반을 찼고 어
깨 사이에는 놋 단창을 메었으니
7 그 창 자루는 베틀 채 같고 창 날은
철 육백 세겔이며 방패 든 자가 앞
서 행하더라
8 그가 서서 이스라엘 군대를 향하여
외쳐 이르되 너희가 어찌하여 나

기록일 : . . .

와서 전열을 벌였느냐 나는 블레셋
사람이 아니며 너희는 사울의 신복
이 아니냐 너희는 한 사람을 택하
여 내게로 내려보내라
9 그가 나와 싸워서 나를 죽이면 우
리가 너희의 종이 되겠고 만일 내
가 이겨 그를 죽이면 너희가 우리의
종이 되어 우리를 섬길 것이니라
10 그 블레셋 사람이 또 이르되 내가
오늘 이스라엘의 군대를 모욕하였
으니 사람을 보내어 나와 더불어
싸우게 하라 한지라
11 사울과 온 이스라엘이 블레셋 사람
의 이 말을 듣고 놀라 크게 두려워
하니라
12 다윗은 유다 베들레헴 에브랏 사람
이새라 하는 사람의 아들이었는데
이새는 사울 당시 사람 중에 나이
가 많아 늙은 사람으로서 여덟 아
들이 있는 중
13 그 장성한 세 아들은 사울을 따라
싸움에 나갔으니 싸움에 나간 세 아
들의 이름은 장자 엘리압이요 그 다
음은 아비나답이요 셋째는 삼마며
14 다윗은 막내라 장성한 세 사람은
사울을 따랐고
15 다윗은 사울에게로 왕래하며 베들
레헴에서 그의 아버지의 양을 칠
때에
16 그 블레셋 사람이 사십 일을 조석
으로 나와서 몸을 나타내었더라
17 이새가 그의 아들 다윗에게 이르되
지금 네 형들을 위하여 이 볶은 곡
식 한 에바와 이 떡 열 덩이를 가지
고 진영으로 속히 가서 네 형들에
게 주고
18 이 치즈 열 덩이를 가져다가 그들의
천부장에게 주고 네 형들의 안부를
살피고 증표를 가져오라
19 그 때에 사울과 그들과 이스라엘
모든 사람들은 엘라 골짜기에서 블
레셋 사람들과 싸우는 중이더라
20 다윗이 아침에 일찍이 일어나서 양
을 양 지키는 자에게 맡기고 이새
가 명령한 대로 가지고 가서 진영에
이른즉 마침 군대가 전장에 나와서
싸우려고 고함치며,
21 이스라엘과 블레셋 사람들이 전열을
벌이고 양군이 서로 대치하였더라
22 다윗이 자기의 짐을 짐 지키는 자의
손에 맡기고 군대로 달려가서 형들
에게 문안하고
23 그들과 함께 말할 때에 마침 블레
셋 사람의 싸움 돋우는 가드 사람
골리앗이라 하는 자가 그 전열에서
나와서 전과 같은 말을 하매 다윗
이 들으니라
24 이스라엘 모든 사람이 그 사람을
보고 심히 두려워하여 그 앞에서
도망하며

기록일 : . . .

25 이스라엘 사람들이 이르되 너희가
이 올라 온 사람을 보았느냐 참으
로 이스라엘을 모욕하러 왔도다 그
를 죽이는 사람은 왕이 많은 재물
로 부하게 하고 그의 딸을 그에게
주고 그 아버지의 집을 이스라엘
중에서 세금을 면제하게 하시리라
26 다윗이 곁에 서 있는 사람들에게
말하여 이르되 이 블레셋 사람을
죽여 이스라엘의 치욕을 제거하는
사람에게는 어떠한 대우를 하겠느
냐 이 할례 받지 않은 블레셋 사람
이 누구이기에 살아 계시는 하나님
의 군대를 모욕하겠느냐
27 백성이 전과 같이 말하여 이르되 그
를 죽이는 사람에게는 이러이러하
게 하시리라 하니라
28 큰형 엘리압이 다윗이 사람들에게
하는 말을 들은지라 그가 다윗에게
노를 발하여 이르되 네가 어찌하여
이리로 내려왔느냐 들에 있는 양들
을 누구에게 맡겼느냐 나는 네 교
만과 네 마음의 완악함을 아노니
네가 전쟁을 구경하러 왔도다
29 다윗이 이르되 내가 무엇을 하였나
이까 어찌 이유가 없으리이까 하고
30 돌아서서 다른 사람을 향하여 전과
같이 말하매 백성이 전과 같이 대
답하니라
31 어떤 사람이 다윗이 한 말을 듣고
그것을 사울에게 전하였으므로 사
울이 다윗을 부른지라
32 다윗이 사울에게 말하되 그로 말
미암아 사람이 낙담하지 말 것이라
주의 종이 가서 저 블레셋 사람과
싸우리이다 하니
33 사울이 다윗에게 이르되 네가 가서
저 블레셋 사람과 싸울 수 없으리
니 너는 소년이요 그는 어려서부터
용사임이니라
34 다윗이 사울에게 말하되 주의 종이
아버지의 양을 지킬 때에 사자나
곰이 와서 양 떼에서 새끼를 물어
가면
35 내가 따라가서 그것을 치고 그 입
에서 새끼를 건져내었고 그것이 일
어나 나를 해하고자 하면 내가 그
수염을 잡고 그것을 쳐죽였나이다
36 주의 종이 사자와 곰도 쳤은즉 살
아 계시는 하나님의 군대를 모욕한
이 할례 받지 않은 블레셋 사람이
리이까 그가 그 짐승의 하나와 같
이 되리이다
37 또 다윗이 이르되 야훼께서 나를
사자의 발톱과 곰의 발톱에서 건
져내셨은즉 나를 이 블레셋 사람의
손에서도 건져내시리이다 사울이
다윗에게 이르되 가라 야훼께서 너
와 함께 계시기를 원하노라
38 이에 사울이 자기 군복을 다윗에게

기록일 : . . .

입히고 놋 투구를 그의 머리에 씌
우고 또 그에게 갑옷을 입히매
39 다윗이 칼을 군복 위에 차고는 익
숙하지 못하므로 시험적으로 걸어
보다가 사울에게 말하되 익숙하지
못하니 이것을 입고 가지 못하겠나
이다 하고 곧 벗고
40 손에 막대기를 가지고 시내에서 매
끄러운 돌 다섯을 골라서 자기 목
자의 제구 곧 주머니에 넣고 손에
물매를 가지고 블레셋 사람에게로
나아가니라
41 블레셋 사람이 방패 든 사람을 앞
세우고 다윗에게로 점점 가까이 나
아가니라
42 그 블레셋 사람이 둘러보다가 다윗
을 보고 업신여기니 이는 그가 젊고
붉고 용모가 아름다움이라
43 블레셋 사람이 다윗에게 이르되 네
가 나를 개로 여기고 막대기를 가
지고 내게 나아왔느냐 하고 그의
신들의 이름으로 다윗을 저주하고
44 그 블레셋 사람이 또 다윗에게 이
르되 내게로 오라 내가 네 살을 공
중의 새들과 들짐승들에게 주리라
하는지라
45 다윗이 블레셋 사람에게 이르되 너
는 칼과 창과 단창으로 내게 나아
오거니와 나는 만군의 야훼의 이름
곧 네가 모욕하는 이스라엘 군대의
하나님의 이름으로 네게 나아가노라
46 오늘 야훼께서 너를 내 손에 넘기
시리니 내가 너를 쳐서 네 목을 베
고 블레셋 군대의 시체를 오늘 공
중의 새와 땅의 들짐승에게 주어
온 땅으로 이스라엘에 하나님이 계
신 줄 알게 하겠고
47 또 야훼의 구원하심이 칼과 창에
있지 아니함을 이 무리에게 알게
하리라 전쟁은 야훼께 속한 것인즉
그가 너희를 우리 손에 넘기시리라
48 블레셋 사람이 일어나 다윗에게로
마주 가까이 올 때에 다윗이 블레
셋 사람을 향하여 빨리 달리며
49 손을 주머니에 넣어 돌을 가지고
물매로 던져 블레셋 사람의 이마를
치매 돌이 그의 이마에 박히니 땅
에 엎드러지니라
50 다윗이 이같이 물매와 돌로 블레셋
사람을 이기고 그를 쳐죽였으나 자
기 손에는 칼이 없었더라
51 다윗이 달려가서 블레셋 사람을 밟
고 그의 칼을 그 칼 집에서 빼내어
그 칼로 그를 죽이고 그의 머리를
베니 블레셋 사람들이 자기 용사의
죽음을 보고 도망하는지라
52 이스라엘과 유다 사람들이 일어나
서 소리 지르며 블레셋 사람들을
쫓아 가이와 에그론 성문까지 이르
렀고 블레셋 사람들의 부상자들은

기록일 : . . .

사아라임 가는 길에서부터 가드와
에그론까지 엎드러졌더라
53 이스라엘 자손이 블레셋 사람들을
쫓다가 돌아와서 그들의 진영을 노
략하였고
54 다윗은 그 블레셋 사람의 머리를
예루살렘으로 가져가고 갑주는 자
기 장막에 두니라
55 사울은 다윗이 블레셋 사람을 향하
여 나아감을 보고 군사령관 아브넬
에게 묻되 아브넬아 이 소년이 누
구의 아들이냐 아브넬이 이르되 왕
이여 왕의 사심으로 맹세하옵나니
내가 알지 못하나이다 하매
56 왕이 이르되 너는 이 청년이 누구의
아들인가 물어보라 하였더니
57 다윗이 그 블레셋 사람을 죽이고
돌아올 때에 그 블레셋 사람의 머
리가 그의 손에 있는 채 아브넬이
그를 사울 앞으로 인도하니
58 사울이 그에게 묻되 소년이여 누구
의 아들이냐 하니 다윗이 대답하되
나는 주의 종 베들레헴 사람 이새
의 아들이니이다 하니라

18 다윗이 사울에게 말하기를 마치
매 요나단의 마음이 다윗의 마음과
하나가 되어 요나단이 그를 자기
생명 같이 사랑하니라
2 그 날에 사울은 다윗을 머무르게
하고 그의 아버지의 집으로 다시
돌아가기를 허락하지 아니하였고
3 요나단은 다윗을 자기 생명 같이
사랑하여 더불어 언약을 맺었으며
4 요나단이 자기가 입었던 겉옷을 벗
어 다윗에게 주었고 자기의 군복과
칼과 활과 띠도 그리하였더라
5 다윗은 사울이 보내는 곳마다 가서
지혜롭게 행하매 사울이 그를 군대
의 장으로 삼았더니 온 백성이 합
당히 여겼고 사울의 신하들도 합당
히 여겼더라
6 무리가 돌아올 때 곧 다윗이 블레
셋 사람을 죽이고 돌아올 때에 여
인들이 이스라엘 모든 성읍에서 나
와서 노래하며 춤추며 소고와 경쇠
를 가지고 왕 사울을 환영하는데
7 여인들이 뛰놀며 노래하여 이르되
사울이 죽인 자는 천천이요 다윗은
만만이로다 한지라
8 사울이 그 말에 불쾌하여 심히 노
하여 이르되 다윗에게는 만만을 돌
리고 내게는 천천만 돌리니 그가 더
얻을 것이 나라 말고 무엇이냐 하고
9 그 날 후로 사울이 다윗을 주목하
였더라
10 그 이튿날 하나님께서 부리시는 악
령이 사울에게 힘 있게 내리매 그
가 집 안에서 정신 없이 떠들어대므
로 다윗이 평일과 같이 손으로 수
금을 타는데 그 때에 사울의 손에

창이 있는지라
11 그가 스스로 이르기를 내가 다윗
을 벽에 박으리라 하고 사울이 그
창을 던졌으나 다윗이 그의 앞에서
두 번 피하였더라
12 야훼께서 사울을 떠나 다윗과 함
께 계시므로 사울이 그를 두려워한
지라
13 그러므로 사울이 그를 자기 곁에서
떠나게 하고 그를 천부장으로 삼으
매 그가 백성 앞에 출입하며
14 다윗이 그의 모든 일을 지혜롭게
행하니라 야훼께서 그와 함께 계시
니라
15 사울은 다윗이 크게 지혜롭게 행함
을 보고 그를 두려워하였으나
16 온 이스라엘과 유다는 다윗을 사랑
하였으니 그가 자기들 앞에 출입하
기 때문이었더라
17 사울이 다윗에게 이르되 내 맏딸
메랍을 네게 아내로 주리니 오직
너는 나를 위하여 용기를 내어 야
훼의 싸움을 싸우라 하니 이는 그
가 생각하기를 내 손을 그에게 대
지 않고 블레셋 사람들의 손을 그
에게 대게 하리라 함이라
18 다윗이 사울에게 이르되 내가 누구
며 이스라엘 중에 내 친속이나 내
아버지의 집이 무엇이기에 내가 왕
의 사위가 되리이까 하였더니
19 사울의 딸 메랍을 다윗에게 줄 시
기에 므홀랏 사람 아드리엘에게 아
내로 주었더라
20 사울의 딸 미갈이 다윗을 사랑하매
어떤 사람이 사울에게 알린지라 사
울이 그 일을 좋게 여겨
21 스스로 이르되 내가 딸을 그에게
주어서 그에게 올무가 되게 하고
블레셋 사람들의 손으로 그를 치게
하리라 하고 이에 사울이 다윗에게
이르되 네가 오늘 다시 내 사위가
되리라 하니라
22 사울이 그의 신하들에게 명령하되
너희는 다윗에게 비밀히 말하여 이
르기를 보라 왕이 너를 기뻐하시고
모든 신하도 너를 사랑하나니 그런
즉 네가 왕의 사위가 되는 것이 가
하니라 하라
23 사울의 신하들이 이 말을 다윗의
귀에 전하매 다윗이 이르되 왕의
사위 되는 것을 너희는 작은 일로
보느냐 나는 가난하고 천한 사람이
라 한지라
24 사울의 신하들이 사울에게 말하여
이르되 다윗이 이러이러하게 말하
더이다 하니
25 사울이 이르되 너희는 다윗에게 이
같이 말하기를 왕이 아무 것도 원
하지 아니하고 다만 왕의 원수의
보복으로 블레셋 사람들의 포피 백

기록일 : . . .

개를 원하신다 하라 하였으니 이는
사울의 생각에 다윗을 블레셋 사람
들의 손에 죽게 하리라 함이라
26 사울의 신하들이 이 말을 다윗에게
아뢰매 다윗이 왕의 사위 되는 것
을 좋게 여기므로 결혼할 날이 차
기 전에
27 다윗이 일어나서 그의 부하들과 함
께 가서 블레셋 사람 이백 명을 죽
이고 그들의 포피를 가져다가 수대
로 왕께 드려 왕의 사위가 되고자
하니 사울이 그의 딸 미갈을 다윗
에게 아내로 주었더라
28 야훼께서 다윗과 함께 계심을 사울
이 보고 알았고 사울의 딸 미갈도
그를 사랑하므로
29 사울이 다윗을 더욱더욱 두려워하
여 평생에 다윗의 대적이 되니라
30 블레셋 사람들의 방백들이 싸우러
나오면 그들이 나올 때마다 다윗이
사울의 모든 신하보다 더 지혜롭게
행하매 이에 그의 이름이 심히 귀
하게 되니라

19 사울이 그의 아들 요나단과 그의
모든 신하에게 다윗을 죽이라 말하
였더니 사울의 아들 요나단이 다윗
을 심히 좋아하므로
2 그가 다윗에게 말하여 이르되 내
아버지 사울이 너를 죽이기를 꾀하
시느니라 그러므로 이제 청하노니
아침에 조심하여 은밀한 곳에 숨어
있으라
3 내가 나가서 네가 있는 들에서 내
아버지 곁에 서서 네 일을 내 아버
지와 말하다가 무엇을 보면 네게
알려 주리라 하고
4 요나단이 그의 아버지 사울에게 다
윗을 칭찬하여 이르되 원하건대 왕
은 신하 다윗에게 범죄하지 마옵소
서 그는 왕께 득죄하지 아니하였고
그가 왕께 행한 일은 심히 선함이
니이다
5 그가 자기 생명을 아끼지 아니하
고 블레셋 사람을 죽였고 야훼께
서는 온 이스라엘을 위하여 큰 구
원을 이루셨으므로 왕이 이를 보고
기뻐하셨거늘 어찌 까닭 없이 다윗
을 죽여 무죄한 피를 흘려 범죄하
려 하시나이까
6 사울이 요나단의 말을 듣고 맹세하
되 야훼께서 살아 계심을 두고 맹
세하거니와 그가 죽임을 당하지 아
니하리라
7 요나단이 다윗을 불러 그 모든 일
을 그에게 알리고 요나단이 그를
사울에게로 인도하니 그가 사울 앞
에 전과 같이 있었더라
8 전쟁이 다시 있으므로 다윗이 나가
서 블레셋 사람들과 싸워 그들을
크게 쳐죽이매 그들이 그 앞에서

도망하니라
9 사울이 손에 단창을 가지고 그의
집에 앉았을 때에 야훼께서 부리시
는 악령이 사울에게 접하였으므로
다윗이 손으로 수금을 탈 때에
10 사울이 단창으로 다윗을 벽에 박으
려 하였으나 그는 사울의 앞을 피
하고 사울의 창은 벽에 박힌지라
다윗이 그 밤에 도피하매
11 사울이 전령들을 다윗의 집에 보내
어 그를 지키다가 아침에 그를 죽
이게 하려 한지라 다윗의 아내 미
갈이 다윗에게 말하여 이르되 당신
이 이 밤에 당신의 생명을 구하지
아니하면 내일에는 죽임을 당하리
라 하고
12 미갈이 다윗을 창에서 달아 내리매
그가 피하여 도망하니라
13 미갈이 우상을 가져다가 침상에 누
이고 염소 털로 엮은 것을 그 머리에
씌우고 의복으로 그것을 덮었더니
14 사울이 전령들을 보내어 다윗을 잡
으려 하매 미갈이 이르되 그가 병
들었느니라
15 사울이 또 전령들을 보내어 다윗을
보라 하며 이르되 그를 침상째 내게
로 들고 오라 내가 그를 죽이리라
16 전령들이 들어가 본즉 침상에는 우
상이 있고 염소 털로 엮은 것이 그
머리에 있었더라
17 사울이 미갈에게 이르되 너는 어찌
하여 이처럼 나를 속여 내 대적을
놓아 피하게 하였느냐 미갈이 사울
에게 대답하되 그가 내게 이르기를
나를 놓아 가게 하라 어찌하여 나
로 너를 죽이게 하겠느냐 하더이다
하니라
18 다윗이 도피하여 라마로 가서 사무
엘에게로 나아가서 사울이 자기에
게 행한 일을 다 전하였고 다윗과
사무엘이 나욧으로 가서 살았더라
19 어떤 사람이 사울에게 전하여 이르
되 다윗이 라마 나욧에 있더이다
하매
20 사울이 다윗을 잡으러 전령들을 보
냈더니 그들이 선지자 무리가 예언
하는 것과 사무엘이 그들의 수령으
로 선 것을 볼 때에 하나님의 영이
사울의 전령들에게 임하매 그들도
예언을 한지라
21 어떤 사람이 그것을 사울에게 알리
매 사울이 다른 전령들을 보냈더니
그들도 예언을 했으므로 사울이 세
번째 다시 전령들을 보냈더니 그들
도 예언을 한지라
22 이에 사울도 라마로 가서 세구에
있는 큰 우물에 도착하여 물어 이
르되 사무엘과 다윗이 어디 있느냐
어떤 사람이 이르되 라마 나욧에
있나이다

기록일 : . . .

23 사울이 라마 나욧으로 가니라 하나
님의 영이 그에게도 임하시니 그가
라마 나욧에 이르기까지 걸어가며
예언을 하였으며
24 그가 또 그의 옷을 벗고 사무엘 앞
에서 예언을 하며 하루 밤낮을 벗
은 몸으로 누웠더라 그러므로 속
담에 이르기를 사울도 선지자 중에
있느냐 하니라

20 다윗이 라마 나욧에서 도망하여
요나단에게 이르되 내가 무엇을 하
였으며 내 죄악이 무엇이며 네 아버
지 앞에서 내 죄가 무엇이기에 그
가 내 생명을 찾느냐
2 요나단이 그에게 이르되 결단코 아
니라 네가 죽지 아니하리라 내 아
버지께서 크고 작은 일을 내게 알
리지 아니하고는 행하지 아니하나
니 내 아버지께서 어찌하여 이 일은
내게 숨기리요 그렇지 아니하니라
3 다윗이 또 맹세하여 이르되 내가
네게 은혜 받은 줄을 네 아버지께
서 밝히 알고 스스로 이르기를 요
나단이 슬퍼할까 두려운즉 그에게
이것을 알리지 아니하리라 함이니
라 그러나 진실로 야훼의 살아 계
심과 네 생명을 두고 맹세하노니
나와 죽음의 사이는 한 걸음 뿐이
니라
4 요나단이 다윗에게 이르되 네 마
음의 소원이 무엇이든지 내가 너를
위하여 그것을 이루리라
5 다윗이 요나단에게 이르되 내일은
초하루인즉 내가 마땅히 왕을 모시
고 앉아 식사를 하여야 할 것이나
나를 보내어 셋째 날 저녁까지 들
에 숨게 하고
6 네 아버지께서 만일 나에 대하여
자세히 묻거든 그 때에 너는 말하
기를 다윗이 자기 성읍 베들레헴으
로 급히 가기를 내게 허락하라 간
청하였사오니 이는 온 가족을 위하
여 거기서 매년제를 드릴 때가 됨이
니이다 하라
7 그의 말이 좋다 하면 네 종이 평안
하려니와 그가 만일 노하면 나를
해하려고 결심한 줄을 알지니
8 그런즉 바라건대 네 종에게 인자하
게 행하라 네가 네 종에게 야훼 앞
에서 너와 맹약하게 하였음이니라
그러나 내게 죄악이 있으면 네가
친히 나를 죽이라 나를 네 아버지
에게로 데려갈 이유가 무엇이냐 하
니라
9 요나단이 이르되 이 일이 결코 네
게 일어나지 아니하리라 내 아버지
께서 너를 해치려 확실히 결심한 줄
알면 내가 네게 와서 그것을 네게
이르지 아니하겠느냐 하니
10 다윗이 요나단에게 이르되 네 아버

기록일 : . . .

지께서 혹 엄하게 네게 대답하면 누
가 그것을 내게 알리겠느냐 하더라
11 요나단이 다윗에게 이르되 오라 우
리가 들로 가자 하고 두 사람이 들
로 가니라
12 요나단이 다윗에게 이르되 이스라
엘의 하나님 야훼께서 증언하시거
니와 내가 내일이나 모레 이맘때
에 내 아버지를 살펴서 너 다윗에
게 대한 의향이 선하면 내가 사람
을 보내어 네게 알리지 않겠느냐
13 그러나 만일 내 아버지께서 너를
해치려 하는데도 내가 이 일을 네
게 알려 주어 너를 보내어 평안히
가게 하지 아니하면 야훼께서 나
요나단에게 벌을 내리시고 또 내리
시기를 원하노라 야훼께서 내 아버
지와 함께 하신 것 같이 너와 함께
하시기를 원하노니
14 너는 내가 사는 날 동안에 야훼의
인자하심을 내게 베풀어서 나를 죽
지 않게 할 뿐 아니라
15 야훼께서 너 다윗의 대적들을 지면
에서 다 끊어 버리신 때에도 너는
네 인자함을 내 집에서 영원히 끊어
버리지 말라 하고
16 이에 요나단이 다윗의 집과 언약하
기를 야훼께서는 다윗의 대적들을
치실지어다 하니라
17 다윗에 대한 요나단의 사랑이 그를
다시 맹세하게 하였으니 이는 자기
생명을 사랑함 같이 그를 사랑함이
었더라
18 요나단이 다윗에게 이르되 내일은
초하루인즉 네 자리가 비므로 네가
없음을 자세히 물으실 것이라
19 너는 사흘 동안 있다가 빨리 내려
가서 그 일이 있던 날에 숨었던 곳
에 이르러 에셀 바위 곁에 있으라
20 내가 과녁을 쏘려 함 같이 화살 셋
을 그 바위 곁에 쏘고
21 아이를 보내어 가서 화살을 찾으라
하며 내가 짐짓 아이에게 이르기를
보라 화살이 네 이쪽에 있으니 가
져오라 하거든 너는 돌아올지니 야
훼께서 살아 계심을 두고 맹세하노
니 네가 평안 무사할 것이요
22 만일 아이에게 이르기를 보라 화살
이 네 앞쪽에 있다 하거든 네 길을
가라 야훼께서 너를 보내셨음이니라
23 너와 내가 말한 일에 대하여는 야
훼께서 너와 나 사이에 영원토록
계시느니라 하니라
24 다윗이 들에 숨으니라 초하루가 되
매 왕이 앉아 음식을 먹을 때에
25 왕은 평시와 같이 벽 곁 자기 자리
에 앉아 있고 요나단은 서 있고 아
브넬은 사울 곁에 앉아 있고 다윗
의 자리는 비었더라
26 그러나 그 날에는 사울이 아무 말

기록일 : . . .

도 하지 아니하였으니 이는 생각하
기를 그에게 무슨 사고가 있어서
부정한가보다 정녕히 부정한가보다
하였음이더니
27 이튿날 곧 그 달의 둘째 날에도 다
윗의 자리가 여전히 비었으므로 사
울이 그의 아들 요나단에게 묻되
이새의 아들이 어찌하여 어제와 오
늘 식사에 나오지 아니하느냐 하니
28 요나단이 사울에게 대답하되 다윗
이 내게 베들레헴으로 가기를 간청
하여
29 이르되 원하건대 나에게 가게 하라
우리 가족이 그 성읍에서 제사할 일
이 있으므로 나의 형이 내게 오기를
명령하였으니 내가 네게 사랑을 받
거든 내가 가서 내 형들을 보게 하
라 하였으므로 그가 왕의 식사 자리
에 오지 아니하였나이다 하니
30 사울이 요나단에게 화를 내며 그에
게 이르되 패역무도한 계집의 소생
아 네가 이새의 아들을 택한 것이
네 수치와 네 어미의 벌거벗은 수치
됨을 내가 어찌 알지 못하랴
31 이새의 아들이 땅에 사는 동안은
너와 네 나라가 든든히 서지 못하
리라 그런즉 이제 사람을 보내어
그를 내게로 끌어 오라 그는 죽어
야 할 자이니라 한지라
32 요나단이 그의 아버지 사울에게 대
답하여 이르되 그가 죽을 일이 무
엇이니이까 무엇을 행하였나이까
33 사울이 요나단에게 단창을 던져 죽
이려 한지라 요나단이 그의 아버지
가 다윗을 죽이기로 결심한 줄 알고
34 심히 노하여 식탁에서 떠나고 그
달의 둘째 날에는 먹지 아니하였으
니 이는 그의 아버지가 다윗을 욕
되게 하였으므로 다윗을 위하여 슬
퍼함이었더라
35 아침에 요나단이 작은 아이를 데리
고 다윗과 정한 시간에 들로 나가서
36 아이에게 이르되 달려가서 내가 쏘
는 화살을 찾으라 하고 아이가 달
려갈 때에 요나단이 화살을 그의
위로 지나치게 쏘니라
37 아이가 요나단이 쏜 화살 있는 곳
에 이를 즈음에 요나단이 아이 뒤
에서 외쳐 이르되 화살이 네 앞쪽
에 있지 아니하냐 하고
38 요나단이 아이 뒤에서 또 외치되
지체 말고 빨리 달음질하라 하매
요나단의 아이가 화살을 주워 가지
고 주인에게로 돌아왔으나
39 그 아이는 아무것도 알지 못하고
요나단과 다윗만 그 일을 알았더라
40 요나단이 그의 무기를 아이에게 주
며 이르되 이것을 가지고 성읍으로
가라 하니
41 아이가 가매 다윗이 곧 바위 남쪽

기록일 : . . .

에서 일어나서 땅에 엎드려 세 번
절한 후에 서로 입 맞추고 같이 울
되 다윗이 더욱 심하더니
42 요나단이 다윗에게 이르되 평안히
가라 우리 두 사람이 야훼의 이름으
로 맹세하여 이르기를 야훼께서 영
원히 나와 너 사이에 계시고 내 자
손과 네 자손 사이에 계시리라 하였
느니라 하니 다윗은 일어나 떠나고
요나단은 성읍으로 들어가니라

21 다윗이 놉에 가서 제사장 아히멜
렉에게 이르니 아히멜렉이 떨며 다
윗을 영접하여 그에게 이르되 어찌
하여 네가 홀로 있고 함께 하는 자
가 아무도 없느냐 하니
2 다윗이 제사장 아히멜렉에게 이르
되 왕이 내게 일을 명령하고 이르시
기를 내가 너를 보내는 것과 네게
명령한 일은 아무것도 사람에게 알
리지 말라 하시기로 내가 나의 소
년들을 이러이러한 곳으로 오라고
말하였나이다
3 이제 당신의 수중에 무엇이 있나이
까 떡 다섯 덩이나 무엇이나 있는
대로 내 손에 주소서 하니
4 제사장이 다윗에게 대답하여 이르
되 보통 떡은 내 수중에 없으나 거
룩한 떡은 있나니 그 소년들이 여
자를 가까이만 하지 아니하였으면
주리라 하는지라
5 다윗이 제사장에게 대답하여 이르
되 우리가 참으로 삼 일 동안이나
여자를 가까이 하지 아니하였나이
다 내가 떠난 길이 보통 여행이라
도 소년들의 그릇이 성결하겠거든
하물며 오늘 그들의 그릇이 성결하
지 아니하겠나이까 하매
6 제사장이 그 거룩한 떡을 주었으니
거기는 진설병 곧 야훼 앞에서 물려
낸 떡밖에 없었음이라 이 떡은 더
운 떡을 드리는 날에 물려 낸 것이
더라
7 그 날에 사울의 신하 한 사람이 야
훼 앞에 머물러 있었는데 그는 도
엑이라 이름하는 에돔 사람이요 사
울의 목자장이었더라
8 다윗이 아히멜렉에게 이르되 여기
당신의 수중에 창이나 칼이 없나
이까 왕의 일이 급하므로 내가 내
칼과 무기를 가지지 못하였나이다
하니
9 제사장이 이르되 네가 엘라 골짜
기에서 죽인 블레셋 사람 골리앗의
칼이 보자기에 싸여 에봇 뒤에 있
으니 네가 그것을 가지려거든 가지
라 여기는 그것밖에 다른 것이 없느
니라 하는지라 다윗이 이르되 그같
은 것이 또 없나니 내게 주소서 하
더라
10 그 날에 다윗이 사울을 두려워하여

일어나 도망하여 가드 왕 아기스에
게로 가니
11 아기스의 신하들이 아기스에게 말
하되 이는 그 땅의 왕 다윗이 아니
니이까 무리가 춤추며 이 사람의
일을 노래하여 이르되 사울이 죽인
자는 천천이요 다윗은 만만이로다
하지 아니하였나이까 한지라
12 다윗이 이 말을 그의 마음에 두고
가드 왕 아기스를 심히 두려워하여
13 그들 앞에서 그의 행동을 변하여
미친 체하고 대문짝에 그적거리며
침을 수염에 흘리매
14 아기스가 그의 신하에게 이르되 너
희도 보거니와 이 사람이 미치광이
로다 어찌하여 그를 내게로 데려왔
느냐
15 내게 미치광이가 부족하여서 너희
가 이 자를 데려다가 내 앞에서 미
친 짓을 하게 하느냐 이 자가 어찌
내 집에 들어오겠느냐 하니라

22 그러므로 다윗이 그 곳을 떠나 아
둘람 굴로 도망하매 그의 형제와
아버지의 온 집이 듣고 그리로 내려
가서 그에게 이르렀고
2 환난 당한 모든 자와 빚진 모든 자
와 마음이 원통한 자가 다 그에게
로 모였고 그는 그들의 우두머리가
되었는데 그와 함께 한 자가 사백
명 가량이었더라
3 다윗이 거기서 모압 미스베로 가서
모압 왕에게 이르되 하나님이 나를
위하여 어떻게 하실지를 내가 알기
까지 나의 부모가 나와서 당신들과
함께 있게 하기를 청하나이다 하고
4 부모를 인도하여 모압 왕 앞에 나아
갔더니 그들은 다윗이 요새에 있을
동안에 모압 왕과 함께 있었더라
5 선지자 갓이 다윗에게 이르되 너는
이 요새에 있지 말고 떠나 유다 땅
으로 들어가라 다윗이 떠나 헤렛
수풀에 이르니라
6 사울이 다윗과 그와 함께 있는 사
람들이 나타났다 함을 들으니라 그
때에 사울이 기브아 높은 곳에서
손에 단창을 들고 에셀 나무 아래
에 앉았고 모든 신하들은 그의 곁
에 섰더니
7 사울이 곁에 선 신하들에게 이르되
너희 베냐민 사람들아 들으라 이새
의 아들이 너희에게 각기 밭과 포
도원을 주며 너희를 천부장, 백부
장을 삼겠느냐
8 너희가 다 공모하여 나를 대적하며
내 아들이 이새의 아들과 맹약하였
으되 내게 고발하는 자가 하나도
없고 나를 위하여 슬퍼하거나 내
아들이 내 신하를 선동하여 오늘이
라도 매복하였다가 나를 치려 하는
것을 내게 알리는 자가 하나도 없

도다 하니
9 그 때에 에돔 사람 도엑이 사울의
신하 중에 섰더니 대답하여 이르되
이새의 아들이 놉에 와서 아히둡의
아들 아히멜렉에게 이른 것을 내가
보았는데
10 아히멜렉이 그를 위하여 야훼께 묻
고 그에게 음식도 주고 블레셋 사
람 골리앗의 칼도 주더이다
11 왕이 사람을 보내어 아히둡의 아들
제사장 아히멜렉과 그의 아버지의
온 집 곧 놉에 있는 제사장들을 부
르매 그들이 다 왕께 이른지라
12 사울이 이르되 너 아히둡의 아들아
들으라 대답하되 내 주여 내가 여
기 있나이다
13 사울이 그에게 이르되 네가 어찌
하여 이새의 아들과 공모하여 나를
대적하여 그에게 떡과 칼을 주고
그를 위하여 하나님께 물어서 그에
게 오늘이라도 매복하였다가 나를
치게 하려 하였느냐 하니
14 아히멜렉이 왕에게 대답하여 이르
되 왕의 모든 신하 중에 다윗 같이
충실한 자가 누구인지요 그는 왕의
사위도 되고 왕의 호위대장도 되고
왕실에서 존귀한 자가 아니니이까
15 내가 그를 위하여 하나님께 물은
것이 오늘이 처음이니이까 결단코
아니니이다 원하건대 왕은 종과 종
의 아비의 온 집에 아무것도 돌리
지 마옵소서 왕의 종은 이 모든 크
고 작은 일에 관하여 아는 것이 없
나이다 하니라
16 왕이 이르되 아히멜렉아 네가 반드
시 죽을 것이요 너와 네 아비의 온
집도 그러하리라 하고
17 왕이 좌우의 호위병에게 이르되 돌
아가서 야훼의 제사장들을 죽이라
그들도 다윗과 합력하였고 또 그들
이 다윗이 도망한 것을 알고도 내
게 알리지 아니하였음이니라 하나
왕의 신하들이 손을 들어 야훼의
제사장들 죽이기를 싫어한지라
18 왕이 도엑에게 이르되 너는 돌아가
서 제사장들을 죽이라 하매 에돔
사람 도엑이 돌아가서 제사장들을
쳐서 그 날에 세마포 에봇 입은 자
팔십오 명을 죽였고
19 제사장들의 성읍 놉의 남녀와 아이
들과 젖 먹는 자들과 소와 나귀와
양을 칼로 쳤더라
20 아히둡의 아들 아히멜렉의 아들 중
하나가 피하였으니 그의 이름은 아
비아달이라 그가 도망하여 다윗에
게로 가서
21 사울이 야훼의 제사장들 죽인 일을
다윗에게 알리매
22 다윗이 아비아달에게 이르되 그 날
에 에돔 사람 도엑이 거기 있기로

기록일 : . . .

그가 반드시 사울에게 말할 줄 내
가 알았노라 네 아버지 집의 모든
사람 죽은 것이 나의 탓이로다
23 두려워하지 말고 내게 있으라 내
생명을 찾는 자가 네 생명도 찾는
자니 네가 나와 함께 있으면 안전
하리라 하니라

23 사람들이 다윗에게 전하여 이르
되 보소서 블레셋 사람이 그일라를
쳐서 그 타작 마당을 탈취하더이다
하니
2 이에 다윗이 야훼께 묻자와 이르되
내가 가서 이 블레셋 사람들을 치
리이까 야훼께서 다윗에게 이르시
되 가서 블레셋 사람들을 치고 그
일라를 구원하라 하시니
3 다윗의 사람들이 그에게 이르되 보
소서 우리가 유다에 있기도 두렵거
든 하물며 그일라에 가서 블레셋
사람들의 군대를 치는 일이리이까
한지라
4 다윗이 야훼께 다시 묻자온대 야훼
께서 대답하여 이르시되 일어나 그
일라로 내려가라 내가 블레셋 사람
들을 네 손에 넘기리라 하신지라
5 다윗과 그의 사람들이 그일라로 가
서 블레셋 사람들과 싸워 그들을
크게 쳐서 죽이고 그들의 가축을
끌어 오니라 다윗이 이와 같이 그일
라 주민을 구원하니라
6 아히멜렉의 아들 아비아달이 그일
라 다윗에게로 도망할 때에 손에
에봇을 가지고 내려왔더라
7 다윗이 그일라에 온 것을 어떤 사
람이 사울에게 알리매 사울이 이르
되 하나님이 그를 내 손에 넘기셨
도다 그가 문과 문 빗장이 있는 성
읍에 들어갔으니 갇혔도다
8 사울이 모든 백성을 군사로 불러모
으고 그일라로 내려가서 다윗과 그
의 사람들을 에워싸려 하더니
9 다윗은 사울이 자기를 해하려 하
는 음모를 알고 제사장 아비아달
에게 이르되 에봇을 이리로 가져오
라 하고
10 다윗이 이르되 이스라엘 하나님 야
훼여 사울이 나 때문에 이 성읍을
멸하려고 그일라로 내려오기를 꾀
한다 함을 주의 종이 분명히 들었
나이다
11 그일라 사람들이 나를 그의 손에
넘기겠나이까 주의 종이 들은 대
로 사울이 내려 오겠나이까 이스라
엘의 하나님 야훼여 원하건대 주의
종에게 일러 주옵소서 하니 야훼께
서 이르시되 그가 내려오리라 하신
지라
12 다윗이 이르되 그일라 사람들이 나
와 내 사람들을 사울의 손에 넘기
겠나이까 하니 야훼께서 이르시되

기록일 : . . .

그들이 너를 넘기리라 하신지라
13 다윗과 그의 사람 육백 명 가량이
일어나 그일라를 떠나서 갈 수 있
는 곳으로 갔더니 다윗이 그일라에
서 피한 것을 어떤 사람이 사울에
게 말하매 사울이 가기를 그치니라
14 다윗이 광야의 요새에도 있었고 또
십 광야 산골에도 머물렀으므로 사
울이 매일 찾되 하나님이 그를 그
의 손에 넘기지 아니하시니라
15 다윗이 사울이 자기의 생명을 빼앗
으려고 나온 것을 보았으므로 그가
십 광야 수풀에 있었더니
16 사울의 아들 요나단이 일어나 수풀
에 들어가서 다윗에게 이르러 그에
게 하나님을 힘 있게 의지하게 하
였는데
17 곧 요나단이 그에게 이르기를 두려
워하지 말라 내 아버지 사울의 손
이 네게 미치지 못할 것이요 너는
이스라엘 왕이 되고 나는 네 다음
이 될 것을 내 아버지 사울도 안다
하니라
18 두 사람이 야훼 앞에서 언약하고
다윗은 수풀에 머물고 요나단은 자
기 집으로 돌아가니라
19 그 때에 십 사람들이 기브아에 이르
러 사울에게 나아와 이르되 다윗이
우리와 함께 광야 남쪽 하길라 산
수풀 요새에 숨지 아니하였나이까
20 그러하온즉 왕은 내려오시기를 원
하시는 대로 내려오소서 그를 왕의
손에 넘길 것이 우리의 의무니이다
하니
21 사울이 이르되 너희가 나를 긍휼히
여겼으니 야훼께 복 받기를 원하
노라
22 어떤 사람이 내게 말하기를 그는
심히 지혜롭게 행동한다 하나니 너
희는 가서 더 자세히 살펴서 그가
어디에 숨었으며 누가 거기서 그를
보았는지 알아보고
23 그가 숨어 있는 모든 곳을 정탐하
고 실상을 내게 보고하라 내가 너
희와 함께 가리니 그가 이 땅에 있
으면 유다 몇 천 명 중에서라도 그
를 찾아내리라 하더라
24 그들이 일어나 사울보다 먼저 십으
로 가니라 다윗과 그의 사람들이
광야 남쪽 마온 광야 아라바에 있
더니
25 사울과 그의 사람들이 찾으러 온
것을 어떤 사람이 다윗에게 아뢰매
이에 다윗이 바위로 내려가 마온
황무지에 있더니 사울이 듣고 마온
황무지로 다윗을 따라가서는
26 사울이 산 이쪽으로 가매 다윗과
그의 사람들은 산 저쪽으로 가며
다윗이 사울을 두려워하여 급히 피
하려 하였으니 이는 사울과 그의

기록일 : . . .

사람들이 다윗과 그의 사람들을 에
워싸고 잡으려 함이었더라
27 전령이 사울에게 와서 이르되 급히
오소서 블레셋 사람들이 땅을 침노
하나이다
28 이에 사울이 다윗 뒤쫓기를 그치고
돌아와 블레셋 사람들을 치러 갔으
므로 그 곳을 셀라하마느곳이라 칭
하니라
29 다윗이 거기서 올라가서 엔게디 요
새에 머무니라

24

사울이 블레셋 사람을 쫓다가 돌
아오매 어떤 사람이 그에게 말하여
이르되 보소서 다윗이 엔게디 광야
에 있더이다 하니
2 사울이 온 이스라엘에서 택한 사람
삼천 명을 거느리고 다윗과 그의 사
람들을 찾으러 들염소 바위로 갈새
3 길 가 양의 우리에 이른즉 굴이 있
는지라 사울이 뒤를 보러 들어가니
라 다윗과 그의 사람들이 그 굴 깊
은 곳에 있더니
4 다윗의 사람들이 이르되 보소서 야
훼께서 당신에게 이르시기를 내가
원수를 네 손에 넘기리니 네 생각
에 좋은 대로 그에게 행하라 하시
더니 이것이 그 날이니이다 하니 다
윗이 일어나서 사울의 겉옷 자락을
가만히 베니라
5 그리 한 후에 사울의 옷자락 벰으
로 말미암아 다윗의 마음이 찔려
6 자기 사람들에게 이르되 내가 손을
들어 야훼의 기름 부음을 받은 내
주를 치는 것은 야훼께서 금하시는
것이니 그는 야훼의 기름 부음을
받은 자가 됨이니라 하고
7 다윗이 이 말로 자기 사람들을 금
하여 사울을 해하지 못하게 하니라
사울이 일어나 굴에서 나가 자기 길
을 가니라
8 그 후에 다윗도 일어나 굴에서 나
가 사울의 뒤에서 외쳐 이르되 내
주 왕이여 하매 사울이 돌아보는지
라 다윗이 땅에 엎드려 절하고
9 다윗이 사울에게 이르되 보소서 다
윗이 왕을 해하려 한다고 하는 사
람들의 말을 왕은 어찌하여 들으시
나이까
10 오늘 야훼께서 굴에서 왕을 내 손
에 넘기신 것을 왕이 아셨을 것이니
이다 어떤 사람이 나를 권하여 왕
을 죽이라 하였으나 내가 왕을 아
껴 말하기를 나는 내 손을 들어 내
주를 해하지 아니하리니 그는 야훼
의 기름 부음을 받은 자이기 때문
이라 하였나이다
11 내 아버지여 보소서 내 손에 있는
왕의 옷자락을 보소서 내가 왕을
죽이지 아니하고 겉옷 자락만 베었
은즉 내 손에 악이나 죄과가 없는

줄을 오늘 아실지니이다 왕은 내
생명을 찾아 해하려 하시나 나는
왕에게 범죄한 일이 없나이다
12 야훼께서는 나와 왕 사이를 판단
하사 야훼께서 나를 위하여 왕에게
보복하시려니와 내 손으로는 왕을
해하지 않겠나이다
13 옛 속담에 말하기를 악은 악인에게
서 난다 하였으니 내 손이 왕을 해
하지 아니하리이다
14 이스라엘 왕이 누구를 따라 나왔으
며 누구의 뒤를 쫓나이까 죽은 개
나 벼룩을 쫓음이니이다
15 그런즉 야훼께서 재판장이 되어 나
와 왕 사이에 심판하사 나의 사정
을 살펴 억울함을 풀어 주시고 나
를 왕의 손에서 건지시기를 원하나
이다 하니라
16 다윗이 사울에게 이같이 말하기를
마치매 사울이 이르되 내 아들 다
윗아 이것이 네 목소리냐 하고 소
리를 높여 울며
17 다윗에게 이르되 나는 너를 학대하
되 너는 나를 선대하니 너는 나보
다 의롭도다
18 네가 나 선대한 것을 오늘 나타냈
나니 야훼께서 나를 네 손에 넘기
셨으나 네가 나를 죽이지 아니하였
도다
19 사람이 그의 원수를 만나면 그를
평안히 가게 하겠느냐 네가 오늘
내게 행한 일로 말미암아 야훼께서
네게 선으로 갚으시기를 원하노라
20 보라 나는 네가 반드시 왕이 될 것
을 알고 이스라엘 나라가 네 손에
견고히 설 것을 아노니
21 그런즉 너는 내 후손을 끊지 아니
하며 내 아버지의 집에서 내 이름을
멸하지 아니할 것을 이제 야훼의 이
름으로 내게 맹세하라 하니라
22 다윗이 사울에게 맹세하매 사울은
집으로 돌아가고 다윗과 그의 사람
들은 요새로 올라가니라

25 사무엘이 죽으매 온 이스라엘 무
리가 모여 그를 두고 슬피 울며 라
마 그의 집에서 그를 장사한지라
다윗이 일어나 바란 광야로 내려가
니라
2 마온에 한 사람이 있는데 그의 생
업이 갈멜에 있고 심히 부하여 양이
삼천 마리요 염소가 천 마리이므로
그가 갈멜에서 그의 양 털을 깎고
있었으니
3 그 사람의 이름은 나발이요 그의
아내의 이름은 아비가일이라 그 여
자는 총명하고 용모가 아름다우나
남자는 완고하고 행실이 악하며 그
는 갈렙 족속이었더라
4 다윗이 나발이 자기 양 털을 깎는
다 함을 광야에서 들은지라

기록일 : . . .

5 다윗이 이에 소년 열 명을 보내며
그 소년들에게 이르되 너희는 갈멜
로 올라가 나발에게 이르러 내 이
름으로 그에게 문안하고
6 그 부하게 사는 자에게 이르기를
너는 평강하라 네 집도 평강하라
네 소유의 모든 것도 평강하라
7 네게 양 털 깎는 자들이 있다 함을
이제 내가 들었노라 네 목자들이
우리와 함께 있었으나 우리가 그들
을 해하지 아니하였고 그들이 갈멜
에 있는 동안에 그들의 것을 하나
도 잃지 아니하였나니
8 네 소년들에게 물으면 그들이 네게
말하리라 그런즉 내 소년들이 네게
은혜를 얻게 하라 우리가 좋은 날
에 왔은즉 네 손에 있는 대로 네 종
들과 네 아들 다윗에게 주기를 원
하노라 하더라 하라
9 다윗의 소년들이 가서 다윗의 이름
으로 이 모든 말을 나발에게 말하
기를 마치매
10 나발이 다윗의 사환들에게 대답하
여 이르되 다윗은 누구며 이새의
아들은 누구냐 요즈음에 각기 주인
에게서 억지로 떠나는 종이 많도다
11 내가 어찌 내 떡과 물과 내 양 털
깎는 자를 위하여 잡은 고기를 가
져다가 어디서 왔는지도 알지 못하
는 자들에게 주겠느냐 한지라

12 이에 다윗의 소년들이 돌아서 자기
길로 행하여 돌아와 이 모든 말을
그에게 전하매
13 다윗이 자기 사람들에게 이르되 너
희는 각기 칼을 차라 하니 각기 칼
을 차매 다윗도 자기 칼을 차고 사
백 명 가량은 데리고 올라가고 이
백 명은 소유물 곁에 있게 하니라
14 하인들 가운데 하나가 나발의 아내
아비가일에게 말하여 이르되 다윗
이 우리 주인에게 문안하러 광야에
서 전령들을 보냈거늘 주인이 그들
을 모욕하였나이다
15 우리가 들에 있어 그들과 상종할
동안에 그 사람들이 우리를 매우
선대하였으므로 우리가 다치거나
잃은 것이 없었으니
16 우리가 양을 지키는 동안에 그들이
우리와 함께 있어 밤낮 우리에게
담이 되었음이라
17 그런즉 이제 당신은 어떻게 할지를
알아 생각하실지니 이는 다윗이 우
리 주인과 주인의 온 집을 해하기
로 결정하였음이니이다 주인은 불
량한 사람이라 더불어 말할 수 없
나이다 하는지라
18 아비가일이 급히 떡 이백 덩이와 포
도주 두 가죽 부대와 잡아서 요리
한 양 다섯 마리와 볶은 곡식 다섯
세아와 건포도 백 송이와 무화과

기록일 : . . .

뭉치 이백 개를 가져다가 나귀들에
게 싣고
19 소년들에게 이르되 나를 앞서 가라
나는 너희 뒤에 가리라 하고 그의
남편 나발에게는 말하지 아니하니라
20 아비가일이 나귀를 타고 산 호젓한
곳을 따라 내려가더니 다윗과 그의
사람들이 자기에게로 마주 내려오
는 것을 만나니라
21 다윗이 이미 말하기를 내가 이 자
의 소유물을 광야에서 지켜 그 모
든 것을 하나도 손실이 없게 한 것
이 진실로 허사라 그가 악으로 나
의 선을 갚는도다
22 내가 그에게 속한 모든 남자 가운
데 한 사람이라도 아침까지 남겨
두면 하나님은 다윗에게 벌을 내리
시고 또 내리시기를 원하노라 하였
더라
23 아비가일이 다윗을 보고 급히 나귀
에서 내려 다윗 앞에 엎드려 그의
얼굴을 땅에 대니라
24 그가 다윗의 발에 엎드려 이르되
내 주여 원하건대 이 죄악을 나 곧
내게로 돌리시고 여종에게 주의 귀
에 말하게 하시고 이 여종의 말을
들으소서
25 원하옵나니 내 주는 이 불량한 사
람 나발을 개의치 마옵소서 그의
이름이 그에게 적당하니 그의 이름
이 나발이라 그는 미련한 자니이다
여종은 내 주께서 보내신 소년들을
보지 못하였나이다
26 내 주여 야훼께서 살아 계심을 두
고 맹세하노니 내 주도 살아 계시
거니와 내 주의 손으로 피를 흘려
친히 보복하시는 일을 야훼께서 막
으셨으니 내 주의 원수들과 내 주
를 해하려 하는 자들은 나발과 같
이 되기를 원하나이다
27 여종이 내 주께 가져온 이 예물을
내 주를 따르는 이 소년들에게 주
게 하시고
28 주의 여종의 허물을 용서하여 주옵
소서 야훼께서 반드시 내 주를 위
하여 든든한 집을 세우시리니 이는
내 주께서 야훼의 싸움을 싸우심이
요 내 주의 일생에 내 주에게서 악
한 일을 찾을 수 없음이니이다
29 사람이 일어나서 내 주를 쫓아 내
주의 생명을 찾을지라도 내 주의
생명은 내 주의 하나님 야훼와 함
께 생명 싸개 속에 싸였을 것이요
내 주의 원수들의 생명은 물매로
던지듯 야훼께서 그것을 던지시리
이다
30 야훼께서 내 주에 대하여 하신 말
씀대로 모든 선을 내 주에게 행하
사 내 주를 이스라엘의 지도자로
세우실 때에

31 내 주께서 무죄한 피를 흘리셨다든
지 내 주께서 친히 보복하셨다든지
함으로 말미암아 슬퍼하실 것도 없
고 내 주의 마음에 걸리는 것도 없
으시리니 다만 야훼께서 내 주를
후대하실 때에 원하건대 내 주의
여종을 생각하소서 하니라
32 다윗이 아비가일에게 이르되 오늘
너를 보내어 나를 영접하게 하신 이
스라엘의 하나님 야훼를 찬송할지
로다
33 또 네 지혜를 칭찬할지며 또 네게
복이 있을지로다 오늘 내가 피를
흘릴 것과 친히 복수하는 것을 네
가 막았느니라
34 나를 막아 너를 해하지 않게 하신
이스라엘의 하나님 야훼의 살아 계
심을 두고 맹세하노니 네가 급히
와서 나를 영접하지 아니하였더면
밝는 아침에는 과연 나발에게 한
남자도 남겨 두지 아니하였으리라
하니라
35 다윗이 그가 가져온 것을 그의 손
에서 받고 그에게 이르되 네 집으
로 평안히 올라가라 내가 네 말을
듣고 네 청을 허락하노라
36 아비가일이 나발에게로 돌아오니
그가 왕의 잔치와 같은 잔치를 그
의 집에 배설하고 크게 취하여 마
음에 기뻐하므로 아비가일이 밝는
아침까지는 아무 말도 하지 아니하
다가
37 아침에 나발이 포도주에서 깬 후에
그의 아내가 그에게 이 일을 말하
매 그가 낙담하여 몸이 돌과 같이
되었더니
38 한 열흘 후에 야훼께서 나발을 치
시매 그가 죽으니라
39 나발이 죽었다 함을 다윗이 듣고
이르되 나발에게 당한 나의 모욕을
갚아 주사 종으로 악한 일을 하지
않게 하신 야훼를 찬송할지로다 야
훼께서 나발의 악행을 그의 머리에
돌리셨도다 하니라 다윗이 아비가
일을 자기 아내로 삼으려고 사람을
보내어 그에게 말하게 하매
40 다윗의 전령들이 갈멜에 가서 아비
가일에게 이르러 그에게 말하여 이
르되 다윗이 당신을 아내로 삼고
자 하여 우리를 당신께 보내더이다
하니
41 아비가일이 일어나 몸을 굽혀 얼굴
을 땅에 대고 이르되 내 주의 여종
은 내 주의 전령들의 발 씻길 종이
니이다 하고
42 아비가일이 급히 일어나서 나귀를
타고 그를 뒤따르는 처녀 다섯과
함께 다윗의 전령들을 따라가서 다
윗의 아내가 되니라
43 다윗이 또 이스르엘 아히노암을 아

기록일 : . . .

내로 맞았더니 그들 두 사람이 그
의 아내가 되니라
44 사울이 그의 딸 다윗의 아내 미갈
을 갈림에 사는 라이스의 아들 발
디에게 주었더라

26 십 사람이 기브아에 와서 사울에
게 말하여 이르되 다윗이 광야 앞
하길라 산에 숨지 아니하였나이까
하매
2 사울이 일어나 십 광야에서 다윗을
찾으려고 이스라엘에서 택한 사람
삼천 명과 함께 십 광야로 내려가서
3 사울이 광야 앞 하길라 산 길 가에
진 치니라 다윗이 광야에 있더니 사
울이 자기를 따라 광야로 들어옴을
알고
4 이에 다윗이 정탐꾼을 보내어 사울
이 과연 이른 줄 알고
5 다윗이 일어나 사울이 진 친 곳에
이르러 사울과 넬의 아들 군사령관
아브넬이 머무는 곳을 본즉 사울이
진영 가운데에 누웠고 백성은 그를
둘러 진 쳤더라
6 이에 다윗이 헷 사람 아히멜렉과
스루야의 아들 요압의 아우 아비새
에게 물어 이르되 누가 나와 더불
어 진영에 내려가서 사울에게 이르
겠느냐 하니 아비새가 이르되 내가
함께 가겠나이다
7 다윗과 아비새가 밤에 그 백성에게
나아가 본즉 사울이 진영 가운데
누워 자고 창은 머리 곁 땅에 꽂혀
있고 아브넬과 백성들은 그를 둘러
누웠는지라
8 아비새가 다윗에게 이르되 하나님
이 오늘 당신의 원수를 당신의 손
에 넘기셨나이다 그러므로 청하오
니 내가 창으로 그를 찔러서 단번
에 땅에 꽂게 하소서 내가 그를 두
번 찌를 것이 없으리이다 하니
9 다윗이 아비새에게 이르되 죽이지
말라 누구든지 손을 들어 야훼의
기름 부음 받은 자를 치면 죄가 없
겠느냐 하고
10 다윗이 또 이르되 야훼께서 살아
계심을 두고 맹세하노니 야훼께서
그를 치시리니 혹은 죽을 날이 이르
거나 또는 전장에 나가서 망하리라
11 내가 손을 들어 야훼의 기름 부음
받은 자를 치는 것을 야훼께서 금
하시나니 너는 그의 머리 곁에 있는
창과 물병만 가지고 가자 하고
12 다윗이 사울의 머리 곁에서 창과
물병을 가지고 떠나가되 아무도 보
거나 눈치 채지 못하고 깨어 있는
사람도 없었으니 이는 야훼께서 그
들을 깊이 잠들게 하셨으므로 그들
이 다 잠들어 있었기 때문이었더라
13 이에 다윗이 건너편으로 가서 멀리
산 꼭대기에 서니 거리가 멀더라

기록일 : . . .

14 다윗이 백성과 넬의 아들 아브넬을
대하여 외쳐 이르되 아브넬아 너
는 대답하지 아니하느냐 하니 아브
넬이 대답하여 이르되 왕을 부르는
너는 누구냐 하더라
15 다윗이 아브넬에게 이르되 네가 용
사가 아니냐 이스라엘 가운데에 너
같은 자가 누구냐 그러한데 네가 어
찌하여 네 주 왕을 보호하지 아니하
느냐 백성 가운데 한 사람이 네 주
왕을 죽이려고 들어갔었느니라
16 네가 행한 이 일이 옳지 못하도다
야훼께서 살아 계심을 두고 맹세하
노니 야훼의 기름 부음 받은 너희
주를 보호하지 아니하였으니 너희
는 마땅히 죽을 자이니라 이제 왕
의 창과 왕의 머리 곁에 있던 물병
이 어디 있나 보라 하니
17 사울이 다윗의 음성을 알아 듣고
이르되 내 아들 다윗아 이것이 네
음성이냐 하는지라 다윗이 이르되
내 주 왕이여 내 음성이니이다 하고
18 또 이르되 내 주는 어찌하여 주의
종을 쫓으시나이까 내가 무엇을 하
였으며 내 손에 무슨 악이 있나이까
19 원하건대 내 주 왕은 이제 종의 말
을 들으소서 만일 왕을 충동시켜
나를 해하려 하는 이가 야훼시면
야훼께서는 제물을 받으시기를 원
하나이다마는 만일 사람들이면 그
들이 야훼 앞에 저주를 받으리니
이는 그들이 이르기를 너는 가서 다
른 신들을 섬기라 하고 오늘 나를
쫓아내어 야훼의 기업에 참여하지
못하게 함이니이다
20 그런즉 청하건대 야훼 앞에서 먼 이
곳에서 이제 나의 피가 땅에 흐르
지 말게 하옵소서 이는 산에서 메
추라기를 사냥하는 자와 같이 이스
라엘 왕이 한 벼룩을 수색하러 나
오셨음이니이다
21 사울이 이르되 내가 범죄하였도다
내 아들 다윗아 돌아오라 네가 오
늘 내 생명을 귀하게 여겼은즉 내
가 다시는 너를 해하려 하지 아니
하리라 내가 어리석은 일을 하였으
니 대단히 잘못되었도다 하는지라
22 다윗이 대답하여 이르되 왕은 창을
보소서 한 소년을 보내어 가져가게
하소서
23 야훼께서 사람에게 그의 공의와 신
실을 따라 갚으시리니 이는 야훼께
서 오늘 왕을 내 손에 넘기셨으되
나는 손을 들어 야훼의 기름 부음
을 받은 자 치기를 원하지 아니하
였음이니이다
24 오늘 왕의 생명을 내가 중히 여긴
것 같이 내 생명을 야훼께서 중히
여기셔서 모든 환난에서 나를 구하
여 내시기를 바라나이다 하니라

기록일 : . . .

25 사울이 다윗에게 이르되 내 아들 다
윗아 네게 복이 있을지로다 네가 큰
일을 행하겠고 반드시 승리를 얻으
리라 하니라 다윗은 자기 길로 가고
사울은 자기 곳으로 돌아가니라

27

다윗이 그 마음에 생각하기를 내
가 후일에는 사울의 손에 붙잡히리
니 블레셋 사람들의 땅으로 피하
여 들어가는 것이 좋으리로다 사울
이 이스라엘 온 영토 내에서 다시
나를 찾다가 단념하리니 내가 그의
손에서 벗어나리라 하고
2 다윗이 일어나 함께 있는 사람 육
백 명과 더불어 가드 왕 마옥의 아
들 아기스에게로 건너가니라
3 다윗과 그의 사람들이 저마다 가족
을 거느리고 가드에서 아기스와 동
거하였는데 다윗이 그의 두 아내
이스르엘 여자 아히노암과 나발의
아내였던 갈멜 여자 아비가일과 함
께 하였더니
4 다윗이 가드에 도망한 것을 어떤
사람이 사울에게 전하매 사울이 다
시는 그를 수색하지 아니하니라
5 다윗이 아기스에게 이르되 바라건
대 내가 당신께 은혜를 입었다면
지방 성읍 가운데 한 곳을 내게 주
어 내가 살게 하소서 당신의 종이
어찌 당신과 함께 왕도에 살리이까
하니
6 아기스가 그 날에 시글락을 그에게
주었으므로 시글락이 오늘까지 유
다 왕에게 속하니라
7 다윗이 블레셋 사람들의 지방에 산
날 수는 일 년 사 개월이었더라
8 다윗과 그의 사람들이 올라가서 그
술 사람과 기르스 사람과 아말렉
사람을 침노하였으니 그들은 옛적
부터 술과 애굽 땅으로 지나가는
지방의 주민이라
9 다윗이 그 땅을 쳐서 남녀를 살려
두지 아니하고 양과 소와 나귀와
낙타와 의복을 빼앗아 가지고 돌아
와 아기스에게 이르매
10 아기스가 이르되 너희가 오늘은 누
구를 침노하였느냐 하니 다윗이 이
르되 유다 네겝과 여라무엘 사람의
네겝과 겐 사람의 네겝이니이다 하
였더라
11 다윗이 그 남녀를 살려서 가드로
데려가지 아니한 것은 그의 생각에
그들이 우리에게 대하여 이르기를
다윗이 행한 일이 이러하니라 하여
블레셋 사람들의 지방에 거주하는
동안에 이같이 행하는 습관이 있었
다 할까 두려워함이었더라
12 아기스가 다윗을 믿고 말하기를 다
윗이 자기 백성 이스라엘에게 심히
미움을 받게 되었으니 그는 영원히
내 부하가 되리라고 생각하니라

기록일 : . . .

28 그 때에 블레셋 사람들이 이스라
엘과 싸우려고 군대를 모집한지라
아기스가 다윗에게 이르되 너는 밝
히 알라 너와 네 사람들이 나와 함
께 나가서 군대에 참가할 것이니라
2 다윗이 아기스에게 이르되 그러면
당신의 종이 행할 바를 아시리이다
하니 아기스가 다윗에게 이르되 그
러면 내가 너를 영원히 내 머리 지
키는 자를 삼으리라 하니라
3 사무엘이 죽었으므로 온 이스라엘이
그를 두고 슬피 울며 그의 고향 라
마에 장사하였고 사울은 신접한 자
와 박수를 그 땅에서 쫓아내었더라
4 블레셋 사람들이 모여 수넴에 이르
러 진 치매 사울이 온 이스라엘을
모아 길보아에 진 쳤더니
5 사울이 블레셋 사람들의 군대를 보
고 두려워서 그의 마음이 크게 떨
린지라
6 사울이 야훼께 묻자오되 야훼께서
꿈으로도, 우림으로도, 선지자로도
그에게 대답하지 아니하시므로
7 사울이 그의 신하들에게 이르되 나
를 위하여 신접한 여인을 찾으라
내가 그리로 가서 그에게 물으리라
하니 그의 신하들이 그에게 이르되
보소서 엔돌에 신접한 여인이 있나
이다
8 사울이 다른 옷을 입어 변장하고
두 사람과 함께 갈새 그들이 밤에
그 여인에게 이르러서는 사울이 이
르되 청하노니 나를 위하여 신접한
술법으로 내가 네게 말하는 사람을
불러 올리라 하니
9 여인이 그에게 이르되 네가 사울이
행한 일 곧 그가 신접한 자와 박수
를 이 땅에서 멸절시켰음을 아나니
네가 어찌하여 내 생명에 올무를
놓아 나를 죽게 하려느냐 하는지라
10 사울이 야훼의 이름으로 그에게 맹
세하여 이르되 야훼께서 살아 계심
을 두고 맹세하노니 네가 이 일로
는 벌을 당하지 아니하리라 하니
11 여인이 이르되 내가 누구를 네게로
불러 올리랴 하니 사울이 이르되
사무엘을 불러 올리라 하는지라
12 여인이 사무엘을 보고 큰 소리로
외치며 사울에게 말하여 이르되 당
신이 어찌하여 나를 속이셨나이까
당신이 사울이시니이다
13 왕이 그에게 이르되 두려워하지 말
라 네가 무엇을 보았느냐 하니 여
인이 사울에게 이르되 내가 영이
땅에서 올라오는 것을 보았나이다
하는지라
14 사울이 그에게 이르되 그의 모양이
어떠하냐 하니 그가 이르되 한 노
인이 올라오는데 그가 겉옷을 입었
나이다 하더라 사울이 그가 사무엘

기록일 : . . .

인 줄 알고 그의 얼굴을 땅에 대고
절하니라
15 사무엘이 사울에게 이르되 네가 어
찌하여 나를 불러 올려서 나를 성
가시게 하느냐 하니 사울이 대답하
되 나는 심히 다급하니이다 블레셋
사람들은 나를 향하여 군대를 일으
켰고 하나님은 나를 떠나서 다시는
선지자로도, 꿈으로도 내게 대답
하지 아니하시기로 내가 행할 일을
알아보려고 당신을 불러 올렸나이
다 하더라
16 사무엘이 이르되 야훼께서 너를 떠
나 네 대적이 되셨거늘 네가 어찌
하여 내게 묻느냐
17 야훼께서 나를 통하여 말씀하신 대
로 네게 행하사 나라를 네 손에서
떼어 네 이웃 다윗에게 주셨느니라
18 네가 야훼의 목소리를 순종하지 아
니하고 그의 진노를 아말렉에게 쏟
지 아니하였으므로 야훼께서 오늘
이 일을 네게 행하셨고
19 야훼께서 이스라엘을 너와 함께 블
레셋 사람들의 손에 넘기시리니 내
일 너와 네 아들들이 나와 함께 있
으리라 야훼께서 또 이스라엘 군대
를 블레셋 사람들의 손에 넘기시리
라 하는지라
20 사울이 갑자기 땅에 완전히 엎드러
지니 이는 사무엘의 말로 말미암아
심히 두려워함이요 또 그의 기력이
다하였으니 이는 그가 하루 밤낮을
음식을 먹지 못하였음이니라
21 그 여인이 사울에게 이르러 그가 심
히 고통 당함을 보고 그에게 이르
되 여종이 왕의 말씀을 듣고 내 생
명을 아끼지 아니하고 왕이 내게
이르신 말씀을 순종하였사오니
22 그런즉 청하건대 이제 당신도 여종
의 말을 들으사 내가 왕 앞에 한 조
각 떡을 드리게 하시고 왕은 잡수
시고 길 가실 때에 기력을 얻으소서
하니
23 사울이 거절하여 이르되 내가 먹지
아니하겠노라 하니라 그의 신하들
과 여인이 강권하매 그들의 말을 듣
고 땅에서 일어나 침상에 앉으니라
24 여인의 집에 살진 송아지가 있으므
로 그것을 급히 잡고 가루를 가져
다가 뭉쳐 무교병을 만들고 구워서
25 사울 앞에와 그의 신하들 앞에 내
놓으니 그들이 먹고 일어나서 그 밤
에 가니라

29 블레셋 사람들은 그들의 모든 군
대를 아벡에 모았고 이스라엘 사람
들은 이스르엘에 있는 샘 곁에 진
쳤더라
2 블레셋 사람들의 수령들은 수백 명
씩 수천 명씩 인솔하여 나아가고
다윗과 그의 사람들은 아기스와 함

기록일 : . . .

께 그 뒤에서 나아가더니
3 블레셋 사람들의 방백들이 이르되
이 히브리 사람들이 무엇을 하려느
냐 하니 아기스가 블레셋 사람들
의 방백들에게 이르되 이는 이스라
엘 왕 사울의 신하 다윗이 아니냐
그가 나와 함께 있은 지 여러 날 여
러 해로되 그가 망명하여 온 날부
터 오늘까지 내가 그의 허물을 보
지 못하였노라
4 블레셋 사람의 방백들이 그에게 노
한지라 블레셋 방백들이 그에게 이
르되 이 사람을 돌려보내어 왕이
그에게 정하신 그 처소로 가게 하
소서 그는 우리와 함께 싸움에 내
려가지 못하리니 그가 전장에서 우
리의 대적이 될까 하나이다 그가
무엇으로 그 주와 다시 화합하리이
까 이 사람들의 머리로 하지 아니
하겠나이까
5 그들이 춤추며 노래하여 이르되 사
울이 죽인 자는 천천이요 다윗은
만만이로다 하던 그 다윗이 아니니
이까 하니
6 아기스가 다윗을 불러 그에게 이르
되 야훼께서 살아 계심을 두고 맹
세하노니 네가 정직하여 내게 온
날부터 오늘까지 네게 악이 있음을
보지 못하였으니 나와 함께 진중에
출입하는 것이 내 생각에는 좋으나
수령들이 너를 좋아하지 아니하니
7 그러므로 이제 너는 평안히 돌아가
서 블레셋 사람들의 수령들에게 거
슬러 보이게 하지 말라 하니라
8 다윗이 아기스에게 이르되 내가 무
엇을 하였나이까 내가 당신 앞에
오늘까지 있는 동안에 당신이 종
에게서 무엇을 보셨기에 내가 가서
내 주 왕의 원수와 싸우지 못하게
하시나이까 하니
9 아기스가 다윗에게 대답하여 이르
되 네가 내 목전에 하나님의 전령
같이 선한 것을 내가 아나 블레셋
사람들의 방백들은 말하기를 그가
우리와 함께 전장에 올라가지 못하
리라 하니
10 그런즉 너는 너와 함께 온 네 주의
신하들과 더불어 새벽에 일어나라
너희는 새벽에 일어나서 밝거든 곧
떠나라 하니라
11 이에 다윗이 자기 사람들과 더불어
아침에 일찍이 일어나서 떠나 블레
셋 사람들의 땅으로 돌아가고 블레
셋 사람들은 이스르엘로 올라가니라

30

다윗과 그의 사람들이 사흘 만에
시글락에 이른 때에 아말렉 사람
들이 이미 네겝과 시글락을 침노하
였는데 그들이 시글락을 쳐서 불사
르고
2 거기에 있는 젊거나 늙은 여인들은

한 사람도 죽이지 아니하고 다 사
로잡아 끌고 자기 길을 갔더라
3 다윗과 그의 사람들이 성읍에 이
르러 본즉 성읍이 불탔고 자기들의
아내와 자녀들이 사로잡혔는지라
4 다윗과 그와 함께 한 백성이 울 기
력이 없도록 소리를 높여 울었더라
5 (다윗의 두 아내 이스르엘 여인 아
히노암과 갈멜 사람 나발의 아내였
던 아비가일도 사로잡혔더라)
6 백성들이 자녀들 때문에 마음이 슬
퍼서 다윗을 돌로 치자 하니 다윗
이 크게 다급하였으나 그의 하나님
야훼를 힘입고 용기를 얻었더라
7 다윗이 아히멜렉의 아들 제사장 아
비아달에게 이르되 원하건대 에봇
을 내게로 가져오라 아비아달이 에
봇을 다윗에게로 가져가매
8 다윗이 야훼께 묻자와 이르되 내가
이 군대를 추격하면 따라잡겠나이
까 하니 야훼께서 그에게 대답하시
되 그를 쫓아가라 네가 반드시 따
라잡고 도로 찾으리라
9 이에 다윗과 또 그와 함께 한 육백
명이 가서 브솔 시내에 이르러 뒤
떨어진 자를 거기 머물게 했으되
10 곧 피곤하여 브솔 시내를 건너지 못
하는 이백 명을 머물게 했고 다윗
은 사백 명을 거느리고 쫓아가니라
11 무리가 들에서 애굽 사람 하나를 만
나 그를 다윗에게로 데려다가 떡을
주어 먹게 하며 물을 마시게 하고
12 그에게 무화과 뭉치에서 뗀 덩이
하나와 건포도 두 송이를 주었으니
그가 밤낮 사흘 동안 떡도 먹지 못
하였고 물도 마시지 못하였음이니
라 그가 먹고 정신을 차리매
13 다윗이 그에게 이르되 너는 누구에
게 속하였으며 어디에서 왔느냐 하
니 그가 이르되 나는 애굽 소년이요
아말렉 사람의 종이더니 사흘 전에
병이 들매 주인이 나를 버렸나이다
14 우리가 그렛 사람의 남방과 유다에
속한 지방과 갈렙 남방을 침노하고
시글락을 불살랐나이다
15 다윗이 그에게 이르되 네가 나를 그
군대로 인도하겠느냐 하니 그가 이
르되 당신이 나를 죽이지도 아니하
고 내 주인의 수중에 넘기지도 아니
하겠다고 하나님의 이름으로 내게
맹세하소서 그리하면 내가 당신을
그 군대로 인도하리이다 하니라
16 그가 다윗을 인도하여 내려가니 그
들이 온 땅에 편만하여 블레셋 사
람들의 땅과 유다 땅에서 크게 약
탈하였음으로 말미암아 먹고 마시
며 춤추는지라
17 다윗이 새벽부터 이튿날 저물 때까
지 그들을 치매 낙타를 타고 도망
한 소년 사백 명 외에는 피한 사람

기록일 : . . .

이 없었더라
18 다윗이 아말렉 사람들이 빼앗아 갔
던 모든 것을 도로 찾고 그의 두 아
내를 구원하였고
19 그들이 약탈하였던 것 곧 무리의 자
녀들이나 빼앗겼던 것은 크고 작은
것을 막론하고 아무것도 잃은 것이
없이 모두 다윗이 도로 찾아왔고
20 다윗이 또 양 떼와 소 떼를 다 되
찾았더니 무리가 그 가축들을 앞에
몰고 가며 이르되 이는 다윗의 전
리품이라 하였더라
21 다윗이 전에 피곤하여 능히 자기를
따르지 못하므로 브솔 시내에 머물
게 한 이백 명에게 오매 그들이 다
윗과 그와 함께 한 백성을 영접하
러 나오는지라 다윗이 그 백성에게
이르러 문안하매
22 다윗과 함께 갔던 자들 가운데 악
한 자와 불량배들이 다 이르되 그들
이 우리와 함께 가지 아니하였은즉
우리가 도로 찾은 물건은 무엇이든
지 그들에게 주지 말고 각자의 처자
만 데리고 떠나가게 하라 하는지라
23 다윗이 이르되 나의 형제들아 야훼
께서 우리를 보호하시고 우리를 치
러 온 그 군대를 우리 손에 넘기셨
은즉 그가 우리에게 주신 것을 너
희가 이같이 못하리라
24 이 일에 누가 너희에게 듣겠느냐 전
장에 내려갔던 자의 분깃이나 소유
물 곁에 머물렀던 자의 분깃이 동일
할지니 같이 분배할 것이니라 하고
25 그 날부터 다윗이 이것으로 이스라
엘의 율례와 규례를 삼았더니 오늘
까지 이르니라
26 다윗이 시글락에 이르러 전리품을
그의 친구 유다 장로들에게 보내
어 이르되 보라 야훼의 원수에게서
탈취한 것을 너희에게 선사하노라
하고
27 벧엘에 있는 자와 남방 라못에 있
는 자와 얏딜에 있는 자와
28 아로엘에 있는 자와 십못에 있는
자와 에스드모아에 있는 자와
29 라갈에 있는 자와 여라므엘 사람의
성읍들에 있는 자와 겐 사람의 성
읍들에 있는 자와
30 홀마에 있는 자와 고라산에 있는
자와 아닥에 있는 자와
31 헤브론에 있는 자에게와 다윗과 그
의 사람들이 왕래하던 모든 곳에
보내었더라

31

블레셋 사람들이 이스라엘을 치
매 이스라엘 사람들이 블레셋 사람
들 앞에서 도망하여 길보아 산에서
엎드러져 죽으니라
2 블레셋 사람들이 사울과 그의 아들
들을 추격하여 사울의 아들 요나단
과 아비나답과 말기수아를 죽이니라

3 사울이 패전하매 활 쏘는 자가 따
라잡으니 사울이 그 활 쏘는 자에
게 중상을 입은지라
4 그가 무기를 든 자에게 이르되 네
칼을 빼어 그것으로 나를 찌르라
할례 받지 않은 자들이 와서 나를
찌르고 모욕할까 두려워하노라 하
나 무기를 든 자가 심히 두려워하
여 감히 행하지 아니하는지라 이에
사울이 자기의 칼을 뽑아서 그 위
에 엎드러지매
5 무기를 든 자가 사울이 죽음을 보
고 자기도 자기 칼 위에 엎드러져
그와 함께 죽으니라
6 사울과 그의 세 아들과 무기를 든
자와 그의 모든 사람이 다 그 날에
함께 죽었더라
7 골짜기 저쪽에 있는 이스라엘 사람
과 요단 건너쪽에 있는 자들이 이
스라엘 사람들이 도망한 것과 사울
과 그의 아들들이 죽었음을 보고
성읍들을 버리고 도망하매 블레셋
사람들이 이르러 거기에서 사니라
8 그 이튿날 블레셋 사람들이 죽은
자를 벗기러 왔다가 사울과 그의
세 아들이 길보아 산에서 죽은 것
을 보고
9 사울의 머리를 베고 그의 갑옷을
벗기고 자기들의 신당과 백성에게
알리기 위하여 그것을 블레셋 사람
들의 땅 사방에 보내고
10 그의 갑옷은 아스다롯의 집에 두고
그의 시체는 벧산 성벽에 못 박으매
11 길르앗 야베스 주민들이 블레셋 사
람들이 사울에게 행한 일을 듣고
12 모든 장사들이 일어나 밤새도록 달
려가서 사울의 시체와 그의 아들들
의 시체를 벧산 성벽에서 내려 가지
고 야베스에 돌아가서 거기서 불사
르고
13 그의 뼈를 가져다가 야베스 에셀
나무 아래에 장사하고 칠 일 동안
금식하였더라

기록일 : . . .

사무엘하

1 사울이 죽은 후에 다윗이 아말렉
사람을 쳐죽이고 돌아와 다윗이 시
글락에서 이틀을 머물더니
2 사흘째 되는 날에 한 사람이 사울
의 진영에서 나왔는데 그의 옷은
찢어졌고 머리에는 흙이 있더라 그
가 다윗에게 나아와 땅에 엎드려
절하매
3 다윗이 그에게 묻되 너는 어디서
왔느냐 하니 대답하되 이스라엘 진
영에서 도망하여 왔나이다 하니라
4 다윗이 그에게 이르되 일이 어떻게
되었느냐 너는 내게 말하라 그가 대
답하되 군사가 전쟁 중에 도망하기
도 하였고 무리 가운데에 엎드러져
죽은 자도 많았고 사울과 그의 아
들 요나단도 죽었나이다 하는지라
5 다윗이 자기에게 알리는 청년에게
묻되 사울과 그의 아들 요나단이
죽은 줄을 네가 어떻게 아느냐
6 그에게 알리는 청년이 이르되 내가
우연히 길보아 산에 올라가 보니
사울이 자기 창에 기대고 병거와 기
병은 그를 급히 따르는데
7 사울이 뒤로 돌아 나를 보고 부르
시기로 내가 대답하되 내가 여기
있나이다 한즉
8 내게 이르되 너는 누구냐 하시기로
내가 그에게 대답하되 나는 아말렉
사람이니이다 한즉
9 또 내게 이르시되 내 목숨이 아직
내게 완전히 있으므로 내가 고통
중에 있나니 청하건대 너는 내 곁에
서서 나를 죽이라 하시기로
10 그가 엎드러진 후에는 살 수 없는
줄을 내가 알고 그의 곁에 서서 죽
이고 그의 머리에 있는 왕관과 팔
에 있는 고리를 벗겨서 내 주께로
가져왔나이다 하니라
11 이에 다윗이 자기 옷을 잡아 찢으매
함께 있는 모든 사람도 그리하고
12 사울과 그의 아들 요나단과 야훼의
백성과 이스라엘 족속이 칼에 죽음
으로 말미암아 저녁 때까지 슬퍼하
여 울며 금식하니라
13 다윗이 그 소식을 전한 청년에게
묻되 너는 어디 사람이냐 대답하되
나는 아말렉 사람 곧 외국인의 아
들이니이다 하니
14 다윗이 그에게 이르되 네가 어찌하
여 손을 들어 야훼의 기름 부음 받
은 자 죽이기를 두려워하지 아니하
였느냐 하고
15 다윗이 청년 중 한 사람을 불러 이
르되 가까이 가서 그를 죽이라 하
매 그가 치매 곧 죽으니라

기록일 : . . .

16 다윗이 그에게 이르기를 네 피가
네 머리로 돌아갈지어다 네 입이 네
게 대하여 증언하기를 내가 야훼의
기름 부음 받은 자를 죽였노라 함
이니라 하였더라
17 다윗이 이 슬픈 노래로 사울과 그
의 아들 요나단을 조상하고
18 명령하여 그것을 유다 족속에게 가
르치라 하였으니 곧 활 노래라 야
살의 책에 기록되었으되
19 이스라엘아 네 영광이 산 위에서
죽임을 당하였도다 오호라 두 용사
가 엎드러졌도다
20 이 일을 가드에도 알리지 말며 아
스글론 거리에도 전파하지 말지어
다 블레셋 사람들의 딸들이 즐거워
할까, 할례 받지 못한 자의 딸들이
개가를 부를까 염려로다
21 길보아 산들아 너희 위에 이슬과
비가 내리지 아니하며 제물 낼 밭
도 없을지어다 거기서 두 용사의 방
패가 버린 바 됨이니라 곧 사울의
방패가 기름 부음을 받지 아니함
같이 됨이로다
22 죽은 자의 피에서, 용사의 기름에서
요나단의 활이 뒤로 물러가지 아니
하였으며 사울의 칼이 헛되이 돌아
오지 아니하였도다
23 사울과 요나단이 생전에 사랑스럽
고 아름다운 자이러니 죽을 때에도
서로 떠나지 아니하였도다 그들은
독수리보다 빠르고 사자보다 강하
였도다
24 이스라엘 딸들아 사울을 슬퍼하여
울지어다 그가 붉은 옷으로 너희
에게 화려하게 입혔고 금 노리개를
너희 옷에 채웠도다
25 오호라 두 용사가 전쟁 중에 엎드
러졌도다 요나단이 네 산 위에서
죽임을 당하였도다
26 내 형 요나단이여 내가 그대를 애
통함은 그대는 내게 심히 아름다움
이라 그대가 나를 사랑함이 기이하
여 여인의 사랑보다 더하였도다
27 오호라 두 용사가 엎드러졌으며 싸
우는 무기가 망하였도다 하였더라

2

그 후에 다윗이 야훼께 여쭈어 아
뢰되 내가 유다 한 성읍으로 올라
가리이까 야훼께서 이르시되 올라
가라 다윗이 아뢰되 어디로 가리이
까 이르시되 헤브론으로 갈지니라
2 다윗이 그의 두 아내 이스르엘 여
인 아히노암과 갈멜 사람 나발의
아내였던 아비가일을 데리고 그리
로 올라갈 때에
3 또 자기와 함께 한 추종자들과 그
들의 가족들을 다윗이 다 데리고
올라가서 헤브론 각 성읍에 살게
하니라
4 유다 사람들이 와서 거기서 다윗에

기록일 : . . .

게 기름을 부어 유다 족속의 왕으
로 삼았더라 어떤 사람이 다윗에게
말하여 이르되 사울을 장사한 사람
은 길르앗 야베스 사람들이니이다
하매
5 다윗이 길르앗 야베스 사람들에게
전령들을 보내 그들에게 이르되 너
희가 너희 주 사울에게 이처럼 은
혜를 베풀어 그를 장사하였으니 야
훼께 복을 받을지어다
6 너희가 이 일을 하였으니 이제 야훼
께서 은혜와 진리로 너희에게 베푸
시기를 원하고 나도 이 선한 일을
너희에게 갚으리니
7 이제 너희는 손을 강하게 하고 담
대히 할지어다 너희 주 사울이 죽었
고 또 유다 족속이 내게 기름을 부
어 그들의 왕으로 삼았음이니라 하
니라
8 사울의 군사령관 넬의 아들 아브
넬이 이미 사울의 아들 이스보셋을
데리고 마하나임으로 건너가
9 길르앗과 아술과 이스르엘과 에브
라임과 베냐민과 온 이스라엘의 왕
으로 삼았더라
10 사울의 아들 이스보셋이 이스라엘
왕이 될 때에 나이가 사십 세이며
두 해 동안 왕위에 있으니라 유다
족속은 다윗을 따르니
11 다윗이 헤브론에서 유다 족속의 왕
이 된 날 수는 칠 년 육 개월이더라
12 넬의 아들 아브넬과 사울의 아들
이스보셋의 신복들은 마하나임에서
나와 기브온에 이르고
13 스루야의 아들 요압과 다윗의 신복
들도 나와 기브온 못 가에서 그들
을 만나 함께 앉으니 이는 못 이쪽
이요 그는 못 저쪽이라
14 아브넬이 요압에게 이르되 원하건
대 청년들에게 일어나서 우리 앞에
서 겨루게 하자 요압이 이르되 일어
나게 하자 하매
15 그들이 일어나 그 수대로 나아가니
베냐민과 사울의 아들 이스보셋의
편에 열두 명이요 다윗의 신복 중
에 열두 명이라
16 각기 상대방의 머리를 잡고 칼로
상대방의 옆구리를 찌르매 일제히
쓰러진지라 그러므로 그 곳을 헬갓
핫수림이라 일컬었으며 기브온에
있더라
17 그 날에 싸움이 심히 맹렬하더니
아브넬과 이스라엘 사람들이 다윗
의 신복들 앞에서 패하니라
18 그 곳에 스루야의 세 아들 요압과
아비새와 아사헬이 있었는데 아사
헬의 발은 들노루 같이 빠르더라
19 아사헬이 아브넬을 쫓아 달려가되
좌우로 치우치지 않고 아브넬의 뒤
를 쫓으니

20 아브넬이 뒤를 돌아보며 이르되 아
사헬아 너냐 대답하되 나로라
21 아브넬이 그에게 이르되 너는 왼쪽
으로나 오른쪽으로나 가서 청년 하
나를 붙잡아 그의 군복을 빼앗으라
하되 아사헬이 그렇게 하기를 원하
지 아니하고 그의 뒤를 쫓으매
22 아브넬이 다시 아사헬에게 이르되
너는 나 쫓기를 그치라 내가 너를
쳐서 땅에 엎드러지게 할 까닭이
무엇이냐 그렇게 하면 내가 어떻게
네 형 요압을 대면하겠느냐 하되
23 그가 물러가기를 거절하매 아브넬
이 창 뒤 끝으로 그의 배를 찌르
니 창이 그의 등을 꿰뚫고 나간지
라 곧 그 곳에 엎드러져 죽으매 아
사헬이 엎드러져 죽은 곳에 이르는
자마다 머물러 섰더라
24 요압과 아비새가 아브넬의 뒤를 쫓
아 기브온 거친 땅의 길 가 기아
맞은쪽 암마 산에 이를 때에 해가
졌고
25 베냐민 족속은 함께 모여 아브넬을
따라 한 무리를 이루고 작은 산 꼭
대기에 섰더라
26 아브넬이 요압에게 외쳐 이르되 칼
이 영원히 사람을 상하겠느냐 마침
내 참혹한 일이 생길 줄을 알지 못
하느냐 네가 언제 무리에게 그의
형제 쫓기를 그치라 명령하겠느냐
27 요압이 이르되 하나님이 살아 계심
을 두고 맹세하노니 네가 말하지
아니하였더면 무리가 아침에 각각
다 돌아갔을 것이요 그의 형제를
쫓지 아니하였으리라 하고
28 요압이 나팔을 불매 온 무리가 머
물러 서고 다시는 이스라엘을 쫓아
가지 아니하고 다시는 싸우지도 아
니하니라
29 아브넬과 그의 부하들이 밤새도록
걸어서 아라바를 지나 요단을 건너
비드론 온 땅을 지나 마하나임에
이르니라
30 요압이 아브넬 쫓기를 그치고 돌아
와 무리를 다 모으니 다윗의 신복
중에 열아홉 명과 아사헬이 없어졌
으나
31 다윗의 신복들이 베냐민과 아브넬
에게 속한 자들을 쳐서 삼백육십
명을 죽였더라
32 무리가 아사헬을 들어올려 베들레
헴에 있는 그의 조상 묘에 장사하
고 요압과 그의 부하들이 밤새도록
걸어서 헤브론에 이른 때에 날이
밝았더라

3 사울의 집과 다윗의 집 사이에 전
쟁이 오래매 다윗은 점점 강하여
가고 사울의 집은 점점 약하여 가
니라
2 다윗이 헤브론에서 아들들을 낳았

기록일 : . . .

으되 맏아들은 암논이라 이스르엘
여인 아히노암의 소생이요
3 둘째는 길르압이라 갈멜 사람 나발
의 아내였던 아비가일의 소생이요
셋째는 압살롬이라 그술 왕 달매의
딸 마아가의 아들이요
4 넷째는 아도니야라 학깃의 아들이
요 다섯째는 스바댜라 아비달의 아
들이요
5 여섯째는 이드르암이라 다윗의 아
내 에글라의 소생이니 이들은 다윗
이 헤브론에서 낳은 자들이더라
6 사울의 집과 다윗의 집 사이에 전
쟁이 있는 동안에 아브넬이 사울의
집에서 점점 권세를 잡으니라
7 사울에게 첩이 있었으니 이름은 리
스바요 아야의 딸이더라 이스보셋
이 아브넬에게 이르되 네가 어찌하
여 내 아버지의 첩과 통간하였느냐
하니
8 아브넬이 이스보셋의 말을 매우 분
하게 여겨 이르되 내가 유다의 개
머리냐 내가 오늘 당신의 아버지
사울의 집과 그의 형제와 그의 친
구에게 은혜를 베풀어 당신을 다윗
의 손에 내주지 아니하였거늘 당신
이 오늘 이 여인에게 관한 허물을
내게 돌리는도다
9 야훼께서 다윗에게 맹세하신 대로
내가 이루게 하지 아니하면 하나님
이 아브넬에게 벌 위에 벌을 내리
심이 마땅하니라
10 그 맹세는 곧 이 나라를 사울의 집
에서 다윗에게 옮겨서 그의 왕위
를 단에서 브엘세바까지 이스라엘
과 유다에 세우리라 하신 것이니라
하매
11 이스보셋이 아브넬을 두려워하여
감히 한 마디도 대답하지 못하니라
12 아브넬이 자기를 대신하여 전령들
을 다윗에게 보내어 이르되 이 땅
이 누구의 것이니이까 또 이르되
당신은 나와 더불어 언약을 맺사이
다 내 손이 당신을 도와 온 이스라
엘이 당신에게 돌아가게 하리이다
하니
13 다윗이 이르되 좋다 내가 너와 언
약을 맺거니와 내가 네게 한 가지
일을 요구하노니 나를 보러올 때
에 우선 사울의 딸 미갈을 데리고
오라 그리하지 아니하면 내 얼굴을
보지 못하리라 하고
14 다윗이 사울의 아들 이스보셋에게
전령들을 보내 이르되 내 처 미갈
을 내게로 돌리라 그는 내가 전에
블레셋 사람의 포피 백 개로 나와
정혼한 자니라 하니
15 이스보셋이 사람을 보내 그의 남편
라이스의 아들 발디엘에게서 그를
빼앗아 오매

16 그의 남편이 그와 함께 오되 울며
바후림까지 따라왔더니 아브넬이
그에게 돌아가라 하매 돌아가니라
17 아브넬이 이스라엘 장로들에게 말
하여 이르되 너희가 여러 번 다윗을
너희의 임금으로 세우기를 구하였
으니
18 이제 그대로 하라 야훼께서 이미
다윗에 대하여 말씀하시기를 내가
내 종 다윗의 손으로 내 백성 이스
라엘을 구원하여 블레셋 사람의 손
과 모든 대적의 손에서 벗어나게
하리라 하셨음이니라 하고
19 아브넬이 또 베냐민 사람의 귀에
말하고 아브넬이 이스라엘과 베냐
민의 온 집이 선하게 여기는 모든
것을 다윗의 귀에 말하려고 헤브론
으로 가니라
20 아브넬이 부하 이십 명과 더불어 헤
브론에 이르러 다윗에게 나아가니
다윗이 아브넬과 그와 함께 한 사
람을 위하여 잔치를 배설하였더라
21 아브넬이 다윗에게 말하되 내가 일
어나 가서 온 이스라엘 무리를 내
주 왕의 앞에 모아 더불어 언약을
맺게 하고 마음에 원하시는 대로
모든 것을 다스리시게 하리이다 하
니 이에 다윗이 아브넬을 보내매
그가 평안히 가니라
22 다윗의 신복들과 요압이 적군을 치
고 크게 노략한 물건을 가지고 돌
아오니 아브넬은 이미 보냄을 받아
평안히 갔고 다윗과 함께 헤브론에
있지 아니한 때라
23 요압 및 요압과 함께 한 모든 군사
가 돌아오매 어떤 사람이 요압에게
말하여 이르되 넬의 아들 아브넬이
왕에게 왔더니 왕이 보내매 그가
평안히 갔나이다 하니
24 요압이 왕에게 나아가 이르되 어찌
하심이니이까 아브넬이 왕에게 나
아왔거늘 어찌하여 그를 보내 잘
가게 하셨나이까
25 왕도 아시려니와 넬의 아들 아브넬
이 온 것은 왕을 속임이라 그가 왕
이 출입하는 것을 알고 왕이 하시는
모든 것을 알려 함이니이다 하고
26 이에 요압이 다윗에게서 나와 전령
들을 보내 아브넬을 쫓아가게 하였
더니 시라 우물 가에서 그를 데리
고 돌아왔으나 다윗은 알지 못하였
더라
27 아브넬이 헤브론으로 돌아오매 요
압이 더불어 조용히 말하려는 듯이
그를 데리고 성문 안으로 들어가
거기서 배를 찔러 죽이니 이는 자기
의 동생 아사헬의 피로 말미암음이
더라
28 그 후에 다윗이 듣고 이르되 넬의
아들 아브넬의 피에 대하여 나와

기록일 : . . .

내 나라는 야훼 앞에 영원히 무죄
하니
29 그 죄가 요압의 머리와 그의 아버
지의 온 집으로 돌아갈지어다 또
요압의 집에서 백탁병자나 나병 환
자나 지팡이를 의지하는 자나 칼에
죽는 자나 양식이 떨어진 자가 끊
어지지 아니할지로다 하니라
30 요압과 그의 동생 아비새가 아브넬
을 죽인 것은 그가 기브온 전쟁에
서 자기 동생 아사헬을 죽인 까닭
이었더라
31 다윗이 요압과 및 자기와 함께 있
는 모든 백성에게 이르되 너희는
옷을 찢고 굵은 베를 띠고 아브넬
앞에서 애도하라 하니라 다윗 왕이
상여를 따라가
32 아브넬을 헤브론에 장사하고 아브
넬의 무덤에서 왕이 소리를 높여
울고 백성도 다 우니라
33 왕이 아브넬을 위하여 애가를 지어
이르되 아브넬의 죽음이 어찌하여
미련한 자의 죽음 같은고
34 네 손이 결박되지 아니하였고 네
발이 차꼬에 채이지 아니하였거늘
불의한 자식의 앞에 엎드러짐 같이
네가 엎드러졌도다 하매 온 백성이
다시 그를 슬퍼하여 우니라
35 석양에 뭇 백성이 나아와 다윗에게
음식을 권하니 다윗이 맹세하여 이
르되 만일 내가 해 지기 전에 떡이
나 다른 모든 것을 맛보면 하나님
이 내게 벌 위에 벌을 내리심이 마
땅하니라 하매
36 온 백성이 보고 기뻐하며 왕이 무
슨 일을 하든지 무리가 다 기뻐하
므로
37 이 날에야 온 백성과 온 이스라엘
이 넬의 아들 아브넬을 죽인 것이
왕이 한 것이 아닌 줄을 아니라
38 왕이 그의 신복에게 이르되 오늘
이스라엘의 지도자요 큰 인물이 죽
은 것을 알지 못하느냐
39 내가 기름 부음을 받은 왕이 되었
으나 오늘 약하여서 스루야의 아들
인 이 사람들을 제어하기가 너무 어
려우니 야훼는 악행한 자에게 그
악한 대로 갚으실지로다 하니라

4

사울의 아들 이스보셋은 아브넬
이 헤브론에서 죽었다 함을 듣고
손의 맥이 풀렸고 온 이스라엘이
놀라니라
2 사울의 아들 이스보셋에게 군지휘
관 두 사람이 있으니 한 사람의 이
름은 바아나요 한 사람의 이름은
레갑이라 베냐민 족속 브에롯 사람
림몬의 아들들이더라 브에롯도 베
냐민 지파에 속하였으니
3 일찍이 브에롯 사람들이 깃다임으
로 도망하여 오늘까지 거기에 우거

함이더라
4 사울의 아들 요나단에게 다리 저
는 아들 하나가 있었으니 이름은
므비보셋이라 전에 사울과 요나단
이 죽은 소식이 이스르엘에서 올
때에 그의 나이가 다섯 살이었는데
그 유모가 안고 도망할 때 급히 도
망하다가 아이가 떨어져 절게 되었
더라
5 브에롯 사람 림몬의 아들 레갑과
바아나가 길을 떠나 볕이 쬘 때 즈
음에 이스보셋의 집에 이르니 마침
그가 침상에서 낮잠을 자는지라
6 레갑과 그의 형제 바아나가 밀을
가지러 온 체하고 집 가운데로 들
어가서 그의 배를 찌르고 도망하였
더라
7 그들이 집에 들어가니 이스보셋이
침실에서 침상 위에 누워 있는지라
그를 쳐죽이고 목을 베어 그의 머리
를 가지고 밤새도록 아라바 길로 가
8 헤브론에 이르러 다윗 왕에게 이스
보셋의 머리를 드리며 아뢰되 왕의
생명을 해하려 하던 원수 사울의
아들 이스보셋의 머리가 여기 있나
이다 야훼께서 오늘 우리 주 되신
왕의 원수를 사울과 그의 자손에게
갚으셨나이다 하니
9 다윗이 브에롯 사람 림몬의 아들
레갑과 그의 형제 바아나에게 대
답하여 그들에게 이르되 내 생명을
여러 환난 가운데서 건지신 야훼께
서 살아 계심을 두고 맹세하노니
10 전에 사람이 내게 알리기를 보라
사울이 죽었다 하며 그가 좋은 소
식을 전하는 줄로 생각하였어도 내
가 그를 잡아 시글락에서 죽여서
그것을 그 소식을 전한 갚음으로
삼았거든
11 하물며 악인이 의인을 그의 집 침
상 위에서 죽인 것이겠느냐 그런즉
내가 악인의 피흘린 죄를 너희에게
갚아서 너희를 이 땅에서 없이하지
아니하겠느냐 하고
12 청년들에게 명령하매 곧 그들을 죽
이고 수족을 베어 헤브론 못 가에
매달고 이스보셋의 머리를 가져다
가 헤브론에서 아브넬의 무덤에 매
장하였더라

5 이스라엘 모든 지파가 헤브론에
이르러 다윗에게 나아와 이르되 보
소서 우리는 왕의 한 골육이니이다
2 전에 곧 사울이 우리의 왕이 되었
을 때에도 이스라엘을 거느려 출입
하게 하신 분은 왕이시었고 야훼께
서도 왕에게 말씀하시기를 네가 내
백성 이스라엘의 목자가 되며 네가
이스라엘의 주권자가 되리라 하셨
나이다 하니라
3 이에 이스라엘 모든 장로가 헤브론

기록일 : . . .

에 이르러 왕에게 나아오매 다윗 왕
이 헤브론에서 야훼 앞에 그들과 언
약을 맺으매 그들이 다윗에게 기름
을 부어 이스라엘 왕으로 삼으니라
4 다윗이 나이가 삼십 세에 왕위에
올라 사십 년 동안 다스렸으되
5 헤브론에서 칠 년 육 개월 동안 유
다를 다스렸고 예루살렘에서 삼십
삼 년 동안 온 이스라엘과 유다를
다스렸더라
6 왕과 그의 부하들이 예루살렘으로
가서 그 땅 주민 여부스 사람을 치
려 하매 그 사람들이 다윗에게 이
르되 네가 결코 이리로 들어오지
못하리라 맹인과 다리 저는 자라도
너를 물리치리라 하니 그들 생각에
는 다윗이 이리로 들어오지 못하리
라 함이나
7 다윗이 시온 산성을 빼앗았으니 이
는 다윗 성이더라
8 그 날에 다윗이 이르기를 누구든지
여부스 사람을 치거든 물 긷는 데
로 올라가서 다윗의 마음에 미워하
는 다리 저는 사람과 맹인을 치라
하였으므로 속담이 되어 이르기를
맹인과 다리 저는 사람은 집에 들
어오지 못하리라 하더라
9 다윗이 그 산성에 살면서 다윗 성이
라 이름하고 다윗이 밀로에서부터
안으로 성을 둘러 쌓으니라
10 만군의 하나님 야훼께서 함께 계시
니 다윗이 점점 강성하여 가니라
11 두로 왕 히람이 다윗에게 사절들과
백향목과 목수와 석수를 보내매 그
들이 다윗을 위하여 집을 지으니
12 다윗이 야훼께서 자기를 세우사 이
스라엘 왕으로 삼으신 것과 그의
백성 이스라엘을 위하여 그 나라를
높이신 것을 알았더라
13 다윗이 헤브론에서 올라온 후에 예
루살렘에서 처첩들을 더 두었으므
로 아들과 딸들이 또 다윗에게서
나니
14 예루살렘에서 그에게서 난 자들의
이름은 삼무아와 소밥과 나단과 솔
로몬과
15 입할과 엘리수아와 네벡과 야비아와
16 엘리사마와 엘랴다와 엘리벨렛이었
더라
17 이스라엘이 다윗에게 기름을 부어
이스라엘 왕으로 삼았다 함을 블레
셋 사람들이 듣고 블레셋 사람들이
다윗을 찾으러 다 올라오매 다윗이
듣고 요새로 나가니라
18 블레셋 사람들이 이미 이르러 르바
임 골짜기에 가득한지라
19 다윗이 야훼께 여쭈어 이르되 내가
블레셋 사람에게로 올라가리이까
야훼께서 그들을 내 손에 넘기시겠
나이까 하니 야훼께서 다윗에게 말

기록일 : . . .

쏨하시되 올라가라 내가 반드시 블
레셋 사람을 네 손에 넘기리라 하
신지라
20 다윗이 바알브라심에 이르러 거기
서 그들을 치고 다윗이 말하되 야
훼께서 물을 흩음 같이 내 앞에서
내 대적을 흩으셨다 하므로 그 곳
이름을 바알브라심이라 부르니라
21 거기서 블레셋 사람들이 그들의 우
상을 버렸으므로 다윗과 그의 부하
들이 치우니라
22 블레셋 사람들이 다시 올라와서 르
바임 골짜기에 가득한지라
23 다윗이 야훼께 여쭈니 이르시되 올
라가지 말고 그들 뒤로 돌아서 뽕
나무 수풀 맞은편에서 그들을 기습
하되
24 뽕나무 꼭대기에서 걸음 걷는 소리
가 들리거든 곧 공격하라 그 때에
야훼가 너보다 앞서 나아가서 블레
셋 군대를 치리라 하신지라
25 이에 다윗이 야훼의 명령대로 행하
여 블레셋 사람을 쳐서 게바에서
게셀까지 이르니라

6 다윗이 이스라엘에서 뽑은 무리
삼만 명을 다시 모으고
2 다윗이 일어나 자기와 함께 있는
모든 사람과 더불어 바알레유다로
가서 거기서 하나님의 궤를 메어 오
려 하니 그 궤는 그룹들 사이에 좌
정하신 만군의 야훼의 이름으로 불
리는 것이라
3 그들이 하나님의 궤를 새 수레에
싣고 산에 있는 아비나답의 집에서
나오는데 아비나답의 아들 웃사와
아효가 그 새 수레를 모니라
4 그들이 산에 있는 아비나답의 집에
서 하나님의 궤를 싣고 나올 때에
아효는 궤 앞에서 가고
5 다윗과 이스라엘 온 족속은 잣나무
로 만든 여러 가지 악기와 수금과
비파와 소고와 양금과 제금으로 야
훼 앞에서 연주하더라
6 그들이 나곤의 타작 마당에 이르러
서는 소들이 뛰므로 웃사가 손을
들어 하나님의 궤를 붙들었더니
7 야훼 하나님이 웃사가 잘못함으로
말미암아 진노하사 그를 그 곳에서
치시니 그가 거기 하나님의 궤 곁에
서 죽으니라
8 야훼께서 웃사를 치시므로 다윗이
분하여 그 곳을 베레스웃사라 부르
니 그 이름이 오늘까지 이르니라
9 다윗이 그 날에 야훼를 두려워하여
이르되 야훼의 궤가 어찌 내게로
오리요 하고
10 다윗이 야훼의 궤를 옮겨 다윗 성
자기에게로 메어 가기를 즐겨하지
아니하고 가드 사람 오벧에돔의 집
으로 메어 간지라

기록일 : . . .

11 야훼의 궤가 가드 사람 오벧에돔의
집에 석 달을 있었는데 야훼께서
오벧에돔과 그의 온 집에 복을 주
시니라
12 어떤 사람이 다윗 왕에게 아뢰어
이르되 야훼께서 하나님의 궤로 말
미암아 오벧에돔의 집과 그의 모든
소유에 복을 주셨다 한지라 다윗이
가서 하나님의 궤를 기쁨으로 메고
오벧에돔의 집에서 다윗 성으로 올
라갈새
13 야훼의 궤를 멘 사람들이 여섯 걸
음을 가매 다윗이 소와 살진 송아
지로 제사를 드리고
14 다윗이 야훼 앞에서 힘을 다하여
춤을 추는데 그 때에 다윗이 베 에
봇을 입었더라
15 다윗과 온 이스라엘 족속이 즐거이
환호하며 나팔을 불고 야훼의 궤를
메어오니라
16 야훼의 궤가 다윗 성으로 들어올
때에 사울의 딸 미갈이 창으로 내
다보다가 다윗 왕이 야훼 앞에서
뛰놀며 춤추는 것을 보고 심중에
그를 업신여기니라
17 야훼의 궤를 메고 들어가서 다윗
이 그것을 위하여 친 장막 가운데
그 준비한 자리에 그것을 두매 다
윗이 번제와 화목제를 야훼 앞에
드리니라
18 다윗이 번제와 화목제 드리기를 마
치고 만군의 야훼의 이름으로 백성
에게 축복하고
19 모든 백성 곧 온 이스라엘 무리에
게 남녀를 막론하고 떡 한 개와 고
기 한 조각과 건포도 떡 한 덩이씩
나누어 주매 모든 백성이 각기 집
으로 돌아가니라
20 다윗이 자기의 가족에게 축복하러
돌아오매 사울의 딸 미갈이 나와서
다윗을 맞으며 이르되 이스라엘 왕
이 오늘 어떻게 영화로우신지 방탕
한 자가 염치 없이 자기의 몸을 드
러내는 것처럼 오늘 그의 신복의
계집종의 눈앞에서 몸을 드러내셨
도다 하니
21 다윗이 미갈에게 이르되 이는 야훼
앞에서 한 것이니라 그가 네 아버지
와 그의 온 집을 버리시고 나를 택
하사 나를 야훼의 백성 이스라엘의
주권자로 삼으셨으니 내가 야훼 앞
에서 뛰놀리라
22 내가 이보다 더 낮아져서 스스로
천하게 보일지라도 네가 말한 바
계집종에게는 내가 높임을 받으리
라 한지라
23 그러므로 사울의 딸 미갈이 죽는
날까지 그에게 자식이 없으니라

7 야훼께서 주위의 모든 원수를 무
찌르사 왕으로 궁에 평안히 살게

기록일 : . . .

하신 때에
2 왕이 선지자 나단에게 이르되 볼지
어다 나는 백향목 궁에 살거늘 하
나님의 궤는 휘장 가운데에 있도다
3 나단이 왕께 아뢰되 야훼께서 왕과
함께 계시니 마음에 있는 모든 것
을 행하소서 하니라
4 그 밤에 야훼의 말씀이 나단에게
임하여 이르시되
5 가서 내 종 다윗에게 말하기를 야
훼께서 이와 같이 말씀하시되 네가
나를 위하여 내가 살 집을 건축하
겠느냐
6 내가 이스라엘 자손을 애굽에서 인
도하여 내던 날부터 오늘까지 집에
살지 아니하고 장막과 성막 안에서
다녔나니
7 이스라엘 자손과 더불어 다니는 모
든 곳에서 내가 내 백성 이스라엘
을 먹이라고 명령한 이스라엘 어느
지파들 가운데 하나에게 내가 말하
기를 너희가 어찌하여 나를 위하여
백향목 집을 건축하지 아니하였느
냐고 말하였느냐
8 그러므로 이제 내 종 다윗에게 이
와 같이 말하라 만군의 야훼께서
이와 같이 말씀하시기를 내가 너를
목장 곧 양을 따르는 데에서 데려
다가 내 백성 이스라엘의 주권자로
삼고
9 네가 가는 모든 곳에서 내가 너와
함께 있어 네 모든 원수를 네 앞에
서 멸하였은즉 땅에서 위대한 자들
의 이름 같이 네 이름을 위대하게
만들어 주리라
10 내가 또 내 백성 이스라엘을 위하
여 한 곳을 정하여 그를 심고 그를
거주하게 하고 다시 옮기지 못하게
하며 악한 종류로 전과 같이 그들
을 해하지 못하게 하여
11 전에 내가 사사에게 명령하여 내
백성 이스라엘을 다스리던 때와 같
지 아니하게 하고 너를 모든 원수
에게서 벗어나 편히 쉬게 하리라 야
훼가 또 네게 이르노니 야훼가 너
를 위하여 집을 짓고
12 네 수한이 차서 네 조상들과 함께
누울 때에 내가 네 몸에서 날 네
씨를 네 뒤에 세워 그의 나라를 견
고하게 하리라
13 그는 내 이름을 위하여 집을 건축
할 것이요 나는 그의 나라 왕위를
영원히 견고하게 하리라
14 나는 그에게 아버지가 되고 그는
내게 아들이 되리니 그가 만일 죄
를 범하면 내가 사람의 매와 인생
의 채찍으로 징계하려니와
15 내가 네 앞에서 물러나게 한 사울
에게서 내 은총을 빼앗은 것처럼
그에게서 빼앗지는 아니하리라

기록일 : . . .

16 네 집과 네 나라가 내 앞에서 영원
히 보전되고 네 왕위가 영원히 견
고하리라 하셨다 하라
17 나단이 이 모든 말씀들과 이 모든
계시대로 다윗에게 말하니라
18 다윗 왕이 야훼 앞에 들어가 앉아
서 이르되 주 야훼여 나는 누구이
오며 내 집은 무엇이기에 나를 여기
까지 이르게 하셨나이까
19 주 야훼여 주께서 이것을 오히려 적
게 여기시고 또 종의 집에 있을 먼
장래의 일까지도 말씀하셨나이다 주
야훼여 이것이 사람의 법이니이다
20 주 야훼는 주의 종을 아시오니 다
윗이 다시 주께 무슨 말씀을 하오
리이까
21 주의 말씀으로 말미암아 주의 뜻대
로 이 모든 큰 일을 행하사 주의 종
에게 알게 하셨나이다
22 그런즉 주 야훼여 이러므로 주는
위대하시니 이는 우리 귀로 들은
대로는 주와 같은 이가 없고 주 외
에는 신이 없음이니이다
23 땅의 어느 한 나라가 주의 백성 이
스라엘과 같으리이까 하나님이 가
서 구속하사 자기 백성으로 삼아
주의 명성을 내시며 그들을 위하여
큰 일을, 주의 땅을 위하여 두려운
일을 애굽과 많은 나라들과 그의
신들에게서 구속하신 백성 앞에서
행하셨사오며
24 주께서 주의 백성 이스라엘을 세우
사 영원히 주의 백성으로 삼으셨사
오니 야훼여 주께서 그들의 하나님
이 되셨나이다
25 야훼 하나님이여 이제 주의 종과
종의 집에 대하여 말씀하신 것을
영원히 세우셨사오며 말씀하신 대
로 행하사
26 사람이 영원히 주의 이름을 크게
높여 이르기를 만군의 야훼는 이스
라엘의 하나님이라 하게 하옵시며
주의 종 다윗의 집이 주 앞에 견고
하게 하옵소서
27 만군의 야훼 이스라엘의 하나님이
여 주의 종의 귀를 여시고 이르시기
를 내가 너를 위하여 집을 세우리
라 하셨으므로 주의 종이 이 기도
로 주께 간구할 마음이 생겼나이다
28 주 야훼여 오직 주는 하나님이시며
주의 말씀들이 참되시니이다 주께
서 이 좋은 것을 주의 종에게 말씀
하셨사오니
29 이제 청하건대 종의 집에 복을 주
사 주 앞에 영원히 있게 하옵소서
주 야훼께서 말씀하셨사오니 주의
종의 집이 영원히 복을 받게 하옵
소서 하니라

8 그 후에 다윗이 블레셋 사람들을
쳐서 항복을 받고 블레셋 사람들의

기록일 : . . .

손에서 메덱암마를 빼앗으니라
2 다윗이 또 모압을 쳐서 그들로 땅에
엎드리게 하고 줄로 재어 그 두 줄
길이의 사람은 죽이고 한 줄 길이의
사람은 살리니 모압 사람들이 다윗
의 종들이 되어 조공을 드리니라
3 르홉의 아들 소바 왕 하닷에셀이
자기 권세를 회복하려고 유브라데
강으로 갈 때에 다윗이 그를 쳐서
4 그에게서 마병 천칠백 명과 보병 이
만 명을 사로잡고 병거 일백 대의
말만 남기고 다윗이 그 외의 병거
의 말은 다 발의 힘줄을 끊었더니
5 다메섹의 아람 사람들이 소바 왕
하닷에셀을 도우러 온지라 다윗이
아람 사람 이만 이천 명을 죽이고
6 다윗이 다메섹 아람에 수비대를 두
매 아람 사람이 다윗의 종이 되어
조공을 바치니라 다윗이 어디로 가
든지 야훼께서 이기게 하시니라
7 다윗이 하닷에셀의 신복들이 가진
금 방패를 빼앗아 예루살렘으로 가
져오고
8 또 다윗 왕이 하닷에셀의 고을 베
다와 베로대에서 매우 많은 놋을
빼앗으니라
9 하맛 왕 도이가 다윗이 하닷에셀의
온 군대를 쳐서 무찔렀다 함을 듣고
10 도이가 그의 아들 요람을 보내 다윗
왕에게 문안하고 축복하게 하니 이
는 하닷에셀이 도이와 더불어 전쟁
이 있던 터에 다윗이 하닷에셀을 쳐
서 무찌름이라 요람이 은 그릇과 금
그릇과 놋 그릇을 가지고 온지라
11 다윗 왕이 그것도 야훼께 드리되
그가 정복한 모든 나라에서 얻은
은금
12 곧 아람과 모압과 암몬 자손과 블레
셋 사람과 아말렉에게서 얻은 것들
과 소바 왕 르홉의 아들 하닷에셀에
게서 노략한 것과 같이 드리니라
13 다윗이 소금 골짜기에서 에돔 사람
만 팔천 명을 쳐죽이고 돌아와서 명
성을 떨치니라
14 다윗이 에돔에 수비대를 두되 온
에돔에 수비대를 두니 에돔 사람이
다 다윗의 종이 되니라 다윗이 어
디로 가든지 야훼께서 이기게 하셨
더라
15 다윗이 온 이스라엘을 다스려 다윗
이 모든 백성에게 정의와 공의를
행할새
16 스루야의 아들 요압은 군사령관이
되고 아힐룻의 아들 여호사밧은 사
관이 되고
17 아히둡의 아들 사독과 아비아달의
아들 아히멜렉은 제사장이 되고 스
라야는 서기관이 되고
18 여호야다의 아들 브나야는 그렛 사
람과 블렛 사람을 관할하고 다윗의

기록일 : . . .

아들들은 대신들이 되니라
9 다윗이 이르되 사울의 집에 아직
도 남은 사람이 있느냐 내가 요나
단으로 말미암아 그 사람에게 은총
을 베풀리라 하니라
2 사울의 집에는 종 한 사람이 있으
니 그의 이름은 시바라 그를 다윗
의 앞으로 부르매 왕이 그에게 말
하되 네가 시바냐 하니 이르되 당
신의 종이니이다 하니라
3 왕이 이르되 사울의 집에 아직도
남은 사람이 없느냐 내가 그 사람
에게 하나님의 은총을 베풀고자 하
노라 하니 시바가 왕께 아뢰되 요
나단의 아들 하나가 있는데 다리
저는 자니이다 하니라
4 왕이 그에게 말하되 그가 어디 있
느냐 하니 시바가 왕께 아뢰되 로
드발 암미엘의 아들 마길의 집에
있나이다 하니라
5 다윗 왕이 사람을 보내어 로드발
암미엘의 아들 마길의 집에서 그를
데려오니
6 사울의 손자 요나단의 아들 므비보
셋이 다윗에게 나아와 그 앞에 엎
드려 절하매 다윗이 이르되 므비보
셋이여 하니 그가 이르되 보소서
당신의 종이니이다
7 다윗이 그에게 이르되 무서워하지
말라 내가 반드시 네 아버지 요나
단으로 말미암아 네게 은총을 베풀
리라 내가 네 할아버지 사울의 모
든 밭을 다 네게 도로 주겠고 또 너
는 항상 내 상에서 떡을 먹을지니
라 하니
8 그가 절하여 이르되 이 종이 무엇이
기에 왕께서 죽은 개 같은 나를 돌
아보시나이까 하니라
9 왕이 사울의 시종 시바를 불러 그
에게 이르되 사울과 그의 온 집에
속한 것은 내가 다 네 주인의 아들
에게 주었노니
10 너와 네 아들들과 네 종들은 그를
위하여 땅을 갈고 거두어 네 주인
의 아들에게 양식을 대주어 먹게
하라 그러나 네 주인의 아들 므비
보셋은 항상 내 상에서 떡을 먹으
리라 하니라 시바는 아들이 열다섯
명이요 종이 스무 명이라
11 시바가 왕께 아뢰되 내 주 왕께서
모든 일을 종에게 명령하신 대로
종이 준행하겠나이다 하니라 므비
보셋은 왕자 중 하나처럼 왕의 상
에서 먹으니라
12 므비보셋에게 어린 아들 하나가 있
으니 이름은 미가더라 시바의 집에
사는 자마다 므비보셋의 종이 되
니라
13 므비보셋이 항상 왕의 상에서 먹으
므로 예루살렘에 사니라 그는 두

기록일 : . . .

발을 다 절더라

10 그 후에 암몬 자손의 왕이 죽고
그의 아들 하눈이 대신하여 왕이
되니
2 다윗이 이르되 내가 나하스의 아들
하눈에게 은총을 베풀되 그의 아버
지가 내게 은총을 베푼 것 같이 하
리라 하고 다윗이 그의 신하들을
보내 그의 아버지를 조상하라 하니
라 다윗의 신하들이 암몬 자손의
땅에 이르매
3 암몬 자손의 관리들이 그들의 주
하눈에게 말하되 왕은 다윗이 조객
을 당신에게 보낸 것이 왕의 아버
지를 공경함인 줄로 여기시나이까
다윗이 그의 신하들을 당신에게 보
내 이 성을 엿보고 탐지하여 함락시
키고자 함이 아니니이까 하니
4 이에 하눈이 다윗의 신하들을 잡아
그들의 수염 절반을 깎고 그들의
의복의 중동볼기까지 자르고 돌려
보내매
5 사람들이 이 일을 다윗에게 알리니
라 그 사람들이 크게 부끄러워하므
로 왕이 그들을 맞으러 보내 이르기
를 너희는 수염이 자라기까지 여리
고에서 머물다가 돌아오라 하니라
6 암몬 자손들이 자기들이 다윗에게
미움이 된 줄 알고 암몬 자손들이
사람을 보내 벧르홉 아람 사람과
소바 아람 사람의 보병 이만 명과
마아가 왕과 그의 사람 천 명과 돕
사람 만 이천 명을 고용한지라
7 다윗이 듣고 요압과 용사의 온 무
리를 보내매
8 암몬 자손은 나와서 성문 어귀에
진을 쳤고 소바와 르홉 아람 사람
과 돕과 마아가 사람들은 따로 들
에 있더라
9 요압이 자기와 맞서 앞뒤에 친 적진
을 보고 이스라엘의 선발한 자 중
에서 또 엄선하여 아람 사람과 싸
우려고 진 치고
10 그 백성의 남은 자를 그 아우 아비
새의 수하에 맡겨 암몬 자손과 싸
우려고 진 치게 하고
11 이르되 만일 아람 사람이 나보다
강하면 네가 나를 돕고 만일 암몬
자손이 너보다 강하면 내가 가서
너를 도우리라
12 너는 담대하라 우리가 우리 백성과
우리 하나님의 성읍들을 위하여 담
대히 하자 야훼께서 선히 여기시는
대로 행하시기를 원하노라 하고
13 요압과 그와 함께 한 백성이 아람
사람을 대항하여 싸우려고 나아가
니 그들이 그 앞에서 도망하고
14 암몬 자손은 아람 사람이 도망함을
보고 그들도 아비새 앞에서 도망하
여 성읍으로 들어간지라 요압이 암

기록일 : . . .

몬 자손을 떠나 예루살렘으로 돌아
가니라
15 아람 사람이 자기가 이스라엘 앞에
서 패하였음을 보고 다 모이매
16 하닷에셀이 사람을 보내 강 건너쪽
에 있는 아람 사람을 불러 내매 그
들이 헬람에 이르니 하닷에셀의 군
사령관 소박이 그들을 거느린지라
17 어떤 사람이 다윗에게 알리매 그가
온 이스라엘을 모으고 요단을 건너
헬람에 이르매 아람 사람들이 다윗
을 향하여 진을 치고 더불어 싸우
더니
18 아람 사람이 이스라엘 앞에서 도망
한지라 다윗이 아람 병거 칠백 대와
마병 사만 명을 죽이고 또 그 군사
령관 소박을 치매 거기서 죽으니라
19 하닷에셀에게 속한 왕들이 자기가
이스라엘 앞에서 패함을 보고 이스
라엘과 화친하고 섬기니 그러므로
아람 사람들이 두려워하여 다시는
암몬 자손을 돕지 아니하니라

11

그 해가 돌아와 왕들이 출전할 때
가 되매 다윗이 요압과 그에게 있
는 그의 부하들과 온 이스라엘 군
대를 보내니 그들이 암몬 자손을
멸하고 랍바를 에워쌌고 다윗은 예
루살렘에 그대로 있더라
2 저녁 때에 다윗이 그의 침상에서
일어나 왕궁 옥상에서 거닐다가 그
곳에서 보니 한 여인이 목욕을 하
는데 심히 아름다워 보이는지라
3 다윗이 사람을 보내 그 여인을 알
아보게 하였더니 그가 아뢰되 그는
엘리암의 딸이요 헷 사람 우리아의
아내 밧세바가 아니니이까 하니
4 다윗이 전령을 보내어 그 여자를
자기에게로 데려오게 하고 그 여자
가 그 부정함을 깨끗하게 하였으므
로 더불어 동침하매 그 여자가 자
기 집으로 돌아가니라
5 그 여인이 임신하매 사람을 보내
다윗에게 말하여 이르되 내가 임신
하였나이다 하니라
6 다윗이 요압에게 기별하여 헷 사람
우리아를 내게 보내라 하매 요압이
우리아를 다윗에게로 보내니
7 우리아가 다윗에게 이르매 다윗이
요압의 안부와 군사의 안부와 싸움
이 어떠했는지를 묻고
8 그가 또 우리아에게 이르되 네 집
으로 내려가서 발을 씻으라 하니
우리아가 왕궁에서 나가매 왕의 음
식물이 뒤따라 가니라
9 그러나 우리아는 집으로 내려가지
아니하고 왕궁 문에서 그의 주의
모든 부하들과 더불어 잔지라
10 어떤 사람이 다윗에게 아뢰되 우리
아가 그의 집으로 내려가지 아니하
였나이다 다윗이 우리아에게 이르

되 네가 길 갔다가 돌아온 것이 아
니냐 어찌하여 네 집으로 내려가지
아니하였느냐 하니
11 우리아가 다윗에게 아뢰되 언약궤
와 이스라엘과 유다가 야영 중에
있고 내 주 요압과 내 왕의 부하
들이 바깥 들에 진 치고 있거늘 내
가 어찌 내 집으로 가서 먹고 마시
고 내 처와 같이 자리이까 내가 이
일을 행하지 아니하기로 왕의 살아
계심과 왕의 혼의 살아 계심을 두
고 맹세하나이다 하니라
12 다윗이 우리아에게 이르되 오늘도
여기 있으라 내일은 내가 너를 보
내리라 우리아가 그 날에 예루살렘
에 머무니라 이튿날
13 다윗이 그를 불러서 그로 그 앞에
서 먹고 마시고 취하게 하니 저녁
때에 그가 나가서 그의 주의 부하
들과 더불어 침상에 눕고 그의 집
으로 내려가지 아니하니라
14 아침이 되매 다윗이 편지를 써서 우
리아의 손에 들려 요압에게 보내니
15 그 편지에 써서 이르기를 너희가
우리아를 맹렬한 싸움에 앞세워 두
고 너희는 뒤로 물러가서 그로 맞
아 죽게 하라 하였더라
16 요압이 그 성을 살펴 용사들이 있는
것을 아는 그 곳에 우리아를 두니
17 그 성 사람들이 나와서 요압과 더
불어 싸울 때에 다윗의 부하 중 몇
사람이 엎드러지고 헷 사람 우리아
도 죽으니라
18 요압이 사람을 보내 그 전쟁의 모
든 일을 다윗에게 보고할새
19 그 전령에게 명령하여 이르되 전쟁
의 모든 일을 네가 왕께 보고하기
를 마친 후에
20 혹시 왕이 노하여 네게 말씀하기를
너희가 어찌하여 성에 그처럼 가까
이 가서 싸웠느냐 그들이 성 위에
서 쏠 줄을 알지 못하였느냐
21 여룹베셋의 아들 아비멜렉을 쳐죽
인 자가 누구냐 여인 하나가 성에
서 맷돌 위짝을 그 위에 던지매 그
가 데벳스에서 죽지 아니하였느냐
어찌하여 성에 가까이 갔더냐 하시
거든 네가 말하기를 왕의 종 헷 사
람 우리아도 죽었나이다 하라
22 전령이 가서 다윗에게 이르러 요압
이 그를 보낸 모든 일을 다윗에게
아뢰어
23 이르되 그 사람들이 우리보다 우세
하여 우리를 향하여 들로 나오므로
우리가 그들을 쳐서 성문 어귀까지
미쳤더니
24 활 쏘는 자들이 성 위에서 왕의 부
하들을 향하여 쏘매 왕의 부하 중
몇 사람이 죽고 왕의 종 헷 사람 우
리아도 죽었나이다 하니

기록일 : . . .

25 다윗이 전령에게 이르되 너는 요압
에게 이같이 말하기를 이 일로 걱정
하지 말라 칼은 이 사람이나 저 사
람이나 삼키느니라 그 성을 향하여
더욱 힘써 싸워 함락시키라 하여
너는 그를 담대하게 하라 하니라
26 우리아의 아내는 그 남편 우리아가
죽었음을 듣고 그의 남편을 위하여
소리내어 우니라
27 그 장례를 마치매 다윗이 사람을
보내 그를 왕궁으로 데려오니 그가
그의 아내가 되어 그에게 아들을
낳으니라 다윗이 행한 그 일이 야
훼 보시기에 악하였더라

12 야훼께서 나단을 다윗에게 보내
시니 그가 다윗에게 가서 그에게
이르되 한 성읍에 두 사람이 있는
데 한 사람은 부하고 한 사람은 가
난하니
2 그 부한 사람은 양과 소가 심히 많
으나
3 가난한 사람은 아무것도 없고 자
기가 사서 기르는 작은 암양 새끼
한 마리뿐이라 그 암양 새끼는 그
와 그의 자식과 함께 자라며 그가
먹는 것을 먹으며 그의 잔으로 마
시며 그의 품에 누우므로 그에게는
딸처럼 되었거늘
4 어떤 행인이 그 부자에게 오매 부
자가 자기에게 온 행인을 위하여
자기의 양과 소를 아껴 잡지 아니
하고 가난한 사람의 양 새끼를 빼
앗아다가 자기에게 온 사람을 위하
여 잡았나이다 하니
5 다윗이 그 사람으로 말미암아 노하
여 나단에게 이르되 야훼의 살아
계심을 두고 맹세하노니 이 일을
행한 그 사람은 마땅히 죽을 자라
6 그가 불쌍히 여기지 아니하고 이런
일을 행하였으니 그 양 새끼를 네
배나 갚아 주어야 하리라 한지라
7 나단이 다윗에게 이르되 당신이 그
사람이라 이스라엘의 하나님 야훼
께서 이와 같이 이르시기를 내가 너
를 이스라엘 왕으로 기름 붓기 위
하여 너를 사울의 손에서 구원하고
8 네 주인의 집을 네게 주고 네 주인
의 아내들을 네 품에 두고 이스라엘
과 유다 족속을 네게 맡겼느니라 만
일 그것이 부족하였을 것 같으면 내
가 네게 이것 저것을 더 주었으리라
9 그러한데 어찌하여 네가 야훼의 말
씀을 업신여기고 나 보기에 악을
행하였느냐 네가 칼로 헷 사람 우
리아를 치되 암몬 자손의 칼로 죽
이고 그의 아내를 빼앗아 네 아내
로 삼았도다
10 이제 네가 나를 업신여기고 헷 사
람 우리아의 아내를 빼앗아 네 아
내로 삼았은즉 칼이 네 집에서 영

기록일 : . . .

원토록 떠나지 아니하리라 하셨고
11 여호와께서 또 이와 같이 이르시기를
보라 내가 너와 네 집에 재앙을 일
으키고 내가 네 눈앞에서 네 아내
를 빼앗아 네 이웃들에게 주리니
그 사람들이 네 아내들과 더불어
백주에 동침하리라
12 너는 은밀히 행하였으나 나는 온
이스라엘 앞에서 백주에 이 일을
행하리라 하셨나이다 하니
13 다윗이 나단에게 이르되 내가 여
호와께 죄를 범하였노라 하매 나단
이 다윗에게 말하되 여호와께서도 당
신의 죄를 사하셨나니 당신이 죽지
아니하려니와
14 이 일로 말미암아 여호와의 원수가
크게 비방할 거리를 얻게 하였으니
당신이 낳은 아이가 반드시 죽으리
이다 하고
15 나단이 자기 집으로 돌아가니라
우리아의 아내가 다윗에게 낳은
아이를 여호와께서 치시매 심히 앓는
지라
16 다윗이 그 아이를 위하여 하나님께
간구하되 다윗이 금식하고 안에 들
어가서 밤새도록 땅에 엎드렸으니
17 그 집의 늙은 자들이 그 곁에 서서
다윗을 땅에서 일으키려 하되 왕이
듣지 아니하고 그들과 더불어 먹지
도 아니하더라
18 이레 만에 그 아이가 죽으니라 그
러나 다윗의 신하들이 아이가 죽은
것을 왕에게 아뢰기를 두려워하니
이는 그들이 말하기를 아이가 살았
을 때에 우리가 그에게 말하여도
왕이 그 말을 듣지 아니하셨나니 어
떻게 그 아이가 죽은 것을 그에게
아뢸 수 있으랴 왕이 상심하시리로
다 함이라
19 다윗이 그의 신하들이 서로 수군거
리는 것을 보고 그 아이가 죽은 줄
을 다윗이 깨닫고 그의 신하들에게
묻되 아이가 죽었느냐 하니 대답하
되 죽었나이다 하는지라
20 다윗이 땅에서 일어나 몸을 씻고
기름을 바르고 의복을 갈아입고 여
호와의 전에 들어가서 경배하고 왕궁
으로 돌아와 명령하여 음식을 그
앞에 차리게 하고 먹은지라
21 그의 신하들이 그에게 이르되 아이
가 살았을 때에는 그를 위하여 금
식하고 우시더니 죽은 후에는 일어
나서 잡수시니 이 일이 어찌 됨이니
이까 하니
22 이르되 아이가 살았을 때에 내가
금식하고 운 것은 혹시 여호와께서 나
를 불쌍히 여기사 아이를 살려 주실
는지 누가 알까 생각함이거니와
23 지금은 죽었으니 내가 어찌 금식하
랴 내가 다시 돌아오게 할 수 있느

기록일 : . . .

냐 나는 그에게로 가려니와 그는 내
게로 돌아오지 아니하리라 하니라
24 다윗이 그의 아내 밧세바를 위로하
고 그에게 들어가 그와 동침하였더
니 그가 아들을 낳으매 그의 이름
을 솔로몬이라 하니라 야훼께서 그
를 사랑하사
25 선지자 나단을 보내 그의 이름을
여디디야라 하시니 이는 야훼께서
사랑하셨기 때문이더라
26 요압이 암몬 자손의 랍바를 쳐서
그 왕성을 점령하매
27 요압이 전령을 다윗에게 보내 이르
되 내가 랍바 곧 물들의 성읍을 쳐
서 점령하였으니
28 이제 왕은 그 백성의 남은 군사를
모아 그 성에 맞서 진 치고 이 성읍
을 쳐서 점령하소서 내가 이 성읍을
점령하면 이 성읍이 내 이름으로 일
컬음을 받을까 두려워하나이다 하니
29 다윗이 모든 군사를 모아 랍바로
가서 그 곳을 쳐서 점령하고
30 그 왕의 머리에서 보석 박힌 왕관
을 가져오니 그 중량이 금 한 달란
트라 다윗이 자기의 머리에 쓰니라
다윗이 또 그 성읍에서 노략한 물
건을 무수히 내오고
31 그 안에 있는 백성들을 끌어내어
톱질과 써레질과 철도끼질과 벽돌
구이를 그들에게 하게 하니라 암몬
자손의 모든 성읍을 이같이 하고
다윗과 모든 백성이 예루살렘으로
돌아가니라

13

그 후에 이 일이 있으니라 다윗의
아들 압살롬에게 아름다운 누이가
있으니 이름은 다말이라 다윗의 다
른 아들 암논이 그를 사랑하나
2 그는 처녀이므로 어찌할 수 없는 줄
을 알고 암논이 그의 누이 다말 때
문에 울화로 말미암아 병이 되니라
3 암논에게 요나답이라 하는 친구가
있으니 그는 다윗의 형 시므아의
아들이요 심히 간교한 자라
4 그가 암논에게 이르되 왕자여 당신
은 어찌하여 나날이 이렇게 파리하
여 가느냐 내게 말해 주지 아니하
겠느냐 하니 암논이 말하되 내가
아우 압살롬의 누이 다말을 사랑함
이니라 하니라
5 요나답이 그에게 이르되 침상에 누
워 병든 체하다가 네 아버지가 너
를 보러 오거든 너는 그에게 말하
기를 원하건대 내 누이 다말이 와
서 내게 떡을 먹이되 내가 보는 데
에서 떡을 차려 그의 손으로 먹여
주게 하옵소서 하라 하니
6 암논이 곧 누워 병든 체하다가 왕
이 와서 그를 볼 때에 암논이 왕께
아뢰되 원하건대 내 누이 다말이
와서 내가 보는 데에서 과자 두어

개를 만들어 그의 손으로 내게 먹
여 주게 하옵소서 하니
7 다윗이 사람을 그의 집으로 보내
다말에게 이르되 이제 네 오라버니
암논의 집으로 가서 그를 위하여
음식을 차리라 한지라
8 다말이 그 오라버니 암논의 집에 이
르매 그가 누웠더라 다말이 밀가루
를 가지고 반죽하여 그가 보는 데서
과자를 만들고 그 과자를 굽고
9 그 냄비를 가져다가 그 앞에 쏟아
놓아도 암논이 먹기를 거절하고 암
논이 이르되 모든 사람을 내게서
나가게 하라 하니 다 그를 떠나 나
가니라
10 암논이 다말에게 이르되 음식물을
가지고 침실로 들어오라 내가 네 손
에서 먹으리라 하니 다말이 자기가
만든 과자를 가지고 침실에 들어가
그의 오라버니 암논에게 이르러
11 그에게 먹이려고 가까이 가지고 갈
때에 암논이 그를 붙잡고 그에게
이르되 나의 누이야 와서 나와 동
침하자 하는지라
12 그가 그에게 대답하되 아니라 내
오라버니여 나를 욕되게 하지 말라
이런 일은 이스라엘에서 마땅히 행
하지 못할 것이니 이 어리석은 일을
행하지 말라
13 내가 이 수치를 지니고 어디로 가겠
느냐 너도 이스라엘에서 어리석은
자 중의 하나가 되리라 이제 청하건
대 왕께 말하라 그가 나를 네게 주
기를 거절하지 아니하시리라 하되
14 암논이 그 말을 듣지 아니하고 다
말보다 힘이 세므로 억지로 그와
동침하니라
15 그리하고 암논이 그를 심히 미워하
니 이제 미워하는 미움이 전에 사랑
하던 사랑보다 더한지라 암논이 그
에게 이르되 일어나 가라 하니
16 다말이 그에게 이르되 옳지 아니하
다 나를 쫓아보내는 이 큰 악은 아
까 내게 행한 그 악보다 더하다 하
되 암논이 그를 듣지 아니하고
17 그가 부리는 종을 불러 이르되 이
계집을 내게서 이제 내보내고 곧
문빗장을 지르라 하니
18 암논의 하인이 그를 끌어내고 곧
문빗장을 지르니라 다말이 채색옷
을 입었으니 출가하지 아니한 공주
는 이런 옷으로 단장하는 법이라
19 다말이 재를 자기의 머리에 덮어쓰
고 그의 채색옷을 찢고 손을 머리
위에 얹고 가서 크게 울부짖으니라
20 그의 오라버니 압살롬이 그에게 이
르되 네 오라버니 암논이 너와 함
께 있었느냐 그러나 그는 네 오라
버니이니 누이야 지금은 잠잠히 있
고 이것으로 말미암아 근심하지 말

기록일 : . . .

라 하니라 이에 다말이 그의 오라
버니 압살롬의 집에 있어 처량하게
지내니라
21 다윗 왕이 이 모든 일을 듣고 심히
노하니라
22 압살롬은 암논이 그의 누이 다말을
욕되게 하였으므로 그를 미워하여
암논에 대하여 잘잘못을 압살롬이
말하지 아니하니라
23 만 이 년 후에 에브라임 곁 바알하
솔에서 압살롬이 양 털을 깎는 일
이 있으매 압살롬이 왕의 모든 아
들을 청하고
24 압살롬이 왕께 나아가 말하되 이제
종에게 양 털 깎는 일이 있사오니
청하건대 왕은 신하들을 데리시고
당신의 종과 함께 가사이다 하니
25 왕이 압살롬에게 이르되 아니라 내
아들아 이제 우리가 다 갈 것 없다
네게 누를 끼칠까 하노라 하니라
압살롬이 그에게 간청하였으나 그
가 가지 아니하고 그에게 복을 비
는지라
26 압살롬이 이르되 그렇게 하지 아니
하시려거든 청하건대 내 형 암논이
우리와 함께 가게 하옵소서 왕이
그에게 이르되 그가 너와 함께 갈
것이 무엇이냐 하되
27 압살롬이 간청하매 왕이 암논과 왕
의 모든 아들을 그와 함께 그에게
보내니라
28 압살롬이 이미 그의 종들에게 명령
하여 이르기를 너희는 이제 암논의
마음이 술로 즐거워할 때를 자세히
보다가 내가 너희에게 암논을 치라
하거든 그를 죽이라 두려워하지 말
라 내가 너희에게 명령한 것이 아니
냐 너희는 담대히 용기를 내라 한
지라
29 압살롬의 종들이 압살롬의 명령대
로 암논에게 행하매 왕의 모든 아
들들이 일어나 각기 노새를 타고
도망하니라
30 그들이 길에 있을 때에 압살롬이
왕의 모든 아들들을 죽이고 하나도
남기지 아니하였다는 소문이 다윗
에게 이르매
31 왕이 곧 일어나서 자기의 옷을 찢
고 땅에 드러눕고 그의 신하들도
다 옷을 찢고 모셔 선지라
32 다윗의 형 시므아의 아들 요나답
이 아뢰어 이르되 내 주여 젊은 왕
자들이 다 죽임을 당한 줄로 생각
하지 마옵소서 오직 암논만 죽었으
리이다 그가 압살롬의 누이 다말을
욕되게 한 날부터 압살롬이 결심한
것이니이다
33 그러하온즉 내 주 왕이여 왕자들이
다 죽은 줄로 생각하여 상심하지
마옵소서 오직 암논만 죽었으리이

기록일 : . . .

다 하니라
34 이에 압살롬은 도망하니라 파수하는
청년이 눈을 들어 보니 보아라 뒷산
언덕길로 여러 사람이 오는도다
35 요나답이 왕께 아뢰되 보소서 왕
자들이 오나이다 당신의 종이 말한
대로 되었나이다 하고
36 말을 마치자 왕자들이 이르러 소리
를 높여 통곡하니 왕과 그의 모든
신하들도 심히 통곡하니라
37 압살롬은 도망하여 그술 왕 암미훌
의 아들 달매에게로 갔고 다윗은
날마다 그의 아들로 말미암아 슬퍼
하니라
38 압살롬이 도망하여 그술로 가서 거
기에 산 지 삼 년이라
39 다윗 왕의 마음이 압살롬을 향하여
간절하니 암논은 이미 죽었으므로
왕이 위로를 받았음이더라
14 스루야의 아들 요압이 왕의 마음
이 압살롬에게로 향하는 줄 알고
2 드고아에 사람을 보내 거기서 지혜
로운 여인 하나를 데려다가 그에게
이르되 청하건대 너는 상주가 된
것처럼 상복을 입고 기름을 바르지
말고 죽은 사람을 위하여 오래 슬
퍼하는 여인 같이 하고
3 왕께 들어가서 그에게 이러이러하
게 말하라고 요압이 그의 입에 할
말을 넣어 주니라

4 드고아 여인이 왕께 아뢸 때에 얼
굴을 땅에 대고 엎드려 이르되 왕
이여 도우소서 하니
5 왕이 그에게 이르되 무슨 일이냐
하니라 대답하되 나는 진정으로 과
부니이다 남편은 죽고
6 이 여종에게 아들 둘이 있더니 그
들이 들에서 싸우나 그들을 말리는
사람이 아무도 없으므로 한 아이가
다른 아이를 쳐죽인지라
7 온 족속이 일어나서 당신의 여종 나
를 핍박하여 말하기를 그의 동생을
쳐죽인 자를 내놓으라 우리가 그의
동생 죽인 죄를 갚아 그를 죽여 상
속자 될 것까지 끊겠노라 하오니 그
러한즉 그들이 내게 남아 있는 숯불
을 꺼서 내 남편의 이름과 씨를 세
상에 남겨두지 아니하겠나이다 하니
8 왕이 여인에게 이르되 네 집으로
가라 내가 너를 위하여 명령을 내
리리라 하는지라
9 드고아 여인이 왕께 아뢰되 내 주
왕이여 그 죄는 나와 내 아버지의
집으로 돌릴 것이니 왕과 왕위는 허
물이 없으리이다
10 왕이 이르되 누구든지 네게 말하는
자를 내게로 데려오라 그가 다시는
너를 건드리지도 못하리라 하니라
11 여인이 이르되 청하건대 왕은 왕의
하나님 여호와를 기억하사 원수 갚는

기록일 : . . .

자가 더 죽이지 못하게 하옵소서
내 아들을 죽일까 두렵나이다 하니
왕이 이르되 야훼께서 살아 계심을
두고 맹세하노니 네 아들의 머리카
락 하나도 땅에 떨어지지 아니하리
라 하니라
12 여인이 이르되 청하건대 당신의 여
종을 용납하여 한 말씀을 내 주 왕
께 여쭙게 하옵소서 하니 그가 이
르되 말하라 하니라
13 여인이 이르되 그러면 어찌하여 왕
께서 하나님의 백성에게 대하여 이
같은 생각을 하셨나이까 이 말씀을
하심으로 왕께서 죄 있는 사람 같
이 되심은 그 내쫓긴 자를 왕께서
집으로 돌아오게 하지 아니하심이
니이다
14 우리는 필경 죽으리니 땅에 쏟아
진 물을 다시 담지 못함 같을 것이
오나 하나님은 생명을 빼앗지 아니
하시고 방책을 베푸사 내쫓긴 자가
하나님께 버린 자가 되지 아니하게
하시나이다
15 이제 내가 와서 내 주 왕께 이 말씀
을 여쭙는 것은 백성들이 나를 두
렵게 하므로 당신의 여종이 스스로
말하기를 내가 왕께 여쭈오면 혹시
종이 청하는 것을 왕께서 시행하실
것이라
16 왕께서 들으시고 나와 내 아들을
함께 하나님의 기업에서 끊을 자의
손으로부터 주의 종을 구원하시리
라 함이니이다
17 당신의 여종이 또 스스로 말하기를
내 주 왕의 말씀이 나의 위로가 되
기를 원한다 하였사오니 이는 내
주 왕께서 하나님의 사자 같이 선
과 악을 분간하심이니이다 원하건
대 왕의 하나님 야훼께서 왕과 같
이 계시옵소서
18 왕이 그 여인에게 대답하여 이르되
바라노니 내가 네게 묻는 것을 내
게 숨기지 말라 여인이 이르되 내
주 왕은 말씀하옵소서
19 왕이 이르되 이 모든 일에 요압
이 너와 함께 하였느냐 하니 여인
이 대답하여 이르되 내 주 왕의 살
아 계심을 두고 맹세하옵나니 내
주 왕의 말씀을 좌로나 우로나 옮
길 자가 없으리이다 왕의 종 요압
이 내게 명령하였고 그가 이 모든
말을 왕의 여종의 입에 넣어 주었
사오니
20 이는 왕의 종 요압이 이 일의 형편
을 바꾸려 하여 이렇게 함이니이다
내 주 왕의 지혜는 하나님의 사자
의 지혜와 같아서 땅에 있는 일을
다 아시나이다 하니라
21 왕이 요압에게 이르되 내가 이 일
을 허락하였으니 가서 청년 압살롬

을 데려오라 하니라
22 요압이 땅에 엎드려 절하고 왕을
위하여 복을 빌고 요압이 이르되
내 주 왕이여 종의 구함을 왕이 허
락하시니 종이 왕 앞에서 은혜 입
은 줄을 오늘 아나이다 하고
23 요압이 일어나 그술로 가서 압살롬
을 데리고 예루살렘으로 오니
24 왕이 이르되 그를 그의 집으로 물러
가게 하여 내 얼굴을 볼 수 없게 하
라 하매 압살롬이 자기 집으로 돌아
가고 왕의 얼굴을 보지 못하니라
25 온 이스라엘 가운데에서 압살롬 같
이 아름다움으로 크게 칭찬 받는
자가 없었으니 그는 발바닥부터 정
수리까지 흠이 없음이라
26 그의 머리털이 무거우므로 연말마
다 깎았으며 그의 머리 털을 깎을
때에 그것을 달아본즉 그의 머리털
이 왕의 저울로 이백 세겔이었더라
27 압살롬이 아들 셋과 딸 하나를 낳
았는데 딸의 이름은 다말이라 그는
얼굴이 아름다운 여자더라
28 압살롬이 이태 동안 예루살렘에
있으되 왕의 얼굴을 보지 못하였으
므로
29 압살롬이 요압을 왕께 보내려 하여
압살롬이 요압에게 사람을 보내 부
르되 그에게 오지 아니하고 또 다시
그에게 보내되 오지 아니하는지라
30 압살롬이 자기의 종들에게 이르되
보라 요압의 밭이 내 밭 근처에 있
고 거기 보리가 있으니 가서 불을
지르라 하니라 압살롬의 종들이 그
밭에 불을 질렀더니
31 요압이 일어나 압살롬의 집으로 가
서 그에게 이르되 어찌하여 네 종
들이 내 밭에 불을 질렀느냐 하니
32 압살롬이 요압에게 대답하되 내가
일찍이 사람을 네게 보내 너를 이
리로 오라고 청한 것은 내가 너를
왕께 보내 아뢰게 하기를 어찌하여
내가 그술에서 돌아오게 되었나이
까 이 때까지 거기에 있는 것이 내
게 나았으리이다 하려 함이로라 이
제는 네가 나로 하여금 왕의 얼굴
을 볼 수 있게 하라 내가 만일 죄가
있으면 왕이 나를 죽이시는 것이 옳
으니라 하는지라
33 요압이 왕께 나아가서 그에게 아뢰
매 왕이 압살롬을 부르니 그가 왕
께 나아가 그 앞에서 얼굴을 땅에
대어 그에게 절하매 왕이 압살롬과
입을 맞추니라

15 그 후에 압살롬이 자기를 위하여
병거와 말들을 준비하고 호위병 오
십 명을 그 앞에 세우니라
2 압살롬이 일찍이 일어나 성문 길 곁
에 서서 어떤 사람이든지 송사가
있어 왕에게 재판을 청하러 올 때

기록일 : . . .

에 그 사람을 불러 이르되 너는 어
느 성읍 사람이냐 하니 그 사람의
대답이 종은 이스라엘 아무 지파에
속하였나이다 하면
3 압살롬이 그에게 이르기를 보라 네
일이 옳고 바르다마는 네 송사를
들을 사람을 왕께서 세우지 아니하
셨다 하고
4 또 압살롬이 이르기를 내가 이 땅
에서 재판관이 되고 누구든지 송사
나 재판할 일이 있어 내게로 오는
자에게 내가 정의 베풀기를 원하노
라 하고
5 사람이 가까이 와서 그에게 절하려
하면 압살롬이 손을 펴서 그 사람
을 붙들고 그에게 입을 맞추니
6 이스라엘 무리 중에 왕께 재판을
청하러 오는 자들마다 압살롬의 행
함이 이와 같아서 이스라엘 사람의
마음을 압살롬이 훔치니라
7 사 년 만에 압살롬이 왕께 아뢰되
내가 야훼께 서원한 것이 있사오니
청하건대 내가 헤브론에 가서 그
서원을 이루게 하소서
8 당신의 종이 아람 그술에 있을 때
에 서원하기를 만일 야훼께서 반드
시 나를 예루살렘으로 돌아가게 하
시면 내가 야훼를 섬기리이다 하였
나이다
9 왕이 그에게 이르되 평안히 가라 하
니 그가 일어나 헤브론으로 가니라
10 이에 압살롬이 정탐을 이스라엘 모
든 지파 가운데에 두루 보내 이르
기를 너희는 나팔 소리를 듣거든
곧 말하기를 압살롬이 헤브론에서
왕이 되었다 하라 하니라
11 그 때 청함을 받은 이백 명이 압살
롬과 함께 예루살렘에서부터 헤브
론으로 내려갔으니 그들은 압살롬
이 꾸민 그 모든 일을 알지 못하고
그저 따라가기만 한 사람들이라
12 제사 드릴 때에 압살롬이 사람을
보내 다윗의 모사 길로 사람 아히
도벨을 그의 성읍 길로에서 청하여
온지라 반역하는 일이 커가매 압살
롬에게로 돌아오는 백성이 많아지
니라
13 전령이 다윗에게 와서 말하되 이스
라엘의 인심이 다 압살롬에게로 돌
아갔나이다 한지라
14 다윗이 예루살렘에 함께 있는 그
의 모든 신하들에게 이르되 일어나
도망하자 그렇지 아니하면 우리 중
한 사람도 압살롬에게서 피하지 못
하리라 빨리 가자 두렵건대 그가
우리를 급히 따라와 우리를 해하고
칼날로 성읍을 칠까 하노라
15 왕의 신하들이 왕께 이르되 우리
주 왕께서 하고자 하시는 대로 우
리가 행하리이다 보소서 당신의 종

들이니이다 하더라
16 왕이 나갈 때에 그의 가족을 다 따
르게 하고 후궁 열 명을 왕이 남겨
두어 왕궁을 지키게 하니라
17 왕이 나가매 모든 백성이 다 따라
서 벧메르학에 이르러 멈추어 서니
18 그의 모든 신하들이 그의 곁으로
지나가고 모든 그렛 사람과 모든
블렛 사람과 및 왕을 따라 가드에
서 온 모든 가드 사람 육백 명이 왕
앞으로 행진하니라
19 그 때에 왕이 가드 사람 잇대에게
이르되 어찌하여 너도 우리와 함께
가느냐 너는 쫓겨난 나그네이니 돌
아가서 왕과 함께 네 곳에 있으라
20 너는 어제 왔고 나는 정처 없이 가
니 오늘 어찌 너를 우리와 함께 떠
돌아다니게 하리요 너도 돌아가고
네 동포들도 데려가라 은혜와 진리
가 너와 함께 있기를 원하노라 하
니라
21 잇대가 왕께 대답하여 이르되 야훼
의 살아 계심과 내 주 왕의 살아 계
심으로 맹세하옵나니 진실로 내 주
왕께서 어느 곳에 계시든지 사나
죽으나 종도 그 곳에 있겠나이다
하니
22 다윗이 잇대에게 이르되 앞서 건너
가라 하매 가드 사람 잇대와 그의
수행자들과 그와 함께 한 아이들이
다 건너가고
23 온 땅 사람이 큰 소리로 울며 모든
백성이 앞서 건너가매 왕도 기드론
시내를 건너가니 건너간 모든 백성
이 광야 길로 향하니라
24 보라 사독과 그와 함께 한 모든 레
위 사람도 하나님의 언약궤를 메어
다가 하나님의 궤를 내려놓고 아비
아달도 올라와서 모든 백성이 성에
서 나오기를 기다리도다
25 왕이 사독에게 이르되 보라 하나님
의 궤를 성읍으로 도로 메어 가라
만일 내가 야훼 앞에서 은혜를 입
으면 도로 나를 인도하사 내게 그
궤와 그 계신 데를 보이시리라
26 그러나 그가 이와 같이 말씀하시기
를 내가 너를 기뻐하지 아니한다
하시면 종이 여기 있사오니 선히 여
기시는 대로 내게 행하시옵소서 하
리라
27 왕이 또 제사장 사독에게 이르되
네가 선견자가 아니냐 너는 너희의
두 아들 곧 네 아들 아히마아스와
아비아달의 아들 요나단을 데리고
평안히 성읍으로 돌아가라
28 너희에게서 내게 알리는 소식이 올
때까지 내가 광야 나루터에서 기다
리리라 하니라
29 사독과 아비아달이 하나님의 궤를
예루살렘으로 도로 메어다 놓고 거

기록일 : . . .

기 머물러 있으니라
30 다윗이 감람 산 길로 올라갈 때에
그의 머리를 그가 가리고 맨발로
울며 가고 그와 함께 가는 모든 백
성들도 각각 자기의 머리를 가리고
울며 올라가니라
31 어떤 사람이 다윗에게 알리되 압살
롬과 함께 모반한 자들 가운데 아히
도벨이 있나이다 하니 다윗이 이르
되 여호와여 원하옵건대 아히도벨의
모략을 어리석게 하옵소서 하니라
32 다윗이 하나님을 경배하는 마루턱
에 이를 때에 아렉 사람 후새가 옷
을 찢고 흙을 머리에 덮어쓰고 다
윗을 맞으러 온지라
33 다윗이 그에게 이르되 네가 만일
나와 함께 나아가면 내게 누를 끼
치리라
34 그러나 네가 만일 성읍으로 돌아가
서 압살롬에게 말하기를 왕이여 내
가 왕의 종이니이다 전에는 내가
왕의 아버지의 종이었더니 이제는
내가 왕의 종이니이다 하면 네가
나를 위하여 아히도벨의 모략을 패
하게 하리라
35 사독과 아비아달 두 제사장이 너와
함께 거기 있지 아니하냐 네가 왕
의 궁중에서 무엇을 듣든지 사독과
아비아달 두 제사장에게 알리라
36 그들의 두 아들 곧 사독의 아히마
아스와 아비아달의 요나단이 그들
과 함께 거기 있나니 너희가 듣는
모든 것을 그들 편에 내게 소식을
알릴지니라 하는지라
37 다윗의 친구 후새가 곧 성읍으로
들어가고 압살롬도 예루살렘으로
들어갔더라

16 다윗이 마루턱을 조금 지나니 므
비보셋의 종 시바가 안장 지운 두
나귀에 떡 이백 개와 건포도 백 송
이와 여름 과일 백 개와 포도주 한
가죽부대를 싣고 다윗을 맞는지라
2 왕이 시바에게 이르되 네가 무슨
뜻으로 이것을 가져왔느냐 하니 시
바가 이르되 나귀는 왕의 가족들이
타게 하고 떡과 과일은 청년들이
먹게 하고 포도주는 들에서 피곤한
자들에게 마시게 하려 함이니이다
3 왕이 이르되 네 주인의 아들이 어디
있느냐 하니 시바가 왕께 아뢰되
예루살렘에 있는데 그가 말하기를
이스라엘 족속이 오늘 내 아버지의
나라를 내게 돌리리라 하나이다 하
는지라
4 왕이 시바에게 이르되 므비보셋에
게 있는 것이 다 네 것이니라 하니
라 시바가 이르되 내가 절하나이다
내 주 왕이여 내가 왕 앞에서 은혜
를 입게 하옵소서 하니라
5 다윗 왕이 바후림에 이르매 거기서

기록일 : . . .

사울의 친족 한 사람이 나오니 게
라의 아들이요 이름은 시므이라 그
가 나오면서 계속하여 저주하고
6 또 다윗과 다윗 왕의 모든 신하들
을 향하여 돌을 던지니 그 때에 모
든 백성과 용사들은 다 왕의 좌우
에 있었더라
7 시므이가 저주하는 가운데 이와 같
이 말하니라 피를 흘린 자여 사악
한 자여 가거라 가거라
8 사울의 족속의 모든 피를 야훼께서
네게로 돌리셨도다 그를 이어서 네
가 왕이 되었으나 야훼께서 나라를
네 아들 압살롬의 손에 넘기셨도다
보라 너는 피를 흘린 자이므로 화
를 자초하였느니라 하는지라
9 스루야의 아들 아비새가 왕께 여짜
오되 이 죽은 개가 어찌 내 주 왕을
저주하리이까 청하건대 내가 건너
가서 그의 머리를 베게 하소서 하니
10 왕이 이르되 스루야의 아들들아 내
가 너희와 무슨 상관이 있느냐 그
가 저주하는 것은 야훼께서 그에게
다윗을 저주하라 하심이니 네가 어
찌 그리하였느냐 할 자가 누구겠느
냐 하고
11 또 다윗이 아비새와 모든 신하들에
게 이르되 내 몸에서 난 아들도 내
생명을 해하려 하거든 하물며 이
베냐민 사람이랴 야훼께서 그에게
명령하신 것이니 그가 저주하게 버
려두라
12 혹시 야훼께서 나의 원통함을 감찰
하시리니 오늘 그 저주 때문에 야
훼께서 선으로 내게 갚아 주시리라
하고
13 다윗과 그의 추종자들이 길을 갈
때에 시므이는 산비탈로 따라가면
서 저주하고 그를 향하여 돌을 던
지며 먼지를 날리더라
14 왕과 그와 함께 있는 백성들이 다
피곤하여 한 곳에 이르러 거기서 쉬
니라
15 압살롬과 모든 이스라엘 백성들이
예루살렘에 이르고 아히도벨도 그
와 함께 이른지라
16 다윗의 친구 아렉 사람 후새가 압
살롬에게 나갈 때에 그에게 말하기
를 왕이여 만세, 왕이여 만세 하니
17 압살롬이 후새에게 이르되 이것이
네가 친구를 후대하는 것이냐 네가
어찌하여 네 친구와 함께 가지 아
니하였느냐 하니
18 후새가 압살롬에게 이르되 그렇지
아니하니이다 내가 야훼와 이 백성
모든 이스라엘의 택한 자에게 속하
여 그와 함께 있을 것이니이다
19 또 내가 이제 누구를 섬기리이까
그의 아들이 아니니이까 내가 전에
왕의 아버지를 섬긴 것 같이 왕을

기록일 : . . .

섬기리이다 하니라
20 압살롬이 아히도벨에게 이르되 너
는 어떻게 행할 계략을 우리에게
가르치라 하니
21 아히도벨이 압살롬에게 이르되 왕
의 아버지가 남겨 두어 왕궁을 지키
게 한 후궁들과 더불어 동침하소서
그리하면 왕께서 왕의 아버지가 미
워하는 바 됨을 온 이스라엘이 들으
리니 왕과 함께 있는 모든 사람의
힘이 더욱 강하여지리이다 하니라
22 이에 사람들이 압살롬을 위하여 옥
상에 장막을 치니 압살롬이 온 이
스라엘 무리의 눈앞에서 그 아버지
의 후궁들과 더불어 동침하니라
23 그 때에 아히도벨이 베푸는 계략은
사람이 하나님께 물어서 받은 말씀
과 같은 것이라 아히도벨의 모든
계략은 다윗에게나 압살롬에게나
그와 같이 여겨졌더라
17 아히도벨이 또 압살롬에게 이르
되 이제 내가 사람 만 이천 명을 택
하게 하소서 오늘 밤에 내가 일어
나서 다윗의 뒤를 추적하여
2 그가 곤하고 힘이 빠졌을 때에 기
습하여 그를 무섭게 하면 그와 함
께 있는 모든 백성이 도망하리니
내가 다윗 왕만 쳐죽이고
3 모든 백성이 당신께 돌아오게 하리
니 모든 사람이 돌아오기는 왕이 찾
는 이 사람에게 달렸음이라 그리하
면 모든 백성이 평안하리이다 하니
4 압살롬과 이스라엘 장로들이 다 그
말을 옳게 여기더라
5 압살롬이 이르되 아렉 사람 후새도
부르라 우리가 이제 그의 말도 듣
자 하니라
6 후새가 압살롬에게 이르매 압살롬
이 그에게 말하여 이르되 아히도벨
이 이러이러하게 말하니 우리가 그
말대로 행하랴 그렇지 아니하거든
너는 말하라 하니
7 후새가 압살롬에게 이르되 이번에
는 아히도벨이 베푼 계략이 좋지
아니하니이다 하고
8 또 후새가 말하되 왕도 아시거니와
왕의 아버지와 그의 추종자들은 용
사라 그들은 들에 있는 곰이 새끼
를 빼앗긴 것 같이 격분하였고 왕
의 부친은 전쟁에 익숙한 사람인즉
백성과 함께 자지 아니하고
9 지금 그가 어느 굴에나 어느 곳
에 숨어 있으리니 혹 무리 중에 몇
이 먼저 엎드러지면 그 소문을 듣
는 자가 말하기를 압살롬을 따르
는 자 가운데에서 패함을 당하였
다 할지라
10 비록 그가 사자 같은 마음을 가진
용사의 아들일지라도 낙심하리니
이는 이스라엘 무리가 왕의 아버지

는 영웅이요 그의 추종자들도 용사
인 줄 앎이니이다
11 나는 이렇게 계략을 세웠나이다 온
이스라엘을 단부터 브엘세바까지
바닷가의 많은 모래 같이 당신께로
모으고 친히 전장에 나가시고
12 우리가 그 만날 만한 곳에서 그를
기습하기를 이슬이 땅에 내림 같이
우리가 그의 위에 덮여 그와 그 함
께 있는 모든 사람을 하나도 남겨
두지 아니할 것이요
13 또 만일 그가 어느 성에 들었으면
온 이스라엘이 밧줄을 가져다가 그
성을 강으로 끌어들여서 그 곳에
작은 돌 하나도 보이지 아니하게
할 것이니이다 하매
14 압살롬과 온 이스라엘 사람들이 이
르되 아렉 사람 후새의 계략은 아
히도벨의 계략보다 낫다 하니 이는
야훼께서 압살롬에게 화를 내리려
하사 아히도벨의 좋은 계략을 물리
치라고 명령하셨음이더라
15 이에 후새가 사독과 아비아달 두
제사장에게 이르되 아히도벨이 압
살롬과 이스라엘 장로들에게 이러
이러하게 계략을 세웠고 나도 이러
이러하게 계략을 세웠으니
16 이제 너희는 빨리 사람을 보내 다
윗에게 전하기를 오늘밤에 광야 나
루터에서 자지 말고 아무쪼록 건너
가소서 하라 혹시 왕과 그를 따르
는 모든 백성이 몰사할까 하노라
하니라
17 그 때에 요나단과 아히마아스가 사
람이 볼까 두려워하여 감히 성에
들어가지 못하고 에느로겔 가에 머
물고 어떤 여종은 그들에게 나와서
말하고 그들은 가서 다윗 왕에게
알리더니
18 한 청년이 그들을 보고 압살롬에게
알린지라 그 두 사람이 빨리 달려
서 바후림 어떤 사람의 집으로 들
어가서 그의 뜰에 있는 우물 속으
로 내려가니
19 그 집 여인이 덮을 것을 가져다가
우물 아귀를 덮고 찧은 곡식을 그
위에 널매 전혀 알지 못하더라
20 압살롬의 종들이 그 집에 와서 여
인에게 묻되 아히마아스와 요나단
이 어디 있느냐 하니 여인이 그들에
게 이르되 그들이 시내를 건너가더
라 하니 그들이 찾아도 만나지 못
하고 예루살렘으로 돌아가니라
21 그들이 간 후에 두 사람이 우물에
서 올라와서 다윗 왕에게 가서 다
윗 왕에게 말하여 이르되 당신들은
일어나 빨리 물을 건너가소서 아히
도벨이 당신들을 해하려고 이러이
러하게 계략을 세웠나이다
22 다윗이 일어나 모든 백성과 함께

기록일 : . . .

요단을 건널새 새벽까지 한 사람도
요단을 건너지 못한 자가 없었더라
23 아히도벨이 자기 계략이 시행되지
못함을 보고 나귀에 안장을 지우고
일어나 고향으로 돌아가 자기 집에
이르러 집을 정리하고 스스로 목매
어 죽으매 그의 조상의 묘에 장사
되니라
24 이에 다윗은 마하나임에 이르고 압
살롬은 모든 이스라엘 사람과 함께
요단을 건너니라
25 압살롬이 아마사로 요압을 대신하
여 군지휘관으로 삼으니라 아마사
는 이스라엘 사람 이드라라 하는
자의 아들이라 이드라가 나하스의
딸 아비갈과 동침하여 그를 낳았으
며 아비갈은 요압의 어머니 스루야
의 동생이더라
26 이에 이스라엘 무리와 압살롬이 길
르앗 땅에 진 치니라
27 다윗이 마하나임에 이르렀을 때에
암몬 족속에게 속한 랍바 사람 나
하스의 아들 소비와 로데발 사람
암미엘의 아들 마길과 로글림 길르
앗 사람 바르실래가
28 침상과 대야와 질그릇과 밀과 보리
와 밀가루와 볶은 곡식과 콩과 팥
과 볶은 녹두와
29 꿀과 버터와 양과 치즈를 가져다가
다윗과 그와 함께 한 백성에게 먹
게 하였으니 이는 그들 생각에 백
성이 들에서 시장하고 곤하고 목마
르겠다 함이더라

18 이에 다윗이 그와 함께 한 백성을
찾아가서 천부장과 백부장을 그들
위에 세우고
2 다윗이 그의 백성을 내보낼새 삼분
의 일은 요압의 휘하에, 삼분의 일
은 스루야의 아들 요압의 동생 아
비새의 휘하에 넘기고 삼분의 일은
가드 사람 잇대의 휘하에 넘기고
왕이 백성에게 이르되 나도 반드시
너희와 함께 나가리라 하니
3 백성들이 이르되 왕은 나가지 마소
서 우리가 도망할지라도 그들은 우
리에게 마음을 쓰지 아니할 터이
요 우리가 절반이나 죽을지라도 우
리에게 마음을 쓰지 아니할 터이라
왕은 우리 만 명보다 중하시오니
왕은 성읍에 계시다가 우리를 도우
심이 좋으니이다 하니라
4 왕이 그들에게 이르되 너희가 좋게
여기는 대로 내가 행하리라 하고 문
곁에 왕이 서매 모든 백성이 백 명
씩 천 명씩 대를 지어 나가는지라
5 왕이 요압과 아비새와 잇대에게 명
령하여 이르되 나를 위하여 젊은
압살롬을 너그러이 대우하라 하니
왕이 압살롬을 위하여 모든 군지휘
관에게 명령할 때에 백성들이 다

기록일 : . . .

들으니라
6 이에 백성이 이스라엘을 치러 들로
나가서 에브라임 수풀에서 싸우더니
7 거기서 이스라엘 백성이 다윗의 부
하들에게 패하매 그 날 그 곳에서
전사자가 많아 이만 명에 이르렀고
8 그 땅에서 사면으로 퍼져 싸웠으므
로 그 날에 수풀에서 죽은 자가 칼
에 죽은 자보다 많았더라
9 압살롬이 다윗의 부하들과 마주치
니라 압살롬이 노새를 탔는데 그
노새가 큰 상수리나무 번성한 가지
아래로 지날 때에 압살롬의 머리가
그 상수리나무에 걸리매 그가 공중
과 그 땅 사이에 달리고 그가 탔던
노새는 그 아래로 빠져나간지라
10 한 사람이 보고 요압에게 알려 이
르되 내가 보니 압살롬이 상수리나
무에 달렸더이다 하니
11 요압이 그 알린 사람에게 이르되
네가 보고 어찌하여 당장에 쳐서
땅에 떨어뜨리지 아니하였느냐 내
가 네게 은 열 개와 띠 하나를 주었
으리라 하는지라
12 그 사람이 요압에게 대답하되 내가
내 손에 은 천 개를 받는다 할지라
도 나는 왕의 아들에게 손을 대지
아니하겠나이다 우리가 들었거니와
왕이 당신과 아비새와 잇대에게 명
령하여 이르시기를 삼가 누구든지
젊은 압살롬을 해하지 말라 하셨나
이다
13 아무 일도 왕 앞에는 숨길 수 없나
니 내가 만일 거역하여 그의 생명을
해하였더라면 당신도 나를 대적하
였으리이다 하니
14 요압이 이르되 나는 너와 같이 지
체할 수 없다 하고 손에 작은 창 셋
을 가지고 가서 상수리나무 가운데
서 아직 살아 있는 압살롬의 심장
을 찌르니
15 요압의 무기를 든 청년 열 명이 압
살롬을 에워싸고 쳐죽이니라
16 요압이 나팔을 불어 백성들에게 그
치게 하니 그들이 이스라엘을 추격
하지 아니하고 돌아오니라
17 그들이 압살롬을 옮겨다가 수풀 가
운데 큰 구멍에 그를 던지고 그 위
에 매우 큰 돌무더기를 쌓으니라
온 이스라엘 무리가 각기 장막으로
도망하니라
18 압살롬이 살았을 때에 자기를 위하
여 한 비석을 마련하여 세웠으니 이
는 그가 자기 이름을 전할 아들이
내게 없다고 말하였음이더라 그러
므로 자기 이름을 기념하여 그 비석
에 이름을 붙였으며 그 비석이 왕의
골짜기에 있고 이제까지 그것을 압
살롬의 기념비라 일컫더라
19 사독의 아들 아히마아스가 이르되

기록일 : . . .

청하건대 내가 빨리 왕에게 가서
야훼께서 왕의 원수 갚아 주신 소
식을 전하게 하소서
20 요압이 그에게 이르되 너는 오늘
소식을 전하는 자가 되지 말고 다
른 날에 전할 것이니라 왕의 아들
이 죽었나니 네가 오늘 소식을 전
하지 못하리라 하고
21 요압이 구스 사람에게 이르되 네가
가서 본 것을 왕께 아뢰라 하매 구
스 사람이 요압에게 절하고 달음질
하여 가니
22 사독의 아들 아히마아스가 다시 요
압에게 이르되 청하건대 아무쪼록
내가 또한 구스 사람의 뒤를 따라
달려가게 하소서 하니 요압이 이르
되 내 아들아 너는 왜 달려가려 하
느냐 이 소식으로 말미암아서는 너
는 상을 받지 못하리라 하되
23 그가 한사코 달려가겠노라 하는지
라 요압이 이르되 그리하라 하니
아히마아스가 들길로 달음질하여
구스 사람보다 앞질러가니라
24 때에 다윗이 두 문 사이에 앉아 있
더라 파수꾼이 성 문 위층에 올라
가서 눈을 들어 보니 어떤 사람이
홀로 달려오는지라
25 파수꾼이 외쳐 왕께 아뢰매 왕이
이르되 그가 만일 혼자면 그의 입
에 소식이 있으리라 할 때에 그가
점점 가까이 오니라
26 파수꾼이 본즉 한 사람이 또 달려
오는지라 파수꾼이 문지기에게 외
쳐 이르되 보라 한 사람이 또 혼자
달려온다 하니 왕이 이르되 그도
소식을 가져오느니라
27 파수꾼이 이르되 내가 보기에는 앞
선 사람의 달음질이 사독의 아들
아히마아스의 달음질과 같으니이다
하니 왕이 이르되 그는 좋은 사람
이니 좋은 소식을 가져오느니라 하
니라
28 아히마아스가 외쳐 왕께 아뢰되 평
강하옵소서 하고 왕 앞에서 얼굴을
땅에 대고 절하며 이르되 왕의 하
나님 야훼를 찬양하리로소이다 그
의 손을 들어 내 주 왕을 대적하는
자들을 넘겨 주셨나이다 하니
29 왕이 이르되 젊은 압살롬은 잘 있
느냐 하니라 아히마아스가 대답하
되 요압이 왕의 종 나를 보낼 때에
크게 소동하는 것을 보았사오나 무
슨 일인지 알지 못하였나이다 하니
30 왕이 이르되 물러나 거기 서 있으라
하매 물러나서 서 있더라
31 구스 사람이 이르러 말하되 내 주
왕께 아뢸 소식이 있나이다 야훼께
서 오늘 왕을 대적하던 모든 원수
를 갚으셨나이다 하니
32 왕이 구스 사람에게 묻되 젊은 압

기록일 : . . .

살롬은 잘 있느냐 구스 사람이 대
답하되 내 주 왕의 원수와 일어나
서 왕을 대적하는 자들은 다 그 청
년과 같이 되기를 원하나이다 하니
33 왕의 마음이 심히 아파 문 위층으
로 올라가서 우니라 그가 올라갈
때에 말하기를 내 아들 압살롬아
내 아들 내 아들 압살롬아 차라리
내가 너를 대신하여 죽었더면, 압살
롬 내 아들아 내 아들아 하였더라

19 어떤 사람이 요압에게 아뢰되 왕
이 압살롬을 위하여 울며 슬퍼하시
나이다 하니
2 왕이 그 아들을 위하여 슬퍼한다
함이 그 날에 백성들에게 들리매
그 날의 승리가 모든 백성에게 슬
픔이 된지라
3 그 날에 백성들이 싸움에 쫓겨 부
끄러워 도망함 같이 가만히 성읍으
로 들어가니라
4 왕이 그의 얼굴을 가리고 큰 소리
로 부르되 내 아들 압살롬아 압살
롬아 내 아들아 내 아들아 하니
5 요압이 집에 들어가서 왕께 말씀
드리되 왕께서 오늘 왕의 생명과
왕의 자녀의 생명과 처첩과 비빈들
의 생명을 구원한 모든 부하들의
얼굴을 부끄럽게 하시니
6 이는 왕께서 미워하는 자는 사랑하
시며 사랑하는 자는 미워하시고 오
늘 지휘관들과 부하들을 멸시하심
을 나타내심이라 오늘 내가 깨달으
니 만일 압살롬이 살고 오늘 우리
가 다 죽었더면 왕이 마땅히 여기실
뻔하였나이다
7 이제 곧 일어나 나가 왕의 부하들
의 마음을 위로하여 말씀하옵소서
내가 야훼를 두고 맹세하옵나니 왕
이 만일 나가지 아니하시면 오늘 밤
에 한 사람도 왕과 함께 머물지 아
니할지라 그리하면 그 화가 왕이 젊
었을 때부터 지금까지 당하신 모든
화보다 더욱 심하리이다 하니
8 왕이 일어나 성문에 앉으매 어떤
사람이 모든 백성에게 말하되 왕
이 문에 앉아 계신다 하니 모든 백
성이 왕 앞으로 나아오니라
이스라엘은 이미 각기 장막으로 도
망하였더라
9 이스라엘 모든 지파 백성들이 변론
하여 이르되 왕이 우리를 원수의
손에서 구원하여 내셨고 또 우리를
블레셋 사람들의 손에서 구원하셨
으나 이제 압살롬을 피하여 그 땅
에서 나가셨고
10 우리가 기름을 부어 우리를 다스리
게 한 압살롬은 싸움에서 죽었거늘
이제 너희가 어찌하여 왕을 도로
모셔 올 일에 잠잠하고 있느냐 하
니라

기록일 : . . .

11 다윗 왕이 사독과 아비아달 두 제
사장에게 소식을 전하여 이르되 너
희는 유다 장로들에게 말하여 이
르기를 왕의 말씀이 온 이스라엘이
왕을 왕궁으로 도로 모셔오자 하는
말이 왕께 들렸거늘 너희는 어찌하
여 왕을 궁으로 모시는 일에 나중
이 되느냐
12 너희는 내 형제요 내 골육이거늘 너
희는 어찌하여 왕을 도로 모셔오는
일에 나중이 되리요 하셨다 하고
13 너희는 또 아마사에게 이르기를 너
는 내 골육이 아니냐 네가 요압을
이어서 항상 내 앞에서 지휘관이 되
지 아니하면 하나님이 내게 벌 위에
벌을 내리시기를 바라노라 하셨다
하라 하여
14 모든 유다 사람들의 마음을 하나
같이 기울게 하매 그들이 왕께 전
갈을 보내어 이르되 당신께서는 모
든 부하들과 더불어 돌아오소서 한
지라
15 왕이 돌아와 요단에 이르매 유다
족속이 왕을 맞아 요단을 건너가게
하려고 길갈로 오니라
16 바후림에 있는 베냐민 사람 게라의
아들 시므이가 급히 유다 사람과 함
께 다윗 왕을 맞으러 내려올 때에
17 베냐민 사람 천 명이 그와 함께 하
고 사울 집안의 종 시바도 그의 아
들 열다섯과 종 스무 명과 더불어
그와 함께 하여 요단 강을 밟고 건
너 왕 앞으로 나아오니라
18 왕의 가족을 건너가게 하며 왕이
좋게 여기는 대로 쓰게 하려 하여
나룻배로 건너가니 왕이 요단을 건
너가게 할 때에 게라의 아들 시므
이가 왕 앞에 엎드려
19 왕께 아뢰되 내 주여 원하건대 내
게 죄를 돌리지 마옵소서 내 주 왕
께서 예루살렘에서 나오시던 날에
종의 패역한 일을 기억하지 마시오
며 왕의 마음에 두지 마옵소서
20 왕의 종 내가 범죄한 줄 아옵기에
오늘 요셉의 온 족속 중 내가 먼저
내려와서 내 주 왕을 영접하나이다
하니
21 스루야의 아들 아비새가 대답하여
이르되 시므이가 야훼의 기름 부으
신 자를 저주하였으니 그로 말미암
아 죽어야 마땅하지 아니하니이까
하니라
22 다윗이 이르되 스루야의 아들들
아 내가 너희와 무슨 상관이 있기
에 너희가 오늘 나의 원수가 되느
냐 오늘 어찌하여 이스라엘 가운데
에서 사람을 죽이겠느냐 내가 오늘
이스라엘의 왕이 된 것을 내가 알
지 못하리요 하고
23 왕이 시므이에게 이르되 네가 죽지

기록일 : . . .

아니하리라 하고 그에게 맹세하니라
24 사울의 손자 므비보셋이 내려와 왕
을 맞으니 그는 왕이 떠난 날부터
평안히 돌아오는 날까지 그의 발을
맵시 내지 아니하며 그의 수염을
깎지 아니하며 옷을 빨지 아니하였
더라
25 예루살렘에서 와서 왕을 맞을 때에
왕이 그에게 물어 이르되 므비보셋
이여 네가 어찌하여 나와 함께 가
지 아니하였더냐 하니
26 대답하되 내 주 왕이여 왕의 종인
나는 다리를 절므로 내 나귀에 안
장을 지워 그 위에 타고 왕과 함께
가려 하였더니 내 종이 나를 속이고
27 종인 나를 내 주 왕께 모함하였나
이다 내 주 왕께서는 하나님의 사
자와 같으시니 왕의 처분대로 하옵
소서
28 내 아버지의 온 집이 내 주 왕 앞에
서는 다만 죽을 사람이 되지 아니
하였나이까 그러나 종을 왕의 상에
서 음식 먹는 자 가운데에 두셨사
오니 내게 아직 무슨 공의가 있어
서 다시 왕께 부르짖을 수 있사오
리이까 하니라
29 왕이 그에게 이르되 네가 어찌하여
또 네 일을 말하느냐 내가 이르노
니 너는 시바와 밭을 나누라 하니
30 므비보셋이 왕께 아뢰되 내 주 왕
께서 평안히 왕궁에 돌아오시게 되
었으니 그로 그 전부를 차지하게
하옵소서 하니라
31 길르앗 사람 바르실래가 왕이 요단
을 건너가게 하려고 로글림에서 내
려와 함께 요단에 이르니
32 바르실래는 매우 늙어 나이가 팔십
세라 그는 큰 부자이므로 왕이 마
하나임에 머물 때에 그가 왕을 공
궤하였더라
33 왕이 바르실래에게 이르되 너는 나
와 함께 건너가자 예루살렘에서 내
가 너를 공궤하리라
34 바르실래가 왕께 아뢰되 내 생명
의 날이 얼마나 있사옵겠기에 어찌
왕과 함께 예루살렘으로 올라가리
이까
35 내 나이가 이제 팔십 세라 어떻게
좋고 흉한 것을 분간할 수 있사오
며 음식의 맛을 알 수 있사오리이
까 이 종이 어떻게 다시 노래하는
남자나 여인의 소리를 알아들을 수
있사오리이까 어찌하여 종이 내 주
왕께 아직도 누를 끼치리이까
36 당신의 종은 왕을 모시고 요단을
건너려는 것뿐이거늘 왕께서 어찌
하여 이같은 상으로 내게 갚으려
하시나이까
37 청하건대 당신의 종을 돌려보내옵
소서 내가 내 고향 부모의 묘 곁에

기록일 : . . .

서 죽으려 하나이다 그러나 왕의
종 김함이 여기 있사오니 청하건대
그가 내 주 왕과 함께 건너가게 하
시옵고 왕의 처분대로 그에게 베푸
소서 하니라
38 왕이 대답하되 김함이 나와 함께
건너가리니 나는 네가 좋아하는 대
로 그에게 베풀겠고 또 네가 내게
구하는 것은 다 너를 위하여 시행
하리라 하니라
39 백성이 다 요단을 건너매 왕도 건너
가서 왕이 바르실래에게 입을 맞추
고 그에게 복을 비니 그가 자기 곳
으로 돌아가니라
40 왕이 길갈로 건너오고 김함도 함께
건너오니 온 유다 백성과 이스라엘
백성의 절반이나 왕과 함께 건너니라
41 온 이스라엘 사람이 왕께 나아와
왕께 아뢰되 우리 형제 유다 사람
들이 어찌 왕을 도둑하여 왕과 왕
의 집안과 왕을 따르는 모든 사람
을 인도하여 요단을 건너가게 하였
나이까 하매
42 모든 유다 사람이 이스라엘 사람
에게 대답하되 왕은 우리의 종친인
까닭이라 너희가 어찌 이 일에 대
하여 분 내느냐 우리가 왕의 것을
조금이라도 얻어 먹었느냐 왕께서
우리에게 선물로 주신 것이 있느냐
43 이스라엘 사람이 유다 사람에게 대
답하여 이르되 우리는 왕에 대하여
열 몫을 가졌으니 다윗에게 대하여
너희보다 더욱 관계가 있거늘 너희
가 어찌 우리를 멸시하여 우리 왕
을 모셔 오는 일에 먼저 우리와 의
논하지 아니하였느냐 하나 유다 사
람의 말이 이스라엘 사람의 말보다
더 강경하였더라

20 마침 거기에 불량배 하나가 있으
니 그의 이름은 세바인데 베냐민
사람 비그리의 아들이었더라 그가
나팔을 불며 이르되 우리는 다윗과
나눌 분깃이 없으며 이새의 아들에
게서 받을 유산이 우리에게 없도다
이스라엘아 각각 장막으로 돌아가
라 하매
2 이에 온 이스라엘 사람들이 다윗
따르기를 그치고 올라가 비그리의
아들 세바를 따르나 유다 사람들은
그들의 왕과 합하여 요단에서 예루
살렘까지 따르니라
3 다윗이 예루살렘 본궁에 이르러 전
에 머물러 왕궁을 지키게 한 후궁
열 명을 잡아 별실에 가두고 먹을
것만 주고 그들에게 관계하지 아
니하니 그들이 죽는 날까지 갇혀서
생과부로 지내니라
4 왕이 아마사에게 이르되 너는 나를
위하여 삼 일 내로 유다 사람을 큰
소리로 불러 모으고 너도 여기 있으

라 하니라
5 아마사가 유다 사람을 모으러 가더
니 왕이 정한 기일에 지체된지라
6 다윗이 이에 아비새에게 이르되 이
제 비그리의 아들 세바가 압살롬보
다 우리를 더 해하리니 너는 네 주
의 부하들을 데리고 그의 뒤를 쫓
아가라 그가 견고한 성읍에 들어가
우리들을 피할까 염려하노라 하매
7 요압을 따르는 자들과 그렛 사람
들과 블렛 사람들과 모든 용사들
이 다 아비새를 따라 비그리의 아
들 세바를 뒤쫓으려고 예루살렘에
서 나와
8 기브온 큰 바위 곁에 이르매 아마
사가 맞으러 오니 그 때에 요압이
군복을 입고 띠를 띠고 칼집에 꽂
은 칼을 허리에 맸는데 그가 나아
갈 때에 칼이 빠져 떨어졌더라
9 요압이 아마사에게 이르되 내 형은
평안하냐 하며 오른손으로 아마사
의 수염을 잡고 그와 입을 맞추려
는 체하매
10 아마사가 요압의 손에 있는 칼은
주의하지 아니한지라 요압이 칼로
그의 배를 찌르매 그의 창자가 땅
에 쏟아지니 그를 다시 치지 아니
하여도 죽으니라 요압과 그의 동생
아비새가 비그리의 아들 세바를 뒤
쫓을새
11 요압의 청년 중 하나가 아마사 곁
에 서서 이르되 요압을 좋아하는
자가 누구이며 요압을 따라 다윗을
위하는 자는 누구냐 하니
12 아마사가 길 가운데 피 속에 놓여
있는지라 그 청년이 모든 백성이 서
있는 것을 보고 아마사를 큰길에서
부터 밭으로 옮겼으나 거기에 이르
는 자도 다 멈추어 서는 것을 보고
옷을 그 위에 덮으니라
13 아마사를 큰길에서 옮겨가매 사람
들이 다 요압을 따라 비그리의 아
들 세바를 뒤쫓아가니라
14 세바가 이스라엘 모든 지파 가운데
두루 다녀서 아벨과 벧마아가와 베
림 온 땅에 이르니 그 무리도 다 모
여 그를 따르더라
15 이에 그들이 벧마아가 아벨로 가서
세바를 에우고 그 성읍을 향한 지
역 언덕 위에 토성을 쌓고 요압과
함께 한 모든 백성이 성벽을 쳐서
헐고자 하더니
16 그 성읍에서 지혜로운 여인 한 사
람이 외쳐 이르되 들을지어다 들을
지어다 청하건대 너희는 요압에게
이르기를 이리로 가까이 오라 내가
네게 말하려 하노라 한다 하라
17 요압이 그 여인에게 가까이 가니
여인이 이르되 당신이 요압이니이
까 하니 대답하되 그러하다 하니라

기록일 : . . .

여인이 그에게 이르되 여종의 말을
들으소서 하니 대답하되 내가 들으
리라 하니라
18 여인이 말하여 이르되 옛 사람들이
흔히 말하기를 아벨에게 가서 물을
것이라 하고 그 일을 끝내었나이다
19 나는 이스라엘의 화평하고 충성된
자 중 하나이거늘 당신이 이스라엘
가운데 어머니 같은 성을 멸하고자
하시는도다 어찌하여 당신이 야훼의
기업을 삼키고자 하시나이까 하니
20 요압이 대답하여 이르되 결단코 그
렇지 아니하다 결단코 그렇지 아니
하다 삼키거나 멸하거나 하려 함이
아니니
21 그 일이 그러한 것이 아니니라 에브
라임 산지 사람 비그리의 아들 그
의 이름을 세바라 하는 자가 손을
들어 왕 다윗을 대적하였나니 너희
가 그만 내주면 내가 이 성벽에서
떠나가리라 하니라 여인이 요압에
게 이르되 그의 머리를 성벽에서 당
신에게 내어던지리이다 하고
22 이에 여인이 그의 지혜를 가지고 모
든 백성에게 나아가매 그들이 비그
리의 아들 세바의 머리를 베어 요
압에게 던진지라 이에 요압이 나팔
을 불매 무리가 흩어져 성읍에서
물러나 각기 장막으로 돌아가고 요
압은 예루살렘으로 돌아와 왕에게
나아가니라
23 요압은 이스라엘 온 군대의 지휘관
이 되고 여호야다의 아들 브나야는
그렛 사람과 블렛 사람의 지휘관이
되고
24 아도람은 감역관이 되고 아힐룻의
아들 여호사밧은 사관이 되고
25 스와는 서기관이 되고 사독과 아비
아달은 제사장이 되고
26 야일 사람 이라는 다윗의 대신이
되니라

21

다윗의 시대에 해를 거듭하여 삼
년 기근이 있으므로 다윗이 야훼
앞에 간구하매 야훼께서 이르시되
이는 사울과 피를 흘린 그의 집으
로 말미암음이니 그가 기브온 사람
을 죽였음이니라 하시니라
2 기브온 사람은 이스라엘 족속이 아
니요 그들은 아모리 사람 중에서
남은 자라 이스라엘 족속들이 전에
그들에게 맹세하였거늘 사울이 이
스라엘과 유다 족속을 위하여 열심
이 있으므로 그들을 죽이고자 하였
더라 이에 왕이 기브온 사람을 불
러 그들에게 물으니라
3 다윗이 그들에게 묻되 내가 너희를
위하여 어떻게 하랴 내가 어떻게
속죄하여야 너희가 야훼의 기업을
위하여 복을 빌겠느냐 하니
4 기브온 사람이 그에게 대답하되 사

기록일 : . . .

울과 그의 집과 우리 사이의 문제
는 은금에 있지 아니하오며 이스라
엘 가운데에서 사람을 죽이는 문제
도 우리에게 있지 아니하니이다 하
니라 왕이 이르되 너희가 말하는
대로 시행하리라
5 그들이 왕께 아뢰되 우리를 학살하
였고 또 우리를 멸하여 이스라엘 영
토 내에 머물지 못하게 하려고 모
해한 사람의
6 자손 일곱 사람을 우리에게 내주
소서 야훼께서 택하신 사울의 고을
기브아에서 우리가 그들을 야훼 앞
에서 목 매어 달겠나이다 하니 왕
이 이르되 내가 내주리라 하니라
7 그러나 다윗과 사울의 아들 요나단
사이에 서로 야훼를 두고 맹세한 것
이 있으므로 왕이 사울의 손자 요나
단의 아들 므비보셋은 아끼고
8 왕이 이에 아야의 딸 리스바에게
서 난 자 곧 사울의 두 아들 알모
니와 므비보셋과 사울의 딸 메랍
에게서 난 자 곧 므홀랏 사람 바르
실래의 아들 아드리엘의 다섯 아
들을 붙잡아
9 그들을 기브온 사람의 손에 넘기
니 기브온 사람이 그들을 산 위에
서 야훼 앞에 목 매어 달매 그들 일
곱 사람이 동시에 죽으니 죽은 때
는 곡식 베는 첫날 곧 보리를 베기
시작하는 때더라
10 아야의 딸 리스바가 굵은 베를 가
져다가 자기를 위하여 바위 위에
펴고 곡식 베기 시작할 때부터 하
늘에서 비가 시체에 쏟아지기까지
그 시체에 낮에는 공중의 새가 앉
지 못하게 하고 밤에는 들짐승이
범하지 못하게 한지라
11 이에 아야의 딸 사울의 첩 리스바
가 행한 일이 다윗에게 알려지매
12 다윗이 가서 사울의 뼈와 그의 아
들 요나단의 뼈를 길르앗 야베스
사람에게서 가져가니 이는 전에 블
레셋 사람들이 사울을 길보아에서
죽여 블레셋 사람들이 벧산 거리에
매단 것을 그들이 가만히 가져온
것이라
13 다윗이 그 곳에서 사울의 뼈와 그
의 아들 요나단의 뼈를 가지고 올
라오매 사람들이 그 달려 죽은 자
들의 뼈를 거두어다가
14 사울과 그의 아들 요나단의 뼈와
함께 베냐민 땅 셀라에서 그의 아
버지 기스의 묘에 장사하되 모두
왕의 명령을 따라 행하니라 그 후
에야 하나님이 그 땅을 위한 기도
를 들으시니라
15 블레셋 사람이 다시 이스라엘을 치
거늘 다윗이 그의 부하들과 함께
내려가서 블레셋 사람과 싸우더니

기록일 : . . .

다윗이 피곤하매
16 거인족의 아들 중에 무게가 삼백 세
겔 되는 놋 창을 들고 새 칼을 찬 이
스비브놉이 다윗을 죽이려 하므로
17 스루야의 아들 아비새가 다윗을 도
와 그 블레셋 사람들을 쳐죽이니
그 때에 다윗의 추종자들이 그에게
맹세하여 이르되 왕은 다시 우리와
함께 전장에 나가지 마옵소서 이스
라엘의 등불이 꺼지지 말게 하옵소
서 하니라
18 그 후에 다시 블레셋 사람과 곱에
서 전쟁할 때에 후사 사람 십브개
는 거인족의 아들 중의 삽을 쳐죽
였고
19 또 다시 블레셋 사람과 곱에서 전
쟁할 때에 베들레헴 사람 야레오르
김의 아들 엘하난은 가드 골리앗의
아우 라흐미를 죽였는데 그 자의
창 자루는 베틀 채 같았더라
20 또 가드에서 전쟁할 때에 그 곳에
키가 큰 자 하나는 손가락과 발가락
이 각기 여섯 개씩 모두 스물 네 개
가 있는데 그도 거인족의 소생이라
21 그가 이스라엘 사람을 능욕하므로
다윗의 형 삼마의 아들 요나단이
그를 죽이니라
22 이 네 사람 가드의 거인족의 소생
이 다윗의 손과 그의 부하들의 손
에 다 넘어졌더라

22 야훼께서 다윗을 모든 원수의 손
과 사울의 손에서 구원하신 그 날
에 다윗이 이 노래의 말씀으로 야
훼께 아뢰어
2 이르되 야훼는 나의 반석이시요 나
의 요새시요 나를 위하여 나를 건
지시는 자시요
3 내가 피할 나의 반석의 하나님이시
요 나의 방패시요 나의 구원의 뿔
이시요 나의 높은 망대시요 그에게
피할 나의 피난처시요 나의 구원자
시라 나를 폭력에서 구원하셨도다
4 내가 찬송 받으실 야훼께 아뢰리니
내 원수들에게서 구원을 받으리로다
5 사망의 물결이 나를 에우고 불의의
창수가 나를 두렵게 하였으며
6 스올의 줄이 나를 두르고 사망의
올무가 내게 이르렀도다
7 내가 환난 중에서 야훼께 아뢰며 나
의 하나님께 아뢰었더니 그가 그의
성전에서 내 소리를 들으심이여 나
의 부르짖음이 그의 귀에 들렸도다
8 이에 땅이 진동하고 떨며 하늘의
기초가 요동하고 흔들렸으니 그의
진노로 말미암음이로다
9 그의 코에서 연기가 오르고 입에서
불이 나와 사름이여 그 불에 숯이
피었도다
10 그가 또 하늘을 드리우고 강림하
시니 그의 발 아래는 어두캄캄하였

기록일 : . . .

도다
11 그룹을 타고 날으심이여 바람 날개
위에 나타나셨도다
12 그가 흑암 곧 모인 물과 공중의 빽
빽한 구름으로 둘린 장막을 삼으심
이여
13 그 앞에 있는 광채로 말미암아 숯
불이 피었도다
14 야훼께서 하늘에서 우렛소리를 내시
며 지존하신 자가 음성을 내심이여
15 화살을 날려 그들을 흩으시며 번개
로 무찌르셨도다
16 이럴 때에 야훼의 꾸지람과 콧김으
로 말미암아 물 밑이 드러나고 세
상의 기초가 나타났도다
17 그가 위에서 손을 내미사 나를 붙
드심이여 많은 물에서 나를 건져내
셨도다
18 나를 강한 원수와 미워하는 자에게
서 건지셨음이여 그들은 나보다 강
했기 때문이로다
19 그들이 나의 재앙의 날에 내게 이
르렀으나 야훼께서 나의 의지가 되
셨도다
20 나를 또 넓은 곳으로 인도하시고
나를 기뻐하시므로 구원하셨도다
21 야훼께서 내 공의를 따라 상 주시
며 내 손의 깨끗함을 따라 갚으셨
으니
22 이는 내가 야훼의 도를 지키고 악
을 행함으로 내 하나님을 떠나지
아니하였으며
23 그의 모든 법도를 내 앞에 두고 그
의 규례를 버리지 아니하였음이로다
24 내가 또 그의 앞에 완전하여 스스
로 지켜 죄악을 피하였나니
25 그러므로 야훼께서 내 의대로, 그
의 눈앞에서 내 깨끗한 대로 내게
갚으셨도다
26 자비한 자에게는 주의 자비하심을
나타내시며 완전한 자에게는 주의
완전하심을 보이시며
27 깨끗한 자에게는 주의 깨끗하심을
보이시며 사악한 자에게는 주의 거
스르심을 보이시리이다
28 주께서 곤고한 백성은 구원하시고
교만한 자를 살피사 낮추시리이다
29 야훼여 주는 나의 등불이시니 야훼
께서 나의 어둠을 밝히시리이다
30 내가 주를 의뢰하고 적진으로 달
리며 내 하나님을 의지하고 성벽을
뛰어넘나이다
31 하나님의 도는 완전하고 야훼의 말
씀은 진실하니 그는 자기에게 피하
는 모든 자에게 방패시로다
32 야훼 외에 누가 하나님이며 우리
하나님 외에 누가 반석이냐
33 하나님은 나의 견고한 요새시며 나
를 안전한 곳으로 인도하시며
34 나의 발로 암사슴 발 같게 하시며

기록일 : . . .

나를 나의 높은 곳에 세우시며
35 내 손을 가르쳐 싸우게 하시니 내
팔이 놋 활을 당기도다
36 주께서 또 주의 구원의 방패를 내
게 주시며 주의 온유함이 나를 크
게 하셨나이다
37 내 걸음을 넓게 하셨고 내 발이 미
끄러지지 아니하게 하셨나이다
38 내가 내 원수를 뒤쫓아 멸하였사오
며 그들을 무찌르기 전에는 돌이키
지 아니하였나이다
39 내가 그들을 무찔러 전멸시켰더니
그들이 내 발 아래에 엎드러지고
능히 일어나지 못하였나이다
40 이는 주께서 내게 전쟁하게 하려고
능력으로 내게 띠 띠우사 일어나
나를 치는 자를 내게 굴복하게 하
셨사오며
41 주께서 또 내 원수들이 등을 내게
로 향하게 하시고 내게 나를 미워
하는 자를 끊어 버리게 하셨음이니
이다
42 그들이 도움을 구해도 구원할 자가
없었고 야훼께 부르짖어도 대답하
지 아니하셨나이다
43 내가 그들을 땅의 티끌 같이 부스
러뜨리고 거리의 진흙 같이 밟아 헤
쳤나이다
44 주께서 또 나를 내 백성의 다툼에
서 건지시고 나를 보전하사 모든 민
족의 으뜸으로 삼으셨으니 내가 알
지 못하는 백성이 나를 섬기리이다
45 이방인들이 내게 굴복함이여 그들
이 내 소문을 귀로 듣고 곧 내게 순
복하리로다
46 이방인들이 쇠약하여 그들의 견고
한 곳에서 떨며 나오리로다
47 야훼의 사심을 두고 나의 반석을
찬송하며 내 구원의 반석이신 하나
님을 높일지로다
48 이 하나님이 나를 위하여 보복하시
고 민족들이 내게 복종하게 하시며
49 나를 원수들에게서 이끌어 내시며
나를 대적하는 자 위에 나를 높이
시고 나를 강포한 자에게서 건지시
는도다
50 이러므로 야훼여 내가 모든 민족
중에서 주께 감사하며 주의 이름을
찬양하리이다
51 야훼께서 그의 왕에게 큰 구원을
주시며 기름 부음 받은 자에게 인
자를 베푸심이여 영원하도록 다윗
과 그 후손에게로다 하였더라

23

이는 다윗의 마지막 말이라 이새
의 아들 다윗이 말함이여 높이 세
워진 자, 야곱의 하나님께로부터
기름 부음 받은 자, 이스라엘의 노
래 잘 하는 자가 말하노라
2 야훼의 영이 나를 통하여 말씀하심
이여 그의 말씀이 내 혀에 있도다

기록일 : . . .

3 이스라엘의 하나님이 말씀하시며
이스라엘의 반석이 내게 이르시기
를 사람을 공의로 다스리는 자, 하
나님을 경외함으로 다스리는 자여
4 그는 돋는 해의 아침 빛 같고 구름
없는 아침 같고 비 내린 후의 광선
으로 땅에서 움이 돋는 새 풀 같으
니라 하시도다
5 내 집이 하나님 앞에 이같지 아니
하냐 하나님이 나와 더불어 영원한
언약을 세우사 만사에 구비하고 견
고하게 하셨으니 나의 모든 구원과
나의 모든 소원을 어찌 이루지 아
니하시랴
6 그러나 사악한 자는 다 내버려질
가시나무 같으니 이는 손으로 잡을
수 없음이로다
7 그것들을 만지는 자는 철과 창자루
를 가져야 하리니 그것들이 당장에
불살리리로다 하니라
8 다윗의 용사들의 이름은 이러하니
라 다그몬 사람 요셉밧세벳이라고
도 하고 에센 사람 아디노라고도
하는 자는 군지휘관의 두목이라 그
가 단번에 팔백 명을 쳐죽였더라
9 그 다음은 아호아 사람 도대의 아
들 엘르아살이니 다윗과 함께 한
세 용사 중의 한 사람이라 블레셋
사람들이 싸우려고 거기에 모이매
이스라엘 사람들이 물러간지라 세
용사가 싸움을 돋우고
10 그가 나가서 손이 피곤하여 그의
손이 칼에 붙기까지 블레셋 사람을
치니라 그 날에 야훼께서 크게 이
기게 하셨으므로 백성들은 돌아와
그의 뒤를 따라가며 노략할 뿐이었
더라
11 그 다음은 하랄 사람 아게의 아들
삼마라 블레셋 사람들이 사기가 올
라 거기 녹두나무가 가득한 한쪽
밭에 모이매 백성들은 블레셋 사람
들 앞에서 도망하되
12 그는 그 밭 가운데 서서 막아 블레
셋 사람들을 친지라 야훼께서 큰
구원을 이루시니라
13 또 삼십 두목 중 세 사람이 곡식 벨
때에 아둘람 굴에 내려가 다윗에게
나아갔는데 때에 블레셋 사람의 한
무리가 르바임 골짜기에 진 쳤더라
14 그 때에 다윗은 산성에 있고 그 때
에 블레셋 사람의 요새는 베들레헴
에 있는지라
15 다윗이 소원하여 이르되 베들레헴
성문 곁 우물 물을 누가 내게 마시
게 할까 하매
16 세 용사가 블레셋 사람의 진영을
돌파하고 지나가서 베들레헴 성문
곁 우물 물을 길어 가지고 다윗에
게로 왔으나 다윗이 마시기를 기뻐
하지 아니하고 그 물을 야훼께 부

기록일 : . . .

어 드리며
17 이르되 야훼여 내가 나를 위하여
결단코 이런 일을 하지 아니하리이
다 이는 목숨을 걸고 갔던 사람들
의 피가 아니니이까 하고 마시기를
즐겨하지 아니하니라 세 용사가 이
런 일을 행하였더라
18 또 스루야의 아들 요압의 아우 아
비새이니 그는 그 세 사람의 우두
머리라 그가 그의 창을 들어 삼백
명을 죽이고 세 사람 중에 이름을
얻었으니
19 그는 세 사람 중에 가장 존귀한 자
가 아니냐 그가 그들의 우두머리가
되었으나 그러나 첫 세 사람에게는
미치지 못하였더라
20 또 갑스엘 용사의 손자 여호야다의
아들 브나야이니 그는 용맹스런 일
을 행한 자라 일찍이 모압 아리엘
의 아들 둘을 죽였고 또 눈이 올 때
에 구덩이에 내려가서 사자 한 마
리를 쳐죽였으며
21 또 장대한 애굽 사람을 죽였는데
그의 손에 창이 있어도 그가 막대
기를 가지고 내려가 그 애굽 사람
의 손에서 창을 빼앗아 그 창으로
그를 죽였더라
22 여호야다의 아들 브나야가 이런 일
을 행하였으므로 세 용사 중에 이
름을 얻고
23 삼십 명보다 존귀하나 그러나 세
사람에게는 미치지 못하였더라 다
윗이 그를 세워 시위대 대장을 삼
았더라
24 요압의 아우 아사헬은 삼십 명 중
의 하나요 또 베들레헴 도도의 아
들 엘하난과
25 하롯 사람 삼훗과 하롯 사람 엘리
가와
26 발디 사람 헬레스와 드고아 사람
익게스의 아들 이라와
27 아나돗 사람 아비에셀과 후사 사람
므분내와
28 아호아 사람 살몬과 느도바 사람
마하래와
29 느도바 사람 바아나의 아들 헬렙과
베냐민 자손에 속한 기브아 사람
리배의 아들 잇대와
30 비라돈 사람 브나야와 가아스 시냇
가에 사는 힛대와
31 아르바 사람 아비알본과 바르훔 사
람 아스마웻과
32 사알본 사람 엘리아바와 야센의 아
들 요나단과
33 하랄 사람 삼마와 아랄 사람 사랄
의 아들 아히암과
34 마아가 사람의 손자 아하스배의 아
들 엘리벨렛과 길로 사람 아히도벨
의 아들 엘리암과
35 갈멜 사람 헤스래와 아랍 사람 바

기록일 : . . .

아래와
36 소바 사람 나단의 아들 이갈과 갓
사람 바니와
37 암몬 사람 셀렉과 스루야의 아들
요압의 무기를 잡은 자 브에롯 사
람 나하래와
38 이델 사람 이라와 이델 사람 가렙과
39 헷 사람 우리아라 이상 총수가 삼
십칠 명이었더라

24 야훼께서 다시 이스라엘을 향하
여 진노하사 그들을 치시려고 다윗
을 격동시키사 가서 이스라엘과 유
다의 인구를 조사하라 하신지라
2 이에 왕이 그 곁에 있는 군사령관
요압에게 이르되 너는 이스라엘 모
든 지파 가운데로 다니며 이제 단에
서부터 브엘세바까지 인구를 조사하
여 백성의 수를 내게 보고하라 하니
3 요압이 왕께 아뢰되 이 백성이 얼
마든지 왕의 하나님 야훼께서 백
배나 더하게 하사 내 주 왕의 눈으
로 보게 하시기를 원하나이다 그런
데 내 주 왕은 어찌하여 이런 일을
기뻐하시나이까 하되
4 왕의 명령이 요압과 군대 사령관들
을 재촉한지라 요압과 사령관들이
이스라엘 인구를 조사하려고 왕 앞
에서 물러나
5 요단을 건너 갓 골짜기 가운데 성
읍 아로엘 오른쪽 곧 야셀 맞은쪽
에 이르러 장막을 치고
6 길르앗에 이르고 닷딤홋시 땅에 이
르고 또 다냐안에 이르러서는 시돈
으로 돌아
7 두로 견고한 성에 이르고 히위 사
람과 가나안 사람의 모든 성읍에
이르고 유다 남쪽으로 나와 브엘세
바에 이르니라
8 그들 무리가 국내를 두루 돌아 아
홉 달 스무 날 만에 예루살렘에 이
르러
9 요압이 백성의 수를 왕께 보고하니
곧 이스라엘에서 칼을 빼는 담대한
자가 팔십만 명이요 유다 사람이
오십만 명이었더라
10 다윗이 백성을 조사한 후에 그의
마음에 자책하고 다윗이 야훼께 아
뢰되 내가 이 일을 행함으로 큰 죄
를 범하였나이다 야훼여 이제 간구
하옵나니 종의 죄를 사하여 주옵소
서 내가 심히 미련하게 행하였나이
다 하니라
11 다윗이 아침에 일어날 때에 야훼의
말씀이 다윗의 선견자 된 선지자
갓에게 임하여 이르시되
12 가서 다윗에게 말하기를 야훼께서
이와 같이 말씀하시기를 내가 네게
세 가지를 보이노니 너를 위하여 너
는 그 중에서 하나를 택하라 내가
그것을 네게 행하리라 하셨다 하라

기록일 : . . .

하시니
13 갓이 다윗에게 이르러 아뢰어 이르
되 왕의 땅에 칠 년 기근이 있을 것
이니이까 혹은 왕이 왕의 원수에
게 쫓겨 석 달 동안 그들 앞에서 도
망하실 것이니이까 혹은 왕의 땅에
사흘 동안 전염병이 있을 것이니이
까 왕은 생각하여 보고 나를 보내
신 이에게 무엇을 대답하게 하소서
하는지라
14 다윗이 갓에게 이르되 내가 고통
중에 있도다 청하건대 야훼께서는
긍휼이 크시니 우리가 야훼의 손에
빠지고 내가 사람의 손에 빠지지
아니하기를 원하노라 하는지라
15 이에 야훼께서 그 아침부터 정하신
때까지 전염병을 이스라엘에게 내
리시니 단에서부터 브엘세바까지
백성의 죽은 자가 칠만 명이라
16 천사가 예루살렘을 향하여 그의 손
을 들어 멸하려 하더니 야훼께서 이
재앙 내리심을 뉘우치사 백성을 멸
하는 천사에게 이르시되 족하다 이
제는 네 손을 거두라 하시니 야훼
의 사자가 여부스 사람 아라우나의
타작 마당 곁에 있는지라
17 다윗이 백성을 치는 천사를 보고
곧 야훼께 아뢰어 이르되 나는 범
죄하였고 악을 행하였거니와 이 양
무리는 무엇을 행하였나이까 청하
건대 주의 손으로 나와 내 아버지
의 집을 치소서 하니라
18 이 날에 갓이 다윗에게 이르러 그
에게 아뢰되 올라가서 여부스 사람
아라우나의 타작 마당에서 야훼를
위하여 제단을 쌓으소서 하매
19 다윗이 야훼께서 명령하신 바 갓의
말대로 올라가니라
20 아라우나가 바라보다가 왕과 그의
부하들이 자기를 향하여 건너옴을
보고 나가서 왕 앞에서 얼굴을 땅
에 대고 절하며
21 이르되 어찌하여 내 주 왕께서 종에
게 임하시나이까 하니 다윗이 이르
되 네게서 타작 마당을 사서 야훼께
제단을 쌓아 백성에게 내리는 재앙
을 그치게 하려 함이라 하는지라
22 아라우나가 다윗에게 아뢰되 원하
건대 내 주 왕은 좋게 여기시는 대
로 취하여 드리소서 번제에 대하여
는 소가 있고 땔 나무에 대하여는
마당질 하는 도구와 소의 멍에가
있나이다
23 왕이여 아라우나가 이것을 다 왕께
드리나이다 하고 또 왕께 아뢰되
왕의 하나님 야훼께서 왕을 기쁘게
받으시기를 원하나이다
24 왕이 아라우나에게 이르되 그렇지
아니하다 내가 값을 주고 네게서
사리라 값 없이는 내 하나님 야훼

기록일 : . . .

께 번제를 드리지 아니하리라 하고
다윗이 은 오십 세겔로 타작 마당
과 소를 사고
25 그 곳에서 야훼를 위하여 제단을
쌓고 번제와 화목제를 드렸더니 이
에 야훼께서 그 땅을 위한 기도를
들으시매 이스라엘에게 내리는 재
앙이 그쳤더라

기록일 : . . .

KINGS

열왕기상 · 하

저 자 예레미야

주 제 왕국의 역사를 주관하시는 하나님

기록목적
- 남북 왕국의 멸망 과정을 통해 나라의 흥망성쇠는 하나님과 율법에 대한 왕과 백성들의 순종 여부에 달려 있음을 알리기 위함이다.
- 하나님께서는 이스라엘 백성의 죄악에도 불구하고 은혜를 베풀어 구원의 언약을 이루시는 분임을 후손들에게 전하기 위함이다.

기록배경 열왕기서는 솔로몬 시대주전 970년-931년부터 남유다가 바벨론에게 멸망당할 때주전 586년까지 약 380년간의 통일 왕국과 분열 왕국의 역사를 다루고 있다. 다윗과 솔로몬 시대에 최대의 번영을 누리던 이스라엘은 솔로몬 통치 말기에 우상을 숭배함으로 인해 하나님의 진노를 받아 남북 왕국으로 분열되었다. 이후로 종교적, 사회적 죄악이 만연했던 북이스라엘은 당시의 최대 강국이던 앗수르에 대적하다가 멸망하고 말았다. 이후 130여 년 뒤, 유다 역시 회개하고 돌이키지 않다가 새롭게 부상한 강국 바벨론에 의해 멸망되어 시드기야 왕을 비롯한 수많은 백성들이 포로로 끌려가게 되었다.

특 징
- 선지자적 관점으로 하나님께 신실한 왕과 그렇지 못한 왕들에 대한 평가를 기록한 역사적인 기록물이다.
- 왕의 행적뿐만 아니라 그들에게 예언한 선지자들의 활동도 보여 준다.
- 왕을 평가함에 있어서 남왕국 유다는 다윗의 신실함이 기준이었고, 북왕국 이스라엘은 여로보암의 죄악을 답습하는 여부로 평가되었다.

나의 기도

열왕기상

1

다윗 왕이 나이가 많아 늙으니 이
불을 덮어도 따뜻하지 아니한지라
2 그의 시종들이 왕께 아뢰되 우리
주 왕을 위하여 젊은 처녀 하나를
구하여 그로 왕을 받들어 모시게
하고 왕의 품에 누워 우리 주 왕으
로 따뜻하시게 하리이다 하고
3 이스라엘 사방 영토 내에 아리따운
처녀를 구하던 중 수넴 여자 아비
삭을 얻어 왕께 데려왔으니
4 이 처녀는 심히 아름다워 그가 왕
을 받들어 시중들었으나 왕이 잠자
리는 같이 하지 아니하였더라
5 그 때에 학깃의 아들 아도니야가
스스로 높여서 이르기를 내가 왕이
되리라 하고 자기를 위하여 병거와
기병과 호위병 오십 명을 준비하니
6 그는 압살롬 다음에 태어난 자요
용모가 심히 준수한 자라 그의 아
버지가 네가 어찌하여 그리 하였느
냐고 하는 말로 한 번도 그를 섭섭
하게 한 일이 없었더라
7 아도니야가 스루야의 아들 요압과
제사장 아비아달과 모의하니 그들
이 따르고 도우나
8 제사장 사독과 여호야다의 아들 브
나야와 선지자 나단과 시므이와 레
이와 다윗의 용사들은 아도니야와
같이 하지 아니하였더라
9 아도니야가 에느로겔 근방 소헬렛
바위 곁에서 양과 소와 살찐 송아
지를 잡고 왕자 곧 자기의 모든 동
생과 왕의 신하 된 유다 모든 사람
을 다 청하였으나
10 선지자 나단과 브나야와 용사들과
자기 동생 솔로몬은 청하지 아니하
였더라
11 나단이 솔로몬의 어머니 밧세바에
게 말하여 이르되 학깃의 아들 아
도니야가 왕이 되었음을 듣지 못하
였나이까 우리 주 다윗은 알지 못
하시나이다
12 이제 내게 당신의 생명과 당신의
아들 솔로몬의 생명을 구할 계책을
말하도록 허락하소서
13 당신은 다윗 왕 앞에 들어가서 아뢰
기를 내 주 왕이여 전에 왕이 여종
에게 맹세하여 이르시기를 네 아들
솔로몬이 반드시 나를 이어 왕이 되
어 내 왕위에 앉으리라 하지 아니하
셨나이까 그런데 아도니야가 무슨
이유로 왕이 되었나이까 하소서
14 당신이 거기서 왕과 말씀하실 때에
나도 뒤이어 들어가서 당신의 말씀
을 확증하리이다
15 밧세바가 이에 침실에 들어가 왕에

기록일 : . . .

게 이르니 왕이 심히 늙었으므로 수
넴 여자 아비삭이 시중들었더라
16 밧세바가 몸을 굽혀 왕께 절하니
왕이 이르되 어찌 됨이냐
17 그가 왕께 대답하되 내 주여 왕이
전에 왕의 하나님 야훼를 가리켜
여종에게 맹세하시기를 네 아들 솔
로몬이 반드시 나를 이어 왕이 되어
내 왕위에 앉으리라 하셨거늘
18 이제 아도니야가 왕이 되었어도 내
주 왕은 알지 못하시나이다
19 그가 수소와 살찐 송아지와 양을
많이 잡고 왕의 모든 아들과 제사
장 아비아달과 군사령관 요압을 청
하였으나 왕의 종 솔로몬은 청하지
아니하였나이다
20 내 주 왕이여 온 이스라엘이 왕에
게 다 주목하고 누가 내 주 왕을 이
어 그 왕위에 앉을지를 공포하시기
를 기다리나이다
21 그렇지 아니하면 내 주 왕께서 그
의 조상들과 함께 잘 때에 나와 내
아들 솔로몬은 죄인이 되리이다
22 밧세바가 왕과 말할 때에 선지자
나단이 들어온지라
23 어떤 사람이 왕께 말하여 이르되
선지자 나단이 여기 있나이다 하니
그가 왕 앞에 들어와서 얼굴을 땅
에 대고 왕께 절하고
24 이르되 내 주 왕께서 이르시기를
아도니야가 나를 이어 왕이 되어
내 왕위에 앉으리라 하셨나이까
25 그가 오늘 내려가서 수소와 살찐
송아지와 양을 많이 잡고 왕의 모든
아들과 군사령관들과 제사장 아비
아달을 청하였는데 그들이 아도니
야 앞에서 먹고 마시며 아도니야 왕
은 만세수를 하옵소서 하였나이다
26 그러나 왕의 종 나와 제사장 사독과
여호야다의 아들 브나야와 왕의 종
솔로몬은 청하지 아니하였사오니
27 이것이 내 주 왕께서 정하신 일이니
이까 그런데 왕께서 내 주 왕을 이
어 그 왕위에 앉을 자를 종에게 알
게 하지 아니하셨나이다
28 다윗 왕이 명령하여 이르되 밧세바
를 내 앞으로 부르라 하매 그가 왕
의 앞으로 들어가 그 앞에 서는지라
29 왕이 이르되 내 생명을 모든 환난
에서 구하신 야훼께서 살아 계심을
두고 맹세하노라
30 내가 이전에 이스라엘의 하나님 야
훼를 가리켜 네게 맹세하여 이르기
를 네 아들 솔로몬이 반드시 나를
이어 왕이 되고 나를 대신하여 내
왕위에 앉으리라 하였으니 내가 오
늘 그대로 행하리라
31 밧세바가 얼굴을 땅에 대고 절하며
내 주 다윗 왕은 만세수를 하옵소
서 하니라

기록일 : . . .

32 다윗 왕이 이르되 제사장 사독과
선지자 나단과 여호야다의 아들 브
나야를 내 앞으로 부르라 하니 그
들이 왕 앞에 이른지라
33 왕이 그들에게 이르되 너희는 너희
주의 신하들을 데리고 내 아들 솔
로몬을 내 노새에 태우고 기혼으로
인도하여 내려가고
34 거기서 제사장 사독과 선지자 나단
은 그에게 기름을 부어 이스라엘 왕
으로 삼고 너희는 뿔나팔을 불며 솔
로몬 왕은 만세수를 하옵소서 하고
35 그를 따라 올라오라 그가 와서 내
왕위에 앉아 나를 대신하여 왕이
되리라 내가 그를 세워 이스라엘과
유다의 통치자로 지명하였느니라
36 여호야다의 아들 브나야가 왕께 대
답하여 이르되 아멘 내 주 왕의 하
나님 야훼께서도 이렇게 말씀하시
기를 원하오며
37 또 야훼께서 내 주 왕과 함께 계심
같이 솔로몬과 함께 계셔서 그의 왕
위를 내 주 다윗 왕의 왕위보다 더
크게 하시기를 원하나이다 하니라
38 제사장 사독과 선지자 나단과 여호
야다의 아들 브나야와 그렛 사람
과 블렛 사람이 내려가서 솔로몬을
다윗 왕의 노새에 태우고 인도하여
기혼으로 가서
39 제사장 사독이 성막 가운데에서 기
름 담은 뿔을 가져다가 솔로몬에게
기름을 부으니 이에 뿔나팔을 불고
모든 백성이 솔로몬 왕은 만세수를
하옵소서 하니라
40 모든 백성이 그를 따라 올라와서
피리를 불며 크게 즐거워하므로 땅
이 그들의 소리로 말미암아 갈라질
듯하니
41 아도니야와 그와 함께 한 손님들
이 먹기를 마칠 때에 다 들은지라
요압이 뿔나팔 소리를 듣고 이르되
어찌하여 성읍 중에서 소리가 요란
하냐
42 말할 때에 제사장 아비아달의 아들
요나단이 오는지라 아도니야가 이
르되 들어오라 너는 용사라 아름다
운 소식을 가져오는도다
43 요나단이 아도니야에게 대답하여
이르되 과연 우리 주 다윗 왕이 솔
로몬을 왕으로 삼으셨나이다
44 왕께서 제사장 사독과 선지자 나단
과 여호야다의 아들 브나야와 그렛
사람과 블렛 사람을 솔로몬과 함께
보내셨는데 그들 무리가 왕의 노새
에 솔로몬을 태워다가
45 제사장 사독과 선지자 나단이 기혼
에서 기름을 부어 왕으로 삼고 무
리가 그 곳에서 올라오며 즐거워하
므로 성읍이 진동하였나니 당신들
에게 들린 소리가 이것이라

기록일 : . . .

46 또 솔로몬도 왕좌에 앉아 있고
47 왕의 신하들도 와서 우리 주 다윗
왕에게 축복하여 이르기를 왕의 하
나님이 솔로몬의 이름을 왕의 이름
보다 더 아름답게 하시고 그의 왕
위를 왕의 위보다 크게 하시기를
원하나이다 하매 왕이 침상에서 몸
을 굽히고
48 또한 이르시기를 이스라엘의 하나
님 야훼를 찬송하리로다 야훼께서
오늘 내 왕위에 앉을 자를 주사 내
눈으로 보게 하셨도다 하셨나이다
하니
49 아도니야와 함께 한 손님들이 다
놀라 일어나 각기 갈 길로 간지라
50 아도니야도 솔로몬을 두려워하여
일어나 가서 제단 뿔을 잡으니
51 어떤 사람이 솔로몬에게 말하여 이
르되 아도니야가 솔로몬 왕을 두려
워하여 지금 제단 뿔을 잡고 말하
기를 솔로몬 왕이 오늘 칼로 자기
종을 죽이지 않겠다고 내게 맹세하
기를 원한다 하나이다
52 솔로몬이 이르되 그가 만일 선한
사람일진대 그의 머리털 하나도 땅
에 떨어지지 아니하려니와 그에게
악한 것이 보이면 죽으리라 하고
53 사람을 보내어 그를 제단에서 이끌
어 내리니 그가 와서 솔로몬 왕께
절하매 솔로몬이 이르기를 네 집으
로 가라 하였더라

2 다윗이 죽을 날이 임박하매 그의
아들 솔로몬에게 명령하여 이르되
2 내가 이제 세상 모든 사람이 가는
길로 가게 되었노니 너는 힘써 대
장부가 되고
3 네 하나님 야훼의 명령을 지켜 그
길로 행하여 그 법률과 계명과 율
례와 증거를 모세의 율법에 기록된
대로 지키라 그리하면 네가 무엇을
하든지 어디로 가든지 형통할지라
4 야훼께서 내 일에 대하여 말씀하시
기를 만일 네 자손들이 그들의 길
을 삼가 마음을 다하고 성품을 다
하여 진실히 내 앞에서 행하면 이
스라엘 왕위에 오를 사람이 네게서
끊어지지 아니하리라 하신 말씀을
확실히 이루게 하시리라
5 스루야의 아들 요압이 내게 행한
일 곧 이스라엘 군대의 두 사령관
넬의 아들 아브넬과 예델의 아들
아마사에게 행한 일을 네가 알거니
와 그가 그들을 죽여 태평 시대에
전쟁의 피를 흘리고 전쟁의 피를
자기의 허리에 띤 띠와 발에 신은
신에 묻혔으니
6 네 지혜대로 행하여 그의 백발이 평
안히 스올에 내려가지 못하게 하라
7 마땅히 길르앗 바르실래의 아들들
에게 은총을 베풀어 그들이 네 상에

서 먹는 자 중에 참여하게 하라 내
가 네 형 압살롬의 낯을 피하여 도
망할 때에 그들이 내게 나왔느니라
8 바후림 베냐민 사람 게라의 아들
시므이가 너와 함께 있나니 그는
내가 마하나임으로 갈 때에 악독
한 말로 나를 저주하였느니라 그러
나 그가 요단에 내려와서 나를 영
접하므로 내가 여호와를 두고 맹세하
여 이르기를 내가 칼로 너를 죽이지
아니하리라 하였노라
9 그러나 그를 무죄한 자로 여기지
말지어다 너는 지혜 있는 사람이므
로 그에게 행할 일을 알지니 그의
백발이 피 가운데 스올에 내려가게
하라
10 다윗이 그의 조상들과 함께 누워
다윗 성에 장사되니
11 다윗이 이스라엘 왕이 된 지 사십
년이라 헤브론에서 칠 년 동안 다
스렸고 예루살렘에서 삼십삼 년 동
안 다스렸더라
12 솔로몬이 그의 아버지 다윗의 왕위
에 앉으니 그의 나라가 심히 견고
하니라
13 학깃의 아들 아도니야가 솔로몬의
어머니 밧세바에게 나아온지라 밧
세바가 이르되 네가 화평한 목적으
로 왔느냐 대답하되 화평한 목적이
니이다
14 또 이르되 내가 말씀드릴 일이 있
나이다 밧세바가 이르되 말하라
15 그가 이르되 당신도 아시는 바이거
니와 이 왕위는 내 것이었고 온 이
스라엘은 다 얼굴을 내게로 향하여
왕으로 삼으려 하였는데 그 왕권이
돌아가 내 아우의 것이 되었음은
여호와께로 말미암음이니이다
16 이제 내가 한 가지 소원을 당신에
게 구하오니 내 청을 거절하지 마
옵소서 밧세바가 이르되 말하라
17 그가 이르되 청하건대 솔로몬 왕에
게 말씀하여 그가 수넴 여자 아비
삭을 내게 주어 아내를 삼게 하소
서 왕이 당신의 청을 거절하지 아니
하리이다
18 밧세바가 이르되 좋다 내가 너를
위하여 왕께 말하리라
19 밧세바가 이에 아도니야를 위하여
말하려고 솔로몬 왕에게 이르니 왕
이 일어나 영접하여 절한 후에 다시
왕좌에 앉고 그의 어머니를 위하여
자리를 베푸니 그가 그의 오른쪽에
앉는지라
20 밧세바가 이르되 내가 한 가지 작
은 일로 왕께 구하오니 내 청을 거
절하지 마소서 왕이 대답하되 내
어머니여 구하소서 내가 어머니의
청을 거절하지 아니하리이다
21 이르되 청하건대 수넴 여자 아비삭

을 아도니야에게 주어 아내로 삼게
하소서
22 솔로몬 왕이 그의 어머니에게 대답
하여 이르되 어찌하여 아도니야를
위하여 수넴 여자 아비삭을 구하시
나이까 그는 나의 형이오니 그를
위하여 왕권도 구하옵소서 그뿐 아
니라 제사장 아비아달과 스루야의
아들 요압을 위해서도 구하옵소서
하고
23 야훼를 두고 맹세하여 이르되 아
도니야가 이런 말을 하였은즉 그의
생명을 잃지 아니하면 하나님은 내
게 벌 위에 벌을 내리심이 마땅하
니이다
24 그러므로 이제 나를 세워 내 아버
지 다윗의 왕위에 오르게 하시고
허락하신 말씀대로 나를 위하여 집
을 세우신 야훼께서 살아 계심을
두고 맹세하노니 아도니야는 오늘
죽임을 당하리라 하고
25 여호야다의 아들 브나야를 보내매
그가 아도니야를 쳐서 죽였더라
26 왕이 제사장 아비아달에게 이르되
네 고향 아나돗으로 가라 너는 마
땅히 죽을 자이로되 네가 내 아버
지 다윗 앞에서 주 야훼의 궤를 메
었고 또 내 아버지가 모든 환난을
받을 때에 너도 환난을 받았은즉
내가 오늘 너를 죽이지 아니하노라
하고
27 아비아달을 쫓아내어 야훼의 제사
장 직분을 파면하니 야훼께서 실로
에서 엘리의 집에 대하여 하신 말
씀을 응하게 함이더라
28 그 소문이 요압에게 들리매 그가
야훼의 장막으로 도망하여 제단 뿔
을 잡으니 이는 그가 다윗을 떠나
압살롬을 따르지 아니하였으나 아
도니야를 따랐음이더라
29 어떤 사람이 솔로몬 왕에게 아뢰되
요압이 야훼의 장막으로 도망하여
제단 곁에 있나이다 솔로몬이 여호
야다의 아들 브나야를 보내며 이르
되 너는 가서 그를 치라
30 브나야가 야훼의 장막에 이르러 그
에게 이르되 왕께서 나오라 하시느
니라 그가 대답하되 아니라 내가
여기서 죽겠노라 브나야가 돌아가
서 왕께 아뢰어 이르되 요압이 이
리이리 내게 대답하더이다
31 왕이 이르되 그의 말과 같이 하여
그를 죽여 묻으라 요압이 까닭 없
이 흘린 피를 나와 내 아버지의 집
에서 네가 제하리라
32 야훼께서 요압의 피를 그의 머리로
돌려보내실 것은 그가 자기보다 의
롭고 선한 두 사람을 쳤음이니 곧
이스라엘 군사령관 넬의 아들 아브
넬과 유다 군사령관 예델의 아들

기록일 : . . .

아마사를 칼로 죽였음이라 이 일을
내 아버지 다윗은 알지 못하셨나니
33 그들의 피는 영영히 요압의 머리와
그의 자손의 머리로 돌아갈지라도
다윗과 그의 자손과 그의 집과 그
의 왕위에는 야훼께로 말미암는 평
강이 영원히 있으리라
34 여호야다의 아들 브나야가 곧 올
라가서 그를 쳐죽이매 그가 광야에
있는 자기의 집에 매장되니라
35 왕이 이에 여호야다의 아들 브나야
를 요압을 대신하여 군사령관으로
삼고 또 제사장 사독으로 아비아달
을 대신하게 하니라
36 왕이 사람을 보내어 시므이를 불러
서 이르되 너는 예루살렘에서 너를
위하여 집을 짓고 거기서 살고 어디
든지 나가지 말라
37 너는 분명히 알라 네가 나가서 기
드론 시내를 건너는 날에는 반드시
죽임을 당하리니 네 피가 네 머리로
돌아가리라
38 시므이가 왕께 대답하되 이 말씀이
좋사오니 내 주 왕의 말씀대로 종
이 그리 하겠나이다 하고 이에 날
이 오래도록 예루살렘에 머무니라
39 삼 년 후에 시므이의 두 종이 가드
왕 마아가의 아들 아기스에게로 도
망하여 간지라 어떤 사람이 시므이
에게 말하여 이르되 당신의 종이
가드에 있나이다
40 시므이가 그 종을 찾으려고 일어나
그의 나귀에 안장을 지우고 가드로
가서 아기스에게 나아가 그의 종을
가드에서 데려왔더니
41 시므이가 예루살렘에서부터 가드에
갔다가 돌아온 일을 어떤 사람이
솔로몬에게 말한지라
42 왕이 사람을 보내어 시므이를 불러
서 이르되 내가 너에게 야훼를 두
고 맹세하게 하고 경고하여 이르기
를 너는 분명히 알라 네가 밖으로
나가서 어디든지 가는 날에는 죽임
을 당하리라 하지 아니하였느냐 너
도 내게 말하기를 내가 들은 말씀
이 좋으니이다 하였거늘
43 네가 어찌하여 야훼를 두고 한 맹
세와 내가 네게 이른 명령을 지키지
아니하였느냐
44 왕이 또 시므이에게 이르되 네가
네 마음으로 아는 모든 악 곧 내 아
버지에게 행한 바를 네가 스스로
아나니 야훼께서 네 악을 네 머리
로 돌려보내시리라
45 그러나 솔로몬 왕은 복을 받고 다
윗의 왕위는 영원히 야훼 앞에서
견고히 서리라 하고
46 여호야다의 아들 브나야에게 명령
하매 그가 나가서 시므이를 치니
그가 죽은지라 이에 나라가 솔로몬

기록일 : . . .

의 손에 견고하여지니라

3 솔로몬이 애굽의 왕 바로와 더불
어 혼인 관계를 맺어 그의 딸을 맞
이하고 다윗 성에 데려다가 두고
자기의 왕궁과 야훼의 성전과 예루
살렘 주위의 성의 공사가 끝나기를
기다리니라
2 그 때까지 야훼의 이름을 위하여
성전을 아직 건축하지 아니하였으
므로 백성들이 산당에서 제사하며
3 솔로몬이 야훼를 사랑하고 그의 아
버지 다윗의 법도를 행하였으나 산
당에서 제사하며 분향하더라
4 이에 왕이 제사하러 기브온으로 가
니 거기는 산당이 큼이라 솔로몬이
그 제단에 일천 번제를 드렸더니
5 기브온에서 밤에 야훼께서 솔로몬
의 꿈에 나타나시니라 하나님이 이
르시되 내가 네게 무엇을 줄꼬 너
는 구하라
6 솔로몬이 이르되 주의 종 내 아버
지 다윗이 성실과 공의와 정직한
마음으로 주와 함께 주 앞에서 행
하므로 주께서 그에게 큰 은혜를
베푸셨고 주께서 또 그를 위하여
이 큰 은혜를 항상 주사 오늘과 같
이 그의 자리에 앉을 아들을 그에
게 주셨나이다
7 나의 하나님 야훼여 주께서 종으로
종의 아버지 다윗을 대신하여 왕이
되게 하셨사오나 종은 작은 아이라
출입할 줄을 알지 못하고
8 주께서 택하신 백성 가운데 있나이
다 그들은 큰 백성이라 수효가 많
아서 셀 수도 없고 기록할 수도 없
사오니
9 누가 주의 이 많은 백성을 재판할
수 있사오리이까 듣는 마음을 종에
게 주사 주의 백성을 재판하여 선
악을 분별하게 하옵소서
10 솔로몬이 이것을 구하매 그 말씀이
주의 마음에 든지라
11 이에 하나님이 그에게 이르시되 네
가 이것을 구하도다 자기를 위하여
장수하기를 구하지 아니하며 부도
구하지 아니하며 자기 원수의 생명
을 멸하기도 구하지 아니하고 오직
송사를 듣고 분별하는 지혜를 구하
였으니
12 내가 네 말대로 하여 네게 지혜롭
고 총명한 마음을 주노니 네 앞에
도 너와 같은 자가 없었거니와 네
뒤에도 너와 같은 자가 일어남이
없으리라
13 내가 또 네가 구하지 아니한 부귀
와 영광도 네게 주노니 네 평생에
왕들 중에 너와 같은 자가 없을 것
이라
14 네가 만일 네 아버지 다윗이 행함
같이 내 길로 행하며 내 법도와 명

기록일 : . . .

령을 지키면 내가 또 네 날을 길게
하리라
15 솔로몬이 깨어 보니 꿈이더라 이에
예루살렘에 이르러 야훼의 언약궤
앞에 서서 번제와 감사의 제물을
드리고 모든 신하들을 위하여 잔치
하였더라
16 그 때에 창기 두 여자가 왕에게 와
서 그 앞에 서며
17 한 여자는 말하되 내 주여 나와 이
여자가 한집에서 사는데 내가 그와
함께 집에 있으며 해산하였더니
18 내가 해산한 지 사흘 만에 이 여자
도 해산하고 우리가 함께 있었고
우리 둘 외에는 집에 다른 사람이
없었나이다
19 그런데 밤에 저 여자가 그의 아들
위에 누우므로 그의 아들이 죽으니
20 그가 밤중에 일어나서 이 여종 내
가 잠든 사이에 내 아들을 내 곁에
서 가져다가 자기의 품에 누이고
자기의 죽은 아들을 내 품에 뉘었
나이다
21 아침에 내가 내 아들을 젖 먹이려
고 일어나 본즉 죽었기로 내가 아
침에 자세히 보니 내가 낳은 아들
이 아니더이다 하매
22 다른 여자는 이르되 아니라 산 것
은 내 아들이요 죽은 것은 네 아들
이라 하고 이 여자는 이르되 아니
라 죽은 것이 네 아들이요 산 것이
내 아들이라 하며 왕 앞에서 그와
같이 쟁론하는지라
23 왕이 이르되 이 여자는 말하기를
산 것은 내 아들이요 죽은 것은 네
아들이라 하고 저 여자는 말하기를
아니라 죽은 것이 네 아들이요 산
것이 내 아들이라 하는도다 하고
24 또 이르되 칼을 내게로 가져오라
하니 칼을 왕 앞으로 가져온지라
25 왕이 이르되 산 아이를 둘로 나누
어 반은 이 여자에게 주고 반은 저
여자에게 주라
26 그 산 아들의 어머니 되는 여자가
그 아들을 위하여 마음이 불붙는
것 같아서 왕께 아뢰어 청하건대
내 주여 산 아이를 그에게 주시고
아무쪼록 죽이지 마옵소서 하되 다
른 여자는 말하기를 내 것도 되게
말고 네 것도 되게 말고 나누게 하
라 하는지라
27 왕이 대답하여 이르되 산 아이를
저 여자에게 주고 결코 죽이지 말
라 저가 그의 어머니이니라 하매
28 온 이스라엘이 왕이 심리하여 판결
함을 듣고 왕을 두려워하였으니 이
는 하나님의 지혜가 그의 속에 있
어 판결함을 봄이더라

4 솔로몬 왕이 온 이스라엘의 왕이
되었고

기록일 : . . .

2 그의 신하들은 이러하니라 사독의
아들 아사리아는 제사장이요
3 시사의 아들 엘리호렙과 아히야는
서기관이요 아힐룻의 아들 여호사
밧은 사관이요
4 여호야다의 아들 브나야는 군사령
관이요 사독과 아비아달은 제사장
이요
5 나단의 아들 아사리아는 지방 관장
의 두령이요 나단의 아들 사붓은
제사장이니 왕의 벗이요
6 아히살은 궁내대신이요 압다의 아
들 아도니람은 노동 감독관이더라
7 솔로몬이 또 온 이스라엘에 열두
지방 관장을 두매 그 사람들이 왕
과 왕실을 위하여 양식을 공급하되
각기 일 년에 한 달씩 양식을 공급
하였으니
8 그들의 이름은 이러하니라 에브라
임 산지에는 벤훌이요
9 마가스와 사알빔과 벧세메스와 엘
론벧하난에는 벤데겔이요
10 아룹봇에는 벤헤셋이니 소고와 헤
벨 온 땅을 그가 주관하였으며
11 나밧 돌 높은 땅 온 지방에는 벤아
비나답이니 그는 솔로몬의 딸 다밧
을 아내로 삼았으며
12 다아낙과 므깃도와 이스르엘 아래
사르단 가에 있는 벧스안 온 땅은
아힐룻의 아들 바아나가 맡았으니
벧스안에서부터 아벨므홀라에 이르
고 욕느암 바깥까지 미쳤으며
13 길르앗 라못에는 벤게벨이니 그는
길르앗에 있는 므낫세의 아들 야일
의 모든 마을을 주관하였고 또 바
산 아르곱 땅의 성벽과 놋빗장 있
는 육십 개의 큰 성읍을 주관하였
으며
14 마하나임에는 잇도의 아들 아히나
답이요
15 납달리에는 아히마아스이니 그는
솔로몬의 딸 바스맛을 아내로 삼았
으며
16 아셀과 아롯에는 후새의 아들 바아
나요
17 잇사갈에는 바루아의 아들 여호사
밧이요
18 베냐민에는 엘라의 아들 시므이요
19 아모리 사람의 왕 시혼과 바산 왕
옥의 나라 길르앗 땅에는 우리의
아들 게벨이니 그 땅에서는 그 한
사람만 지방 관장이 되었더라
20 유다와 이스라엘의 인구가 바닷가
의 모래 같이 많게 되매 먹고 마시
며 즐거워하였으며
21 솔로몬이 그 강에서부터 블레셋 사
람의 땅에 이르기까지와 애굽 지
경에 미치기까지의 모든 나라를 다
스리므로 솔로몬이 사는 동안에 그
나라들이 조공을 바쳐 섬겼더라

기록일 : . . .

22 솔로몬의 하루의 음식물은 가는 밀
가루가 삼십 고르요 굵은 밀가루가
육십 고르요
23 살진 소가 열 마리요 초장의 소가
스무 마리요 양이 백 마리이며 그
외에 수사슴과 노루와 암사슴과 살
진 새들이었더라
24 솔로몬이 그 강 건너편을 딥사에서
부터 가사까지 모두, 그 강 건너편
의 왕을 모두 다스리므로 그가 사
방에 둘린 민족과 평화를 누렸으니
25 솔로몬이 사는 동안에 유다와 이
스라엘이 단에서부터 브엘세바에
이르기까지 각기 포도나무 아래와
무화과나무 아래에서 평안히 살았
더라
26 솔로몬의 병거의 말 외양간이 사만
이요 마병이 만 이천 명이며
27 그 지방 관장들은 각각 자기기 맡
은 달에 솔로몬 왕과 왕의 상에 참
여하는 모든 자를 위하여 먹을 것을
공급하여 부족함이 없게 하였으며
28 또 그들이 각기 직무를 따라 말과
준마에게 먹일 보리와 꼴을 그 말
들이 있는 곳으로 가져왔더라
29 하나님이 솔로몬에게 지혜와 총명
을 심히 많이 주시고 또 넓은 마음
을 주시되 바닷가의 모래 같이 하
시니
30 솔로몬의 지혜가 동쪽 모든 사람의
지혜와 애굽의 모든 지혜보다 뛰어
난지라
31 그는 모든 사람보다 지혜로워서 예
스라 사람 에단과 마홀의 아들 헤
만과 갈골과 다르다보다 나으므로
그의 이름이 사방 모든 나라에 들
렸더라
32 그가 잠언 삼천 가지를 말하였고
그의 노래는 천다섯 편이며
33 그가 또 초목에 대하여 말하되 레
바논의 백향목으로부터 담에 나는
우슬초까지 하고 그가 또 짐승과
새와 기어다니는 것과 물고기에 대
하여 말한지라
34 사람들이 솔로몬의 지혜를 들으러
왔으니 이는 그의 지혜의 소문을
들은 천하 모든 왕들이 보낸 자들
이더라

5 솔로몬이 기름 부음을 받고 그의
아버지를 이어 왕이 되었다 함을 두
로 왕 히람이 듣고 그의 신하들을
솔로몬에게 보냈으니 이는 히람이
평생에 다윗을 사랑하였음이라
2 이에 솔로몬이 히람에게 사람을 보
내어 이르되
3 당신도 알거니와 내 아버지 다윗이
사방의 전쟁으로 말미암아 그의 하
나님 야훼의 이름을 위하여 성전을
건축하지 못하고 야훼께서 그의 원
수들을 그의 발바닥 밑에 두시기를

기록일 : . . .

기다렸나이다
4 이제 내 하나님 야훼께서 내게 사
방의 태평을 주시매 원수도 없고
재앙도 없도다
5 야훼께서 내 아버지 다윗에게 하신
말씀에 내가 너를 이어 네 자리에
오르게 할 네 아들 그가 내 이름을
위하여 성전을 건축하리라 하신 대
로 내가 내 하나님 야훼의 이름을
위하여 성전을 건축하려 하오니
6 당신은 명령을 내려 나를 위하여
레바논에서 백향목을 베어내게 하
소서 내 종과 당신의 종이 함께 할
것이요 또 내가 당신의 모든 말씀
대로 당신의 종의 삯을 당신에게
드리리이다 당신도 알거니와 우리
중에는 시돈 사람처럼 벌목을 잘하
는 자가 없나이다
7 히람이 솔로몬의 말을 듣고 크게
기뻐하여 이르되 오늘 야훼를 찬양
할지로다 그가 다윗에게 지혜로운
아들을 주사 그 많은 백성을 다스
리게 하셨도다 하고
8 이에 솔로몬에게 사람을 보내어 이
르되 당신이 사람을 보내어 하신
말씀을 내가 들었거니와 내 백향목
재목과 잣나무 재목에 대하여는 당
신이 바라시는 대로 할지라
9 내 종이 레바논에서 바다로 운반하
겠고 내가 그것을 바다에서 뗏목으
로 엮어 당신이 지정하는 곳으로 보
내고 거기서 그것을 풀리니 당신은
받으시고 내 원을 이루어 나의 궁
정을 위하여 음식물을 주소서 하고
10 솔로몬의 모든 원대로 백향목 재목
과 잣나무 재목을 주매
11 솔로몬이 히람에게 그의 궁정의 음
식물로 밀 이만 고르와 맑은 기름
이십 고르를 주고 해마다 그와 같
이 주었더라
12 야훼께서 그의 말씀대로 솔로몬에
게 지혜를 주신 고로 히람과 솔로
몬이 친목하여 두 사람이 함께 약
조를 맺었더라
13 이에 솔로몬 왕이 온 이스라엘 가
운데서 역군을 불러일으키니 그 역
군의 수가 삼만 명이라
14 솔로몬이 그들을 한 달에 만 명씩
번갈아 레바논으로 보내매 그들이
한 달은 레바논에 있고 두 달은 집에
있으며 아도니람은 감독이 되었고
15 솔로몬에게 또 짐꾼이 칠만 명이요
산에서 돌을 뜨는 자가 팔만 명이며
16 이 외에 그 사역을 감독하는 관리
가 삼천삼백 명이라 그들이 일하는
백성을 거느렸더라
17 이에 왕이 명령을 내려 크고 귀한
돌을 떠다가 다듬어서 성전의 기초
석으로 놓게 하매
18 솔로몬의 건축자와 히람의 건축자

기록일 : . . .

와 그발 사람이 그 돌을 다듬고 성
전을 건축하기 위하여 재목과 돌들
을 갖추니라

6 이스라엘 자손이 애굽 땅에서 나
온 지 사백팔십 년이요 솔로몬이 이
스라엘 왕이 된 지 사 년 시브월 곧
둘째 달에 솔로몬이 야훼를 위하여
성전 건축하기를 시작하였더라
2 솔로몬 왕이 야훼를 위하여 건축한
성전은 길이가 육십 규빗이요 너비
가 이십 규빗이요 높이가 삼십 규빗
이며
3 성전의 성소 앞 주랑의 길이는 성전
의 너비와 같이 이십 규빗이요 그 너
비는 성전 앞에서부터 십 규빗이며
4 성전을 위하여 창틀 있는 붙박이
창문을 내고
5 또 성전의 벽 곧 성소와 지성소의
벽에 연접하여 돌아가며 다락들을
건축하되 다락마다 돌아가며 골방
들을 만들었으니
6 하층 다락의 너비는 다섯 규빗이요
중층 다락의 너비는 여섯 규빗이요
셋째 층 다락의 너비는 일곱 규빗
이라 성전의 벽 바깥으로 돌아가며
턱을 내어 골방 들보들로 성전의
벽에 박히지 아니하게 하였으며
7 이 성전은 건축할 때에 돌을 그 뜨
는 곳에서 다듬고 가져다가 건축하
였으므로 건축하는 동안에 성전 속
에서는 방망이나 도끼나 모든 철
연장 소리가 들리지 아니하였으며
8 중층 골방의 문은 성전 오른쪽에
있는데 나사 모양 층계로 말미암아
하층에서 중층에 오르고 중층에서
셋째 층에 오르게 하였더라
9 성전의 건축을 마치니라 그 성전은
백향목 서까래와 널판으로 덮었고
10 또 온 성전으로 돌아가며 높이가
다섯 규빗 되는 다락방을 건축하되
백향목 들보로 성전에 연접하게 하
였더라
11 야훼의 말씀이 솔로몬에게 임하여
이르시되
12 네가 지금 이 성전을 건축하니 네
가 만일 내 법도를 따르며 내 율례
를 행하며 내 모든 계명을 지켜 그
대로 행하면 내가 네 아버지 다윗
에게 한 말을 네게 확실히 이룰 것
이요
13 내가 또한 이스라엘 자손 가운데에
거하며 내 백성 이스라엘을 버리지
아니하리라 하셨더라
14 솔로몬이 성전 건축하기를 마치고
15 백향목 널판으로 성전의 안벽 곧
성전 마루에서 천장까지의 벽에 입
히고 또 잣나무 널판으로 성전 마
루를 놓고
16 또 성전 뒤쪽에서부터 이십 규빗 되
는 곳에 마루에서 천장까지 백향목

기록일 : . . .

널판으로 가로막아 성전의 내소 곧
지성소를 만들었으며
17 내소 앞에 있는 외소 곧 성소의 길
이가 사십 규빗이며
18 성전 안에 입힌 백향목에는 박과
핀 꽃을 아로새겼고 모두 백향목이
라 돌이 보이지 아니하며
19 야훼의 언약궤를 두기 위하여 성전
안에 내소를 마련하였는데
20 그 내소의 안은 길이가 이십 규빗이
요 너비가 이십 규빗이요 높이가 이
십 규빗이라 정금으로 입혔고 백향
목 제단에도 입혔더라
21 솔로몬이 정금으로 외소 안에 입히
고 내소 앞에 금사슬로 건너지르고
내소를 금으로 입히고
22 온 성전을 금으로 입히기를 마치고
내소에 속한 제단의 전부를 금으로
입혔더라
23 내소 안에 감람나무로 두 그룹을
만들었는데 그 높이가 각각 십 규
빗이라
24 한 그룹의 이쪽 날개도 다섯 규빗
이요 저쪽 날개도 다섯 규빗이니 이
쪽 날개 끝으로부터 저쪽 날개 끝
까지 십 규빗이며
25 다른 그룹도 십 규빗이니 그 두 그
룹은 같은 크기와 같은 모양이요
26 이 그룹의 높이가 십 규빗이요 저
그룹도 같았더라
27 솔로몬이 내소 가운데에 그룹을 두
었으니 그룹들의 날개가 펴져 있는
데 이쪽 그룹의 날개는 이쪽 벽에
닿았고 저쪽 그룹의 날개는 저쪽
벽에 닿았으며 두 날개는 성전의
중앙에서 서로 닿았더라
28 그가 금으로 그룹을 입혔더라
29 내 외소 사방 벽에는 모두 그룹들
과 종려와 핀 꽃 형상을 아로새겼고
30 내외 성전 마루에는 금으로 입혔
으며
31 내소에 들어가는 곳에는 감람나무
로 문을 만들었는데 그 문인방과
문설주는 벽의 오분의 일이요
32 감람나무로 만든 그 두 문짝에 그
룹과 종려와 핀 꽃을 아로새기고
금으로 입히되 곧 그룹들과 종려에
금으로 입혔더라
33 또 외소의 문을 위하여 감람나무로
문설주를 만들었으니 곧 벽의 사분
의 일이며
34 그 두 문짝은 잣나무라 이쪽 문짝
도 두 짝으로 접게 되었고 저쪽 문
짝도 두 짝으로 접게 되었으며
35 그 문짝에 그룹들과 종려와 핀 꽃
을 아로새기고 금으로 입히되 그
새긴 데에 맞게 하였고
36 또 다듬은 돌 세 켜와 백향목 두꺼
운 판자 한 켜로 둘러 안뜰을 만들
었더라

기록일 : . . .

37 넷째 해 시브월에 야훼의 성전 기
초를 쌓았고
38 열한째 해 불월 곧 여덟째 달에 그
설계와 식양대로 성전 건축이 다 끝
났으니 솔로몬이 칠 년 동안 성전을
건축하였더라

7 솔로몬이 자기의 왕궁을 십삼 년
동안 건축하여 그 전부를 준공하
니라
2 그가 레바논 나무로 왕궁을 지었으
니 길이가 백 규빗이요 너비가 오십
규빗이요 높이가 삼십 규빗이라 백
향목 기둥이 네 줄이요 기둥 위에
백향목 들보가 있으며
3 기둥 위에 있는 들보 사십오 개를
백향목으로 덮었는데 들보는 한 줄
에 열 다섯이요
4 또 창틀이 세 줄로 있는데 창과 창
이 세 층으로 서로 마주 대하였고
5 모든 문과 문설주를 다 큰 나무로
네모지게 만들었는데 창과 창이 세
층으로 서로 마주 대하였으며
6 또 기둥을 세워 주랑을 지었으니 길
이가 오십 규빗이요 너비가 삼십 규
빗이며 또 기둥 앞에 한 주랑이 있고
또 그 앞에 기둥과 섬돌이 있으며
7 또 심판하기 위하여 보좌의 주랑
곧 재판하는 주랑을 짓고 온 마루
를 백향목으로 덮었고
8 솔로몬이 거처할 왕궁은 그 주랑
뒤 다른 뜰에 있으니 그 양식이 동
일하며 솔로몬이 또 그가 장가 든
바로의 딸을 위하여 집을 지었는데
이 주랑과 같더라
9 이 집들은 안팎을 모두 귀하고 다
듬은 돌로 지었으니 크기대로 톱으
로 켠 것이라 그 초석에서 처마까
지와 외면에서 큰 뜰에 이르기까지
다 그러하니
10 그 초석은 귀하고 큰 돌 곧 십 규빗
되는 돌과 여덟 규빗 되는 돌이라
11 그 위에는 크기대로 다듬은 귀한
돌도 있고 백향목도 있으며
12 또 큰 뜰 주위에는 다듬은 돌 세 켜
와 백향목 두꺼운 판자 한 켜를 놓
았으니 마치 야훼의 성전 안뜰과
주랑에 놓은 것 같더라
13 솔로몬 왕이 사람을 보내어 히람을
두로에서 데려오니
14 그는 납달리 지파 과부의 아들이요
그의 아버지는 두로 사람이니 놋쇠
대장장이라 이 히람은 모든 놋 일
에 지혜와 총명과 재능을 구비한
자이더니 솔로몬 왕에게 와서 그
모든 공사를 하니라
15 그가 놋기둥 둘을 만들었으니 그
높이는 각각 십팔 규빗이라 각각
십이 규빗 되는 줄을 두를 만하며
16 또 놋을 녹여 부어서 기둥 머리를
만들어 기둥 꼭대기에 두었으니 한

기록일 : . . .

쪽 머리의 높이도 다섯 규빗이요 다
른쪽 머리의 높이도 다섯 규빗이며
17 기둥 꼭대기에 있는 머리를 위하여
바둑판 모양으로 얽은 그물과 사
슬 모양으로 땋은 것을 만들었으
니 이 머리에 일곱이요 저 머리에
일곱이라
18 기둥을 이렇게 만들었고 또 두 줄
석류를 한 그물 위에 둘러 만들어
서 기둥 꼭대기에 있는 머리에 두르
게 하였고 다른 기둥 머리에도 그
렇게 하였으며
19 주랑 기둥 꼭대기에 있는 머리의
네 규빗은 백합화 모양으로 만들었
으며
20 이 두 기둥 머리에 있는 그물 곁 곧
그 머리의 공 같이 둥근 곳으로 돌
아가며 각기 석류 이백 개가 줄을
지었더라
21 이 두 기둥을 성전의 주랑 앞에 세
우되 오른쪽 기둥을 세우고 그 이름
을 야긴이라 하고 왼쪽의 기둥을 세
우고 그 이름을 보아스라 하였으며
22 그 두 기둥 꼭대기에는 백합화 형
상이 있더라 두 기둥의 공사가 끝
나니라
23 또 바다를 부어 만들었으니 그 직
경이 십 규빗이요 그 모양이 둥글며
그 높이는 다섯 규빗이요 주위는
삼십 규빗 줄을 두를 만하며
24 그 가장자리 아래에는 돌아가며 박
이 있는데 매 규빗에 열 개씩 있어
서 바다 주위에 둘렸으니 그 박은
바다를 부어 만들 때에 두 줄로 부
어 만들었으며
25 그 바다를 소 열두 마리가 받쳤으
니 셋은 북쪽을 향하였고 셋은 서
쪽을 향하였고 셋은 남쪽을 향하였
고 셋은 동쪽을 향하였으며 바다를
그 위에 놓았고 소의 뒤는 다 안으
로 두었으며
26 바다의 두께는 한 손 너비만 하고
그것의 가는 백합화의 양식으로 잔
가와 같이 만들었으니 그 바다에는
이천 밧을 담겠더라
27 또 놋으로 받침 수레 열을 만들었
으니 매 받침 수레의 길이가 네 규
빗이요 너비가 네 규빗이요 높이가
세 규빗이라
28 그 받침 수레의 구조는 이러하니
사면 옆 가장자리 가운데에는 판이
있고
29 가장자리 가운데 판에는 사자와 소
와 그룹들이 있고 또 가장자리 위
에는 놓는 자리가 있고 사자와 소
아래에는 화환 모양이 있으며
30 그 받침 수레에 각각 네 놋바퀴와
놋축이 있고 받침 수레 네 발 밑에
는 어깨 같은 것이 있으며 그 어깨
같은 것은 물두멍 아래쪽에 부어

기록일 : . . .

만들었고 화환은 각각 그 옆에 있
으며
31 그 받침 수레 위로 들이켜 높이가
한 규빗 되게 내민 것이 있고 그 면
은 직경 한 규빗 반 되게 반원형으
로 우묵하며 그 나머지 면에는 아
로새긴 것이 있으며 그 내민 판들은
네모지고 둥글지 아니하며
32 네 바퀴는 옆판 밑에 있고 바퀴 축
은 받침 수레에 연결되었는데 바퀴
의 높이는 각각 한 규빗 반이며
33 그 바퀴의 구조는 병거 바퀴의 구
조 같은데 그 축과 테와 살과 통이
다 부어 만든 것이며
34 받침 수레 네 모퉁이에 어깨 같은
것 넷이 있는데 그 어깨는 받침 수
레와 연결되었고
35 받침 수레 위에 둥근 테두리가 있
는데 높이가 반 규빗이요 또 받침
수레 위의 버팀대와 옆판들이 받침
수레와 연결되었고
36 버팀대 판과 옆판에는 각각 빈 곳
을 따라 그룹들과 사자와 종려나무
를 아로새겼고 또 그 둘레에 화환
모양이 있더라
37 이와 같이 받침 수레 열 개를 만들
었는데 그 부어 만든 법과 크기와
양식을 다 동일하게 만들었더라
38 또 물두멍 열 개를 놋으로 만들었
는데 물두멍마다 각각 사십 밧을
담게 하였으며 매 물두멍의 직경은
네 규빗이라 열 받침 수레 위에 각
각 물두멍이 하나씩이더라
39 그 받침 수레 다섯은 성전 오른쪽
에 두었고 다섯은 성전 왼쪽에 두
었고 성전 오른쪽 동남쪽에는 그
바다를 두었더라
40 히람이 또 물두멍과 부삽과 대접들
을 만들었더라 이와 같이 히람이 솔
로몬 왕을 위하여 야훼의 전의 모
든 일을 마쳤으니
41 곧 기둥 둘과 그 기둥 꼭대기의 공
같은 머리 둘과 또 기둥 꼭대기의
공 같은 머리를 가리는 그물 둘과
42 또 그 그물들을 위하여 만든 바 매
그물에 두 줄씩으로 기둥 위의 공
같은 두 머리를 가리게 한 석류 사
백 개와
43 또 열 개의 받침 수레와 받침 수레
위의 열 개의 물두멍과
44 한 바다와 그 바다 아래의 소 열두
마리와
45 솥과 부삽과 대접들이라 히람이 솔
로몬 왕을 위하여 야훼의 성전에
이 모든 그릇을 빛난 놋으로 만드
니라
46 왕이 요단 평지에서 숙곳과 사르단
사이의 차진 흙에 그것들을 부어
내었더라
47 기구가 심히 많으므로 솔로몬이 다

기록일 : . . .

달아보지 아니하고 두었으니 그 놋
무게를 능히 측량할 수 없었더라
48 솔로몬이 또 야훼의 성전의 모든
기구를 만들었으니 곧 금 단과 진
설병의 금 상과
49 내소 앞에 좌우로 다섯씩 둘 정금
등잔대며 또 금 꽃과 등잔과 불집
게며
50 또 정금 대접과 불집게와 주발과
숟가락과 불을 옮기는 그릇이며 또
내소 곧 지성소 문의 금 돌쩌귀와
성전 곧 외소 문의 금 돌쩌귀더라
51 솔로몬 왕이 야훼의 성전을 위하여
만드는 모든 일을 마친지라 이에
솔로몬이 그의 아버지 다윗이 드린
물건 곧 은과 금과 기구들을 가져
다가 야훼의 성전 곳간에 두었더라

8

이에 솔로몬이 야훼의 언약궤를
다윗 성 곧 시온에서 메어 올리고
자 하여 이스라엘 장로와 모든 지
파의 우두머리 곧 이스라엘 자손의
족장들을 예루살렘에 있는 자기에
게로 소집하니
2 이스라엘 모든 사람이 다 에다님월
곧 일곱째 달 절기에 솔로몬 왕에
게 모이고
3 이스라엘 장로들이 다 이르매 제사
장들이 궤를 메니라
4 야훼의 궤와 회막과 성막 안의 모
든 거룩한 기구들을 메고 올라가되
제사장과 레위 사람이 그것들을 메
고 올라가매
5 솔로몬 왕과 그 앞에 모인 이스라
엘 회중이 그와 함께 그 궤 앞에 있
어 양과 소로 제사를 지냈으니 그
수가 많아 기록할 수도 없고 셀 수
도 없었더라
6 제사장들이 야훼의 언약궤를 자기의
처소로 메어 들였으니 곧 성전의 내
소인 지성소 그룹들의 날개 아래라
7 그룹들이 그 궤 처소 위에서 날개
를 펴서 궤와 그 채를 덮었는데
8 채가 길므로 채 끝이 내소 앞 성소
에서 보이나 밖에서는 보이지 아니
하며 그 채는 오늘까지 그 곳에 있
으며
9 그 궤 안에는 두 돌판 외에 아무것
도 없으니 이것은 이스라엘 자손이
애굽 땅에서 나온 후 야훼께서 저
희와 언약을 맺으실 때에 모세가
호렙에서 그 안에 넣은 것이더라
10 제사장이 성소에서 나올 때에 구름
이 야훼의 성전에 가득하매
11 제사장이 그 구름으로 말미암아 능
히 서서 섬기지 못하였으니 이는 야
훼의 영광이 야훼의 성전에 가득함
이었더라
12 그 때에 솔로몬이 이르되 야훼께서
캄캄한 데 계시겠다 말씀하셨사오나
13 내가 참으로 주를 위하여 계실 성

기록일 : . . .

전을 건축하였사오니 주께서 영원
히 계실 처소로소이다 하고
14 얼굴을 돌이켜 이스라엘의 온 회중
을 위하여 축복하니 그 때에 이스
라엘의 온 회중이 서 있더라
15 왕이 이르되 이스라엘의 하나님 야
훼를 송축할지로다 야훼께서 그의
입으로 내 아버지 다윗에게 말씀하
신 것을 이제 그의 손으로 이루셨
도다 이르시기를
16 내가 내 백성 이스라엘을 애굽에서
인도하여 낸 날부터 내 이름을 둘
만한 집을 건축하기 위하여 이스라
엘 모든 지파 가운데에서 아무 성
읍도 택하지 아니하고 다만 다윗을
택하여 내 백성 이스라엘을 다스리
게 하였노라 하신지라
17 내 아버지 다윗이 이스라엘의 하나
님 야훼의 이름을 위하여 성전을 건
축할 마음이 있었더니
18 야훼께서 내 아버지 다윗에게 이르
시되 네가 내 이름을 위하여 성전
을 건축할 마음이 있으니 이 마음이
네게 있는 것이 좋도다
19 그러나 너는 그 성전을 건축하지 못
할 것이요 네 몸에서 낳을 네 아들
그가 내 이름을 위하여 성전을 건
축하리라 하시더니
20 이제 야훼께서 말씀하신 대로 이루
시도다 내가 야훼께서 말씀하신 대
로 내 아버지 다윗을 이어서 일어
나 이스라엘의 왕위에 앉고 이스라
엘의 하나님 야훼의 이름을 위하여
성전을 건축하고
21 내가 또 그 곳에 우리 조상들을 애
굽 땅에서 인도하여 내실 때에 그
들과 세우신 바 야훼의 언약을 넣
은 궤를 위하여 한 처소를 설치하
였노라
22 솔로몬이 야훼의 제단 앞에서 이스
라엘의 온 회중과 마주서서 하늘을
향하여 손을 펴고
23 이르되 이스라엘의 하나님 야훼여
위로 하늘과 아래로 땅에 주와 같
은 신이 없나이다 주께서는 온 마
음으로 주의 앞에서 행하는 종들에
게 언약을 지키시고 은혜를 베푸시
나이다
24 주께서 주의 종 내 아버지 다윗에
게 하신 말씀을 지키사 주의 입으
로 말씀하신 것을 손으로 이루심이
오늘과 같으니이다
25 이스라엘의 하나님 야훼여 주께서
주의 종 내 아버지 다윗에게 말씀
하시기를 네 자손이 자기 길을 삼
가서 네가 내 앞에서 행한 것 같이
내 앞에서 행하기만 하면 네게서
나서 이스라엘의 왕위에 앉을 사람
이 내 앞에서 끊어지지 아니하리라
하셨사오니 이제 다윗을 위하여 그

기록일 : . . .

하신 말씀을 지키시옵소서
26 그런즉 이스라엘의 하나님이여 원
하건대 주는 주의 종 내 아버지 다
윗에게 하신 말씀이 확실하게 하옵
소서
27 하나님이 참으로 땅에 거하시리이
까 하늘과 하늘들의 하늘이라도 주
를 용납하지 못하겠거든 하물며 내
가 건축한 이 성전이오리이까
28 그러나 내 하나님 야훼여 주의 종
의 기도와 간구를 돌아보시며 이
종이 오늘 주 앞에서 부르짖음과
비는 기도를 들으시옵소서
29 주께서 전에 말씀하시기를 내 이름
이 거기 있으리라 하신 곳 이 성전
을 향하여 주의 눈이 주야로 보시
오며 주의 종이 이 곳을 향하여 비
는 기도를 들으시옵소서
30 주의 종과 주의 백성 이스라엘이
이 곳을 향하여 기도할 때에 주는
그 간구함을 들으시되 주께서 계신
곳 하늘에서 들으시고 들으시사 사
하여 주옵소서
31 만일 어떤 사람이 그 이웃에게 범
죄함으로 맹세시킴을 받고 그가 와
서 이 성전에 있는 주의 제단 앞에
서 맹세하거든
32 주는 하늘에서 들으시고 행하시되
주의 종들을 심판하사 악한 자의
죄를 정하여 그 행위대로 그 머리
에 돌리시고 공의로운 자를 의롭다
하사 그의 의로운 바대로 갚으시옵
소서
33 만일 주의 백성 이스라엘이 주께
범죄하여 적국 앞에 패하게 되므로
주께로 돌아와서 주의 이름을 인
정하고 이 성전에서 주께 기도하며
간구하거든
34 주는 하늘에서 들으시고 주의 백성
이스라엘의 죄를 사하시고 그들의
조상들에게 주신 땅으로 돌아오게
하옵소서
35 만일 그들이 주께 범죄함으로 말미
암아 하늘이 닫히고 비가 없어서 주
께 벌을 받을 때에 이 곳을 향하여
기도하며 주의 이름을 찬양하고 그
들의 죄에서 떠나거든
36 주는 하늘에서 들으사 주의 종들과
주의 백성 이스라엘의 죄를 사하시
고 그들이 마땅히 행할 선한 길을
가르쳐 주시오며 주의 백성에게 기
업으로 주신 주의 땅에 비를 내리
시옵소서
37 만일 이 땅에 기근이나 전염병이 있
거나 곡식이 시들거나 깜부기가 나
거나 메뚜기나 황충이 나거나 적국
이 와서 성읍을 에워싸거나 무슨
재앙이나 무슨 질병이 있든지 막론
하고
38 한 사람이나 혹 주의 온 백성 이스

기록일 : . . .

라엘이 다 각각 자기의 마음에 재
앙을 깨닫고 이 성전을 향하여 손
을 펴고 무슨 기도나 무슨 간구를
하거든
39 주는 계신 곳 하늘에서 들으시고
사하시며 각 사람의 마음을 아시오
니 그들의 모든 행위대로 행하사
갚으시옵소서 주만 홀로 사람의 마
음을 다 아심이니이다
40 그리하시면 그들이 주께서 우리 조
상들에게 주신 땅에서 사는 동안에
항상 주를 경외하리이다
41 또 주의 백성 이스라엘에 속하지
아니한 자 곧 주의 이름을 위하여
먼 지방에서 온 이방인이라도
42 그들이 주의 크신 이름과 주의 능한
손과 주의 펴신 팔의 소문을 듣고
와서 이 성전을 향하여 기도하거든
43 주는 계신 곳 하늘에서 들으시고
이방인이 주께 부르짖는 대로 이루
사 땅의 만민이 주의 이름을 알고
주의 백성 이스라엘처럼 경외하게
하시오며 또 내가 건축한 이 성전을
주의 이름으로 일컫는 줄을 알게
하옵소서
44 주의 백성이 그들의 적국과 더불어
싸우고자 하여 주께서 보내신 길
로 나갈 때에 그들이 주께서 택하
신 성읍과 내가 주의 이름을 위하
여 건축한 성전이 있는 쪽을 향하여

야훼께 기도하거든
45 주는 하늘에서 그들의 기도와 간구
를 들으시고 그들의 일을 돌아보옵
소서
46 범죄하지 아니하는 사람이 없사오
니 그들이 주께 범죄함으로 주께서
그들에게 진노하사 그들을 적국에
게 넘기시매 적국이 그들을 사로잡
아 원근을 막론하고 적국의 땅으로
끌어간 후에
47 그들이 사로잡혀 간 땅에서 스스로
깨닫고 그 사로잡은 자의 땅에서
돌이켜 주께 간구하기를 우리가 범
죄하여 반역을 행하며 악을 지었나
이다 하며
48 자기를 사로잡아 간 적국의 땅에서
온 마음과 온 뜻으로 주께 돌아와
서 주께서 그들의 조상들에게 주신
땅 곧 주께서 택하신 성읍과 내가
주의 이름을 위하여 건축한 성전 있
는 쪽을 향하여 주께 기도하거든
49 주는 계신 곳 하늘에서 그들의 기
도와 간구를 들으시고 그들의 일을
돌아보시오며
50 주께 범죄한 백성을 용서하시며 주
께 범한 그 모든 허물을 사하시고
그들을 사로잡아 간 자 앞에서 그
들로 불쌍히 여김을 얻게 하사 그
사람들로 그들을 불쌍히 여기게 하
옵소서

기록일 : . . .

51 그들은 주께서 철 풀무 같은 애굽
에서 인도하여 내신 주의 백성, 주
의 소유가 됨이니이다
52 원하건대 주는 눈을 들어 종의 간
구함과 주의 백성 이스라엘의 간구
함을 보시고 주께 부르짖는 대로
들으시옵소서
53 주 야훼여 주께서 우리 조상을 애
굽에서 인도하여 내실 때에 주의
종 모세를 통하여 말씀하심 같이
주께서 세상 만민 가운데에서 그들
을 구별하여 주의 기업으로 삼으셨
나이다
54 솔로몬이 무릎을 꿇고 손을 펴서
하늘을 향하여 이 기도와 간구로
야훼께 아뢰기를 마치고 야훼의 제
단 앞에서 일어나
55 서서 큰 소리로 이스라엘의 온 회
중을 위하여 축복하며 이르되
56 야훼를 찬송할지로다 그가 말씀하
신 대로 그의 백성 이스라엘에게
태평을 주셨으니 그 종 모세를 통
하여 무릇 말씀하신 그 모든 좋은
약속이 하나도 이루어지지 아니함
이 없도다
57 우리 하나님 야훼께서 우리 조상들
과 함께 계시던 것 같이 우리와 함
께 계시옵고 우리를 떠나지 마시오
며 버리지 마시옵고
58 우리의 마음을 주께로 향하여 그의
모든 길로 행하게 하시오며 우리 조
상들에게 명령하신 계명과 법도와
율례를 지키게 하시기를 원하오며
59 야훼 앞에서 내가 간구한 이 말씀
이 주야로 우리 하나님 야훼께 가
까이 있게 하시옵고 또 주의 종의
일과 주의 백성 이스라엘의 일을
날마다 필요한 대로 돌아보사
60 이에 세상 만민에게 야훼께서만 하
나님이시고 그 외에는 없는 줄을
알게 하시기를 원하노라
61 그런즉 너희의 마음을 우리 하나님
야훼께 온전히 바쳐 완전하게 하여
오늘과 같이 그의 법도를 행하며
그의 계명을 지킬지어다
62 이에 왕과 및 왕과 함께 한 이스라
엘이 다 야훼 앞에 희생제물을 드
리니라
63 솔로몬이 화목제의 희생제물을 드
렸으니 곧 야훼께 드린 소가 이만
이천 마리요 양이 십이만 마리라 이
와 같이 왕과 모든 이스라엘 자손
이 야훼의 성전의 봉헌식을 행하였
는데
64 그 날에 왕이 야훼의 성전 앞뜰 가
운데를 거룩히 구별하고 거기서 번
제와 소제와 감사제물의 기름을 드
렸으니 이는 야훼의 앞 놋제단이 작
으므로 번제물과 소제물과 화목제
의 기름을 다 용납할 수 없음이라

기록일 : . . .

65 그 때에 솔로몬이 칠 일과 칠 일 도
합 십사 일간을 우리 하나님 야훼
앞에서 절기로 지켰는데 하맛 어귀
에서부터 애굽 강까지의 온 이스라
엘의 큰 회중이 모여 그와 함께 하
였더니
66 여덟째 날에 솔로몬이 백성을 돌려
보내매 백성이 왕을 위하여 축복하
고 자기 장막으로 돌아가는데 야훼
께서 그의 종 다윗과 그의 백성 이
스라엘에게 베푸신 모든 은혜로 말
미암아 기뻐하며 마음에 즐거워하
였더라

9

솔로몬이 야훼의 성전과 왕궁 건
축하기를 마치며 자기가 이루기를
원하던 모든 것을 마친 때에
2 야훼께서 전에 기브온에서 나타나
심 같이 다시 솔로몬에게 나타나사
3 야훼께서 그에게 이르시되 네 기도
와 네가 내 앞에서 간구한 바를 내
가 들었은즉 나는 네가 건축한 이
성전을 거룩하게 구별하여 내 이름
을 영원히 그 곳에 두며 내 눈길과
내 마음이 항상 거기에 있으리니
4 네가 만일 네 아버지 다윗이 행함
같이 마음을 온전히 하고 바르게
하여 내 앞에서 행하며 내가 네게
명령한 대로 온갖 일에 순종하여
내 법도와 율례를 지키면
5 내가 네 아버지 다윗에게 말하기를
이스라엘의 왕위에 오를 사람이 네
게서 끊어지지 아니하리라 한 대로
네 이스라엘의 왕위를 영원히 견고
하게 하려니와
6 만일 너희나 너희의 자손이 아주
돌아서서 나를 따르지 아니하며 내
가 너희 앞에 둔 나의 계명과 법도
를 지키지 아니하고 가서 다른 신을
섬겨 그것을 경배하면
7 내가 이스라엘을 내가 그들에게 준
땅에서 끊어 버릴 것이요 내 이름을
위하여 내가 거룩하게 구별한 이
성전이라도 내 앞에서 던져버리리
니 이스라엘은 모든 민족 가운데에
서 속담거리와 이야기거리가 될 것
이며
8 이 성전이 높을지라도 지나가는 자
마다 놀라며 비웃어 이르되 야훼께
서 무슨 까닭으로 이 땅과 이 성전
에 이같이 행하셨는고 하면
9 대답하기를 그들이 그들의 조상들
을 애굽 땅에서 인도하여 내신 그들
의 하나님 야훼를 버리고 다른 신을
따라가서 그를 경배하여 섬기므로
야훼께서 이 모든 재앙을 그들에게
내리심이라 하리라 하셨더라
10 솔로몬이 두 집 곧 야훼의 성전과
왕궁을 이십 년 만에 건축하기를
마치고
11 갈릴리 땅의 성읍 스무 곳을 히람

기록일 : . . .

에게 주었으니 이는 두로 왕 히람
이 솔로몬에게 그 온갖 소원대로
백향목과 잣나무와 금을 제공하였
음이라
12 히람이 두로에서 와서 솔로몬이 자
기에게 준 성읍들을 보고 눈에 들
지 아니하여
13 이르기를 내 형제여 내게 준 이 성
읍들이 이러한가 하고 이름하여 가
불 땅이라 하였더니 그 이름이 오
늘까지 있느니라
14 히람이 금 일백이십 달란트를 왕에
게 보내었더라
15 솔로몬 왕이 역군을 일으킨 까닭은
이러하니 야훼의 성전과 자기 왕궁
과 밀로와 예루살렘 성과 하솔과 므
깃도와 게셀을 건축하려 하였음이라
16 전에 애굽 왕 바로가 올라와서 게
셀을 탈취하여 불사르고 그 성읍에
사는 가나안 사람을 죽이고 그 성
읍을 자기 딸 솔로몬의 아내에게
예물로 주었더니
17 솔로몬이 게셀과 아래 벧호론을 건
축하고
18 또 바알랏과 그 땅의 들에 있는 다
드몰과
19 자기에게 있는 모든 국고성과 병거
성들과 마병의 성들을 건축하고 솔
로몬이 또 예루살렘과 레바논과 그
가 다스리는 온 땅에 건축하고자
하던 것을 다 건축하였는데
20 이스라엘 자손이 아닌 아모리 사람
과 헷 사람과 브리스 사람과 히위
사람과 여부스 사람 중 남아 있는
모든 사람
21 곧 이스라엘 자손이 다 멸하지 못
하므로 그 땅에 남아 있는 그들의
자손들을 솔로몬이 노예로 역군을
삼아 오늘까지 이르렀으되
22 다만 이스라엘 자손은 솔로몬이 노
예를 삼지 아니하였으니 그들은 군
사와 그 신하와 고관과 대장이며 병
거와 마병의 지휘관이 됨이었더라
23 솔로몬에게 일을 감독하는 우두머
리 오백오십 명이 있어 일하는 백성
을 다스렸더라
24 바로의 딸이 다윗 성에서부터 올라
와 솔로몬이 그를 위하여 건축한
궁에 이를 때에 솔로몬이 밀로를
건축하였더라
25 솔로몬이 야훼를 위하여 쌓은 제
단 위에 해마다 세 번씩 번제와 감
사의 제물을 드리고 또 야훼 앞에
있는 제단에 분향하니라 이에 성전
짓는 일을 마치니라
26 솔로몬 왕이 에돔 땅 홍해 물 가의
엘롯 근처 에시온게벨에서 배들을
지은지라
27 히람이 자기 종 곧 바다에 익숙한
사공들을 솔로몬의 종과 함께 그

기록일 : . . .

배로 보내매
28 그들이 오빌에 이르러 거기서 금 사
백이십 달란트를 얻고 솔로몬 왕에
게로 가져왔더라

10

스바의 여왕이 야훼의 이름으로
말미암은 솔로몬의 명성을 듣고
와서 어려운 문제로 그를 시험하고
자 하여
2 예루살렘에 이르니 수행하는 자가
심히 많고 향품과 심히 많은 금과
보석을 낙타에 실었더라 그가 솔로
몬에게 나아와 자기 마음에 있는
것을 다 말하매
3 솔로몬이 그가 묻는 말에 다 대답
하였으니 왕이 알지 못하여 대답하
지 못한 것이 하나도 없었더라
4 스바의 여왕이 솔로몬의 모든 지혜
와 그 건축한 왕궁과
5 그 상의 식물과 그의 신하들의 좌
석과 그의 시종들이 시립한 것과
그들의 관복과 술 관원들과 야훼의
성전에 올라가는 층계를 보고 크게
감동되어
6 왕께 말하되 내가 내 나라에서 당
신의 행위와 당신의 지혜에 대하여
들은 소문이 사실이로다
7 내가 그 말들을 믿지 아니하였더니
이제 와서 친히 본즉 내게 말한 것
은 절반도 못되니 당신의 지혜와
복이 내가 들은 소문보다 더하도다
8 복되도다 당신의 사람들이여 복되
도다 당신의 이 신하들이여 항상
당신 앞에 서서 당신의 지혜를 들
음이로다
9 당신의 하나님 야훼를 송축할지로
다 야훼께서 당신을 기뻐하사 이스
라엘 왕위에 올리셨고 야훼께서 영
원히 이스라엘을 사랑하시므로 당
신을 세워 왕으로 삼아 정의와 공
의를 행하게 하셨도다 하고
10 이에 그가 금 일백이십 달란트와
심히 많은 향품과 보석을 왕에게
드렸으니 스바의 여왕이 솔로몬 왕
에게 드린 것처럼 많은 향품이 다시
오지 아니하였더라
11 오빌에서부터 금을 실어온 히람의
배들이 오빌에서 많은 백단목과 보
석을 운반하여 오매
12 왕이 백단목으로 야훼의 성전과 왕
궁의 난간을 만들고 또 노래하는
자를 위하여 수금과 비파를 만들
었으니 이같은 백단목은 전에도 온
일이 없었고 오늘까지도 보지 못하
였더라
13 솔로몬 왕이 왕의 규례대로 스바의
여왕에게 물건을 준 것 외에 또 그
의 소원대로 구하는 것을 주니 이
에 그가 그의 신하들과 함께 본국
으로 돌아갔더라
14 솔로몬의 세입금의 무게가 금 육백

기록일 : . . .

육십육 달란트요
15 그 외에 또 상인들과 무역하는 객
상과 아라비아의 모든 왕들과 나라
의 고관들에게서도 가져온지라
16 솔로몬 왕이 쳐서 늘인 금으로 큰
방패 이백 개를 만들었으니 매 방
패에 든 금이 육백 세겔이며
17 또 쳐서 늘인 금으로 작은 방패 삼
백 개를 만들었으니 매 방패에 든
금이 삼 마네라 왕이 이것들을 레
바논 나무 궁에 두었더라
18 왕이 또 상아로 큰 보좌를 만들고
정금으로 입혔으니
19 그 보좌에는 여섯 층계가 있고 보
좌 뒤에 둥근 머리가 있고 앉는 자
리 양쪽에는 팔걸이가 있고 팔걸이
곁에는 사자가 하나씩 서 있으며
20 또 열두 사자가 있어 그 여섯 층계
좌우편에 서 있으니 어느 나라에도
이같이 만든 것이 없었더라
21 솔로몬 왕이 마시는 그릇은 다 금
이요 레바논 나무 궁의 그릇들도
다 정금이라 은 기물이 없으니 솔로
몬의 시대에 은을 귀히 여기지 아니
함은
22 왕이 바다에 다시스 배들을 두어
히람의 배와 함께 있게 하고 그 다
시스 배로 삼 년에 한 번씩 금과 은
과 상아와 원숭이와 공작을 실어
왔음이더라
23 솔로몬 왕의 재산과 지혜가 세상의
그 어느 왕보다 큰지라
24 온 세상 사람들이 다 하나님께서
솔로몬의 마음에 주신 지혜를 들으
며 그의 얼굴을 보기 원하여
25 그들이 각기 예물을 가지고 왔으니
곧 은 그릇과 금 그릇과 의복과 갑
옷과 향품과 말과 노새라 해마다
그리하였더라
26 솔로몬이 병거와 마병을 모으매 병
거가 천사백 대요 마병이 만이천 명
이라 병거성에도 두고 예루살렘 왕
에게도 두었으며
27 왕이 예루살렘에서 은을 돌 같이
흔하게 하고 백향목을 평지의 뽕나
무 같이 많게 하였더라
28 솔로몬의 말들은 애굽에서 들여왔
으니 왕의 상인들이 값주고 산 것
이며
29 애굽에서 들여온 병거는 한 대에
은 육백 세겔이요 말은 한 필에 백
오십 세겔이라 이와 같이 헷 사람
의 모든 왕과 아람 왕들에게 그것
들을 되팔기도 하였더라

11 솔로몬 왕이 바로의 딸 외에 이
방의 많은 여인을 사랑하였으니 곧
모압과 암몬과 에돔과 시돈과 헷
여인이라
2 야훼께서 일찍이 이 여러 백성에
대하여 이스라엘 자손에게 말씀하

시기를 너희는 그들과 서로 통혼하
지 말며 그들도 너희와 서로 통혼
하게 하지 말라 그들이 반드시 너
희의 마음을 돌려 그들의 신들을
따르게 하리라 하셨으나 솔로몬이
그들을 사랑하였더라
3 왕은 후궁이 칠백 명이요 첩이 삼백
명이라 그의 여인들이 왕의 마음을
돌아서게 하였더라
4 솔로몬의 나이가 많을 때에 그의
여인들이 그의 마음을 돌려 다른
신들을 따르게 하였으므로 왕의 마
음이 그의 아버지 다윗의 마음과
같지 아니하여 그의 하나님 야훼
앞에 온전하지 못하였으니
5 이는 시돈 사람의 여신 아스다롯을
따르고 암몬 사람의 가증한 밀곰을
따름이라
6 솔로몬이 야훼의 눈앞에서 악을 행
하여 그의 아버지 다윗이 야훼를
온전히 따름 같이 따르지 아니하고
7 모압의 가증한 그모스를 위하여 예
루살렘 앞 산에 산당을 지었고 또
암몬 자손의 가증한 몰록을 위하여
그와 같이 하였으며
8 그가 또 그의 이방 여인들을 위하
여 다 그와 같이 한지라 그들이 자
기의 신들에게 분향하며 제사하였
더라
9 솔로몬이 마음을 돌려 이스라엘의
하나님 야훼를 떠나므로 야훼께서
그에게 진노하시니라 야훼께서 일
찍이 두 번이나 그에게 나타나시고
10 이 일에 대하여 명령하사 다른 신을
따르지 말라 하셨으나 그가 야훼의
명령을 지키지 않았으므로
11 야훼께서 솔로몬에게 말씀하시되
네게 이러한 일이 있었고 또 네가
내 언약과 내가 네게 명령한 법도
를 지키지 아니하였으니 내가 반드
시 이 나라를 네게서 빼앗아 네 신
하에게 주리라
12 그러나 네 아버지 다윗을 위하여 네
세대에는 이 일을 행하지 아니하고
네 아들의 손에서 빼앗으려니와
13 오직 내가 이 나라를 다 빼앗지 아
니하고 내 종 다윗과 내가 택한 예
루살렘을 위하여 한 지파를 네 아
들에게 주리라 하셨더라
14 야훼께서 에돔 사람 하닷을 일으켜
솔로몬의 대적이 되게 하시니 그는
왕의 자손으로서 에돔에 거하였더라
15 전에 다윗이 에돔에 있을 때에 군
대 지휘관 요압이 가서 죽임을 당
한 자들을 장사하고 에돔의 남자를
다 쳐서 죽였는데
16 요압은 에돔의 남자를 다 없애기까
지 이스라엘 무리와 함께 여섯 달
동안 그 곳에 머물렀더라
17 그 때에 하닷은 작은 아이라 그의

아버지 신하 중 에돔 사람 몇몇과
함께 도망하여 애굽으로 가려 하여
18 미디안을 떠나 바란에 이르고 거기
서 사람을 데리고 애굽으로 가서
애굽 왕 바로에게 나아가매 바로가
그에게 집과 먹을 양식을 주며 또
토지를 주었더라
19 하닷이 바로의 눈 앞에 크게 은총
을 얻었으므로 바로가 자기의 처제
곧 왕비 다브네스의 아우를 그의
아내로 삼으매
20 다브네스의 아우가 그로 말미암아
아들 그누밧을 낳았더니 다브네스
가 그 아이를 바로의 궁중에서 젖
을 떼게 하매 그누밧이 바로의 궁
에서 바로의 아들 가운데 있었더라
21 하닷이 애굽에 있어서 다윗이 그의
조상들과 함께 잔 것과 군대 지휘
관 요압이 죽은 것을 듣고 바로에
게 아뢰되 나를 보내어 내 고국으
로 가게 하옵소서
22 바로가 그에게 이르되 네가 나와
함께 있어 무슨 부족함이 있기에
네 고국으로 가기를 구하느냐 대답
하되 없나이다 그러나 아무쪼록 나
를 보내옵소서 하였더라
23 하나님이 또 엘리아다의 아들 르손
을 일으켜 솔로몬의 대적자가 되게
하시니 그는 그의 주인 소바 왕 하
닷에셀에게서 도망한 자라
24 다윗이 소바 사람을 죽일 때에 르
손이 사람들을 자기에게 모으고 그
무리의 괴수가 되어 다메섹으로 가
서 살다가 거기서 왕이 되었더라
25 솔로몬의 일평생에 하닷이 끼친 환
난 외에 르손이 수리아 왕이 되어
이스라엘을 대적하고 미워하였더라
26 솔로몬의 신하 느밧의 아들 여로보
암이 또한 손을 들어 왕을 대적하
였으니 그는 에브라임 족속인 스레
다 사람이요 그의 어머니의 이름은
스루아이니 과부더라
27 그가 손을 들어 왕을 대적하는 까
닭은 이러하니라 솔로몬이 밀로를
건축하고 그의 아버지 다윗의 성읍
이 무너진 것을 수축하였는데
28 이 사람 여로보암은 큰 용사라 솔
로몬이 이 청년의 부지런함을 보고
세워 요셉 족속의 일을 감독하게
하였더니
29 그 즈음에 여로보암이 예루살렘에
서 나갈 때에 실로 사람 선지자 아
히야가 길에서 그를 만나니 아히야
가 새 의복을 입었고 그 두 사람만
들에 있었더라
30 아히야가 자기가 입은 새 옷을 잡
아 열두 조각으로 찢고
31 여로보암에게 이르되 너는 열 조각
을 가지라 이스라엘의 하나님 야훼
의 말씀이 내가 이 나라를 솔로몬

기록일 : . . .

의 손에서 찢어 빼앗아 열 지파를
네게 주고
32 오직 내 종 다윗을 위하고 이스라
엘 모든 지파 중에서 택한 성읍 예
루살렘을 위하여 한 지파를 솔로몬
에게 주리니
33 이는 그들이 나를 버리고 시돈 사람
의 여신 아스다롯과 모압의 신 그모
스와 암몬 자손의 신 밀곰을 경배
하며 그의 아버지 다윗이 행함 같지
아니하여 내 길로 행하지 아니하며
나 보기에 정직한 일과 내 법도와
내 율례를 행하지 아니함이니라
34 그러나 내가 택한 내 종 다윗이 내
명령과 내 법도를 지켰으므로 내가
그를 위하여 솔로몬의 생전에는 온
나라를 그의 손에서 빼앗지 아니하
고 주관하게 하려니와
35 내가 그의 아들의 손에서 나라를 빼
앗아 그 열 지파를 네게 줄 것이요
36 그의 아들에게는 내가 한 지파를
주어서 내가 거기에 내 이름을 두
고자 하여 택한 성읍 예루살렘에서
내 종 다윗이 항상 내 앞에 등불을
가지고 있게 하리라
37 내가 너를 취하리니 너는 네 마음
에 원하는 대로 다스려 이스라엘
위에 왕이 되되
38 네가 만일 내가 명령한 모든 일에
순종하고 내 길로 행하며 내 눈에
합당한 일을 하며 내 종 다윗이 행
함 같이 내 율례와 명령을 지키면
내가 너와 함께 있어 내가 다윗을
위하여 세운 것 같이 너를 위하여
견고한 집을 세우고 이스라엘을 네
게 주리라
39 내가 이로 말미암아 다윗의 자손을
괴롭게 할 것이나 영원히 하지는
아니하리라 하셨느니라 한지라
40 이러므로 솔로몬이 여로보암을 죽
이려 하매 여로보암이 일어나 애굽
으로 도망하여 애굽 왕 시삭에게
이르러 솔로몬이 죽기까지 애굽에
있으니라
41 솔로몬의 남은 사적과 그의 행한
모든 일과 그의 지혜는 솔로몬의
실록에 기록되지 아니하였느냐
42 솔로몬이 예루살렘에서 온 이스라
엘을 다스린 날 수가 사십 년이라
43 솔로몬이 그의 조상들과 함께 자매
그의 아버지 다윗의 성읍에 장사되
고 그의 아들 르호보암이 대신하여
왕이 되니라

12 르호보암이 세겜으로 갔으니 이
는 온 이스라엘이 그를 왕으로 삼
고자 하여 세겜에 이르렀음이더라
2 느밧의 아들 여로보암이 전에 솔
로몬 왕의 얼굴을 피하여 애굽으로
도망하여 있었더니 이제 그 소문을
듣고 여전히 애굽에 있는 중에

기록일 : . . .

3 우리가 사람을 보내 그를 불렀더라
여로보암과 이스라엘의 온 회중이
와서 르호보암에게 말하여 이르되
4 왕의 아버지가 우리의 멍에를 무
겁게 하였으나 왕은 이제 왕의 아
버지가 우리에게 시킨 고역과 메운
무거운 멍에를 가볍게 하소서 그리
하시면 우리가 왕을 섬기겠나이다
5 르호보암이 대답하되 갔다가 삼 일
후에 다시 내게로 오라 하매 백성
이 가니라
6 르호보암 왕이 그의 아버지 솔로몬
의 생전에 그 앞에 모셨던 노인들
과 의논하여 이르되 너희는 어떻게
충고하여 이 백성에게 대답하게 하
겠느냐
7 대답하여 이르되 왕이 만일 오늘
이 백성을 섬기는 자가 되어 그들
을 섬기고 좋은 말로 대답하여 이
르시면 그들이 영원히 왕의 종이 되
리이다 하나
8 왕이 노인들이 자문하는 것을 버리
고 자기 앞에 모셔 있는 자기와 함
께 자라난 어린 사람들과 의논하여
9 이르되 너희는 어떻게 자문하여 이
백성에게 대답하게 하겠느냐 백성
이 내게 말하기를 왕의 아버지가
우리에게 메운 멍에를 가볍게 하라
하였느니라
10 함께 자라난 소년들이 왕께 아뢰어
이르되 이 백성들이 왕께 아뢰기를
왕의 부친이 우리의 멍에를 무겁게
하였으나 왕은 우리를 위하여 가볍
게 하라 하였은즉 왕은 대답하기를
내 새끼 손가락이 내 아버지의 허
리보다 굵으니
11 내 아버지께서 너희에게 무거운 멍
에를 메게 하였으나 이제 나는 너
희의 멍에를 더욱 무겁게 할지라
내 아버지는 채찍으로 너희를 징계
하였으나 나는 전갈 채찍으로 너희
를 징계하리라 하소서
12 삼 일 만에 여로보암과 모든 백성
이 르호보암에게 나아왔으니 이는
왕이 명령하여 이르기를 삼 일 만에
내게로 다시 오라 하였음이라
13 왕이 포학한 말로 백성에게 대답할
새 노인의 자문을 버리고
14 어린 사람들의 자문을 따라 그들에
게 말하여 이르되 내 아버지는 너
희의 멍에를 무겁게 하였으나 나는
너희의 멍에를 더욱 무겁게 할지라
내 아버지는 채찍으로 너희를 징계
하였으나 나는 전갈 채찍으로 너희
를 징치하리라 하니라
15 왕이 이같이 백성의 말을 듣지 아니
하였으니 이 일은 야훼께로 말미암
아 난 것이라 야훼께서 전에 실로
사람 아히야로 느밧의 아들 여로보
암에게 하신 말씀을 이루게 하심이

기록일 : . . .

더라
16 온 이스라엘이 자기들의 말을 왕이
듣지 아니함을 보고 왕에게 대답하
여 이르되 우리가 다윗과 무슨 관계
가 있느냐 이새의 아들에게서 받을
유산이 없도다 이스라엘아 너희의
장막으로 돌아가라 다윗이여 이제
너는 네 집이나 돌아보라 하고 이스
라엘이 그 장막으로 돌아가니라
17 그러나 유다 성읍들에 사는 이스라
엘 자손에게는 르호보암이 그들의
왕이 되었더라
18 르호보암 왕이 역군의 감독 아도
람을 보냈더니 온 이스라엘이 그를
돌로 쳐죽인지라 르호보암 왕이 급
히 수레에 올라 예루살렘으로 도망
하였더라
19 이에 이스라엘이 다윗의 집을 배반
하여 오늘까지 이르렀더라
20 온 이스라엘이 여로보암이 돌아왔
다 함을 듣고 사람을 보내 그를 공
회로 청하여 온 이스라엘의 왕으로
삼았으니 유다 지파 외에는 다윗의
집을 따르는 자가 없으니라
21 르호보암이 예루살렘에 이르러 유
다 온 족속과 베냐민 지파를 모으
니 택한 용사가 십팔만 명이라 이
스라엘 족속과 싸워 나라를 회복하
여 솔로몬의 아들 르호보암에게 돌
리려 하더니
22 하나님의 말씀이 하나님의 사람 스
마야에게 임하여 이르시되
23 솔로몬의 아들 유다 왕 르호보암과
유다와 베냐민 온 족속과 또 그 남
은 백성에게 말하여 이르기를
24 야훼의 말씀이 너희는 올라가지 말
라 너희 형제 이스라엘 자손과 싸
우지 말고 각기 집으로 돌아가라
이 일이 나로 말미암아 난 것이라
하셨다 하라 하신지라 그들이 야훼
의 말씀을 듣고 그 말씀을 따라 돌
아갔더라
25 여로보암이 에브라임 산지에 세겜
을 건축하고 거기서 살며 또 거기서
나가서 부느엘을 건축하고
26 그의 마음에 스스로 이르기를 나
라가 이제 다윗의 집으로 돌아가
리로다
27 만일 이 백성이 예루살렘에 있는
야훼의 성전에 제사를 드리고자 하
여 올라가면 이 백성의 마음이 유
다 왕 된 그들의 주 르호보암에게
로 돌아가서 나를 죽이고 유다의
왕 르호보암에게로 돌아가리로다
하고
28 이에 계획하고 두 금송아지를 만들
고 무리에게 말하기를 너희가 다시
는 예루살렘에 올라갈 것이 없도다
이스라엘아 이는 너희를 애굽 땅에
서 인도하여 올린 너희의 신들이라

기록일 : . . .

하고
29 하나는 벧엘에 두고 하나는 단에
둔지라
30 이 일이 죄가 되었으니 이는 백성들
이 단까지 가서 그 하나에게 경배
함이더라
31 그가 또 산당들을 짓고 레위 자손
아닌 보통 백성으로 제사장을 삼고
32 여덟째 달 곧 그 달 열다섯째 날로
절기를 정하여 유다의 절기와 비슷
하게 하고 제단에 올라가되 벧엘에
서 그와 같이 행하여 그가 만든 송
아지에게 제사를 드렸으며 그가 지
은 산당의 제사장을 벧엘에서 세웠
더라
33 그가 자기 마음대로 정한 달 곧 여
덟째 달 열다섯째 날로 이스라엘
자손을 위하여 절기로 정하고 벧엘
에 쌓은 제단에 올라가서 분향하였
더라

13 보라 그 때에 하나님의 사람이 야
훼의 말씀으로 말미암아 유다에서
부터 벧엘에 이르니 마침 여로보암
이 제단 곁에 서서 분향하는지라
2 하나님의 사람이 제단을 향하여 야
훼의 말씀으로 외쳐 이르되 제단아
제단아 야훼께서 이와 같이 말씀하
시기를 다윗의 집에 요시야라 이름
하는 아들을 낳으리니 그가 네 위
에 분향하는 산당 제사장을 네 위
에서 제물로 바칠 것이요 또 사람
의 뼈를 네 위에서 사르리라 하셨
느니라 하고
3 그 날에 그가 징조를 들어 이르되
이는 야훼께서 말씀하신 징조라 제
단이 갈라지며 그 위에 있는 재가
쏟아지리라 하매
4 여로보암 왕이 하나님의 사람이 벧
엘에 있는 제단을 향하여 외쳐 말함
을 들을 때에 제단에서 손을 펴며
그를 잡으라 하더라 그를 향하여 편
손이 말라 다시 거두지 못하며
5 하나님의 사람이 야훼의 말씀으로
보인 징조대로 제단이 갈라지며 재
가 제단에서 쏟아진지라
6 왕이 하나님의 사람에게 말하여 이
르되 청하건대 너는 나를 위하여
네 하나님 야훼께 은혜를 구하여
내 손이 다시 성하게 기도하라 하
나님의 사람이 야훼께 은혜를 구하
니 왕의 손이 다시 성하도록 전과
같이 되니라
7 왕이 하나님의 사람에게 이르되 나
와 함께 집에 가서 쉬라 내가 네게
예물을 주리라
8 하나님의 사람이 왕께 대답하되 왕
께서 왕의 집 절반을 내게 준다 할
지라도 나는 왕과 함께 들어가지도
아니하고 이 곳에서는 떡도 먹지
아니하고 물도 마시지 아니하리니

기록일 : . . .

9 이는 곧 야훼의 말씀이 내게 명령
하여 이르시기를 떡도 먹지 말며 물
도 마시지 말고 왔던 길로 되돌아
가지 말라 하셨음이니이다 하고
10 이에 다른 길로 가고 자기가 벧엘
에 오던 길로 되돌아가지도 아니하
니라
11 벧엘에 한 늙은 선지자가 살더니
그의 아들들이 와서 이 날에 하나
님의 사람이 벧엘에서 행한 모든
일을 그에게 말하고 또 그가 왕에
게 드린 말씀도 그들이 그들의 아
버지에게 말한지라
12 그들의 아버지가 그들에게 이르되
그가 어느 길로 가더냐 하니 그의
아들들이 유다에서부터 온 하나님
의 사람의 간 길을 보았음이라
13 그가 그의 아들들에게 이르되 나를
위하여 나귀에 안장을 지우라 그들
이 나귀에 안장을 지우니 그가 타고
14 하나님의 사람을 뒤따라가서 상수
리나무 아래에 앉은 것을 보고 이
르되 그대가 유다에서 온 하나님의
사람이냐 대답하되 그러하다
15 그가 그 사람에게 이르되 나와 함
께 집으로 가서 떡을 먹으라
16 대답하되 나는 그대와 함께 돌아
가지도 못하겠고 그대와 함께 들어
가지도 못하겠으며 내가 이 곳에서
그대와 함께 떡도 먹지 아니하고
물도 마시지 아니하리니
17 이는 야훼의 말씀이 내게 이르시기
를 네가 거기서 떡도 먹지 말고 물
도 마시지 말며 또 네가 오던 길로
되돌아가지도 말라 하셨음이로다
18 그가 그 사람에게 이르되 나도 그
대와 같은 선지자라 천사가 야훼의
말씀으로 내게 이르기를 그를 네
집으로 데리고 돌아가서 그에게 떡
을 먹이고 물을 마시게 하라 하였
느니라 하니 이는 그 사람을 속임
이라
19 이에 그 사람이 그와 함께 돌아가
서 그의 집에서 떡을 먹으며 물을
마시니라
20 그들이 상 앞에 앉아 있을 때에 야
훼의 말씀이 그 사람을 데려온 선
지자에게 임하니
21 그가 유다에서부터 온 하나님의 사
람을 향하여 외쳐 이르되 야훼의
말씀에 네가 야훼의 말씀을 어기며
네 하나님 야훼께서 네게 내리신
명령을 지키지 아니하고
22 돌아와서 야훼가 너더러 떡도 먹지
말고 물도 마시지 말라 하신 곳에
서 떡을 먹고 물을 마셨으니 네 시
체가 네 조상들의 묘실에 들어가지
못하리라 하셨느니라 하니라
23 그리고 자기가 데리고 온 선지자가
떡을 먹고 물을 마신 후에 그를 위

기록일 : . . .

하여 나귀에 안장을 지우니라
24 이에 그 사람이 가더니 사자가 길
에서 그를 만나 물어 죽이매 그의
시체가 길에 버린 바 되니 나귀는
그 곁에 서 있고 사자도 그 시체 곁
에 서 있더라
25 지나가는 사람들이 길에 버린 시체
와 그 시체 곁에 선 사자를 보고 그
늙은 선지자가 사는 성읍에 가서
말한지라
26 그 사람을 길에서 데리고 돌아간
선지자가 듣고 말하되 이는 야훼의
말씀을 어긴 하나님의 사람이로다
야훼께서 그에게 하신 말씀과 같이
야훼께서 그를 사자에게 넘기시매
사자가 그를 찢어 죽였도다 하고
27 이에 그의 아들들에게 말하여 이르
되 나를 위하여 나귀에 안장을 지
우라 그들이 안장을 지우매
28 그가 가서 본즉 그의 시체가 길에
버린 바 되었고 나귀와 사자는 그
시체 곁에 서 있는데 사자가 시체
를 먹지도 아니하였고 나귀를 찢지
도 아니하였더라
29 늙은 선지자가 하나님의 사람의 시
체를 들어 나귀에 실어 가지고 돌
아와 자기 성읍으로 들어가서 슬피
울며 장사하되
30 곧 그의 시체를 자기의 묘실에 두
고 오호라 내 형제여 하며 그를 위
하여 슬피우니라
31 그 사람을 장사한 후에 그가 그 아
들들에게 말하여 이르되 내가 죽거
든 하나님의 사람을 장사한 묘실에
나를 장사하되 내 뼈를 그의 뼈 곁
에 두라
32 그가 야훼의 말씀으로 벧엘에 있는
제단을 향하고 또 사마리아 성읍들
에 있는 모든 산당을 향하여 외쳐
말한 것이 반드시 이룰 것임이니라
33 여로보암이 이 일 후에도 그의 악한
길에서 떠나 돌이키지 아니하고 다
시 일반 백성을 산당의 제사장으로
삼되 누구든지 자원하면 그 사람을
산당의 제사장으로 삼았으므로
34 이 일이 여로보암 집에 죄가 되어
그 집이 땅 위에서 끊어져 멸망하
게 되니라

14 그 때에 여로보암의 아들 아비야
가 병든지라
2 여로보암이 자기 아내에게 이르되
청하건대 일어나 변장하여 사람들
이 그대가 여로보암의 아내임을 알
지 못하게 하고 실로로 가라 거기
선지자 아히야가 있나니 그는 이전
에 내가 이 백성의 왕이 될 것을 내
게 말한 사람이니라
3 그대의 손에 떡 열 개와 과자와 꿀
한 병을 가지고 그에게로 가라 그
가 그대에게 이 아이가 어떻게 될

지를 알게 하리라
4 여로보암의 아내가 그대로 하여 일
어나 실로로 가서 아히야의 집에 이
르니 아히야는 나이가 많아 눈이
어두워 보지 못하더라
5 야훼께서 아히야에게 이르시되 여
로보암의 아내가 자기 아들이 병
들었으므로 네게 물으러 오나니 너
는 이러이러하게 대답하라 그가 들
어올 때에 다른 사람인 체함이니라
6 그가 문으로 들어올 때에 아히야가
그 발소리를 듣고 말하되 여로보암
의 아내여 들어오라 네가 어찌하여
다른 사람인 체하느냐 내가 명령을
받아 흉한 일을 네게 전하리니
7 가서 여로보암에게 말하라 이스라
엘의 하나님 야훼의 말씀이 내가
너를 백성 중에서 들어 내 백성 이
스라엘의 주권자가 되게 하고
8 나라를 다윗의 집에서 찢어내어 네
게 주었거늘 너는 내 종 다윗이 내
명령을 지켜 전심으로 나를 따르며
나 보기에 정직한 일만 행하였음과
같지 아니하고
9 네 이전 사람들보다도 더 악을 행
하고 가서 너를 위하여 다른 신을
만들며 우상을 부어 만들어 나를
노엽게 하고 나를 네 등 뒤에 버렸
도다
10 그러므로 내가 여로보암의 집에 재
앙을 내려 여로보암에게 속한 사내
는 이스라엘 가운데 매인 자나 놓
인 자나 다 끊어 버리되 거름 더미
를 쓸어 버림 같이 여로보암의 집을
말갛게 쓸어 버릴지라
11 여로보암에게 속한 자가 성읍에서
죽은즉 개가 먹고 들에서 죽은즉
공중의 새가 먹으리니 이는 야훼께
서 말씀하셨음이니라 하셨나니
12 너는 일어나 네 집으로 가라 네 발
이 성읍에 들어갈 때에 그 아이가
죽을지라
13 온 이스라엘이 그를 위하여 슬퍼하
며 장사하려니와 여로보암에게 속한
자는 오직 이 아이만 묘실에 들어가
리니 이는 여로보암의 집 가운데에
서 그가 이스라엘의 하나님 야훼를
향하여 선한 뜻을 품었음이니라
14 야훼께서 이스라엘 위에 한 왕을
일으키신즉 그가 그 날에 여로보암
의 집을 끊어 버리리라 언제냐 하니
곧 이제라
15 야훼께서 이스라엘을 쳐서 물에서
흔들리는 갈대 같이 되게 하시고
이스라엘을 그의 조상들에게 주신
이 좋은 땅에서 뽑아 그들을 강 너
머로 흩으시리니 그들이 아세라 상
을 만들어 야훼를 진노하게 하였음
이니라
16 야훼께서 여로보암의 죄로 말미암

기록일 : . . .

아 이스라엘을 버리시리니 이는 그
도 범죄하고 이스라엘로 범죄하게
하였음이니라 하니라
17 여로보암의 아내가 일어나 디르사
로 돌아가서 집 문지방에 이를 때
에 그 아이가 죽은지라
18 온 이스라엘이 그를 장사하고 그를
위하여 슬퍼하니 야훼께서 그의 종
선지자 아히야를 통하여 하신 말씀
과 같이 되었더라
19 여로보암의 그 남은 행적 곧 그가
어떻게 싸웠는지와 어떻게 다스렸
는지는 이스라엘 왕 역대지략에 기
록되니라
20 여로보암이 왕이 된 지 이십이 년이
라 그가 그의 조상들과 함께 자매
그의 아들 나답이 대신하여 왕이
되니라
21 솔로몬의 아들 르호보암은 유다 왕
이 되었으니 르호보암이 왕위에 오
를 때에 나이가 사십일 세라 야훼
께서 자기 이름을 두시려고 이스
라엘 모든 지파 가운데에서 택하
신 성읍 예루살렘에서 십칠 년 동안
다스리니라 그의 어머니의 이름은
나아마요 암몬 사람이더라
22 유다가 야훼 보시기에 악을 행하되
그의 조상들이 행한 모든 일보다
뛰어나게 하여 그 범한 죄로 야훼
를 노엽게 하였으니
23 이는 그들도 산 위에와 모든 푸른
나무 아래에 산당과 우상과 아세라
상을 세웠음이라
24 그 땅에 또 남색하는 자가 있었고
야훼께서 이스라엘 자손 앞에서 쫓
아내신 국민의 모든 가증한 일을
무리가 본받아 행하였더라
25 르호보암 왕 제오년에 애굽의 왕
시삭이 올라와서 예루살렘을 치고
26 야훼의 성전의 보물과 왕궁의 보물
을 모두 빼앗고 또 솔로몬이 만든
금 방패를 다 빼앗은지라
27 르호보암 왕이 그 대신 놋으로 방
패를 만들어 왕궁 문을 지키는 시
위대 대장의 손에 맡기매
28 왕이 야훼의 성전에 들어갈 때마다
시위하는 자가 그 방패를 들고 갔
다가 시위소로 도로 가져갔더라
29 르호보암의 남은 사적과 그가 행한
모든 일은 유다 왕 역대지략에 기
록되지 아니하였느냐
30 르호보암과 여로보암 사이에 항상
전쟁이 있으니라
31 르호보암이 그의 조상들과 함께 자
니 그의 조상들과 함께 다윗 성에
장사되니라 그의 어머니의 이름은
나아마요 암몬 사람이더라 그의 아
들 아비얌이 대신하여 왕이 되니라
15 느밧의 아들 여로보암 왕 열여덟
째 해에 아비얌이 유다 왕이 되고

2 예루살렘에서 삼 년 동안 다스리니
라 그의 어머니의 이름은 마아가요
아비살롬의 딸이더라
3 아비얌이 그의 아버지가 이미 행한
모든 죄를 행하고 그의 마음이 그
의 조상 다윗의 마음과 같지 아니
하여 그의 하나님 야훼 앞에 온전
하지 못하였으나
4 그의 하나님 야훼께서 다윗을 위하
여 예루살렘에서 그에게 등불을 주
시되 그의 아들을 세워 뒤를 잇게
하사 예루살렘을 견고하게 하셨으니
5 이는 다윗이 헷 사람 우리아의 일
외에는 평생에 야훼 보시기에 정직
하게 행하고 자기에게 명령하신 모
든 일을 어기지 아니하였음이라
6 르호보암과 여로보암 사이에 사는
날 동안 전쟁이 있었더니
7 아비얌과 여로보암 사이에도 전쟁
이 있으니라 아비얌의 남은 사적과
그 행한 모든 일은 유다 왕 역대지
략에 기록되지 아니하였느냐
8 아비얌이 그의 조상들과 함께 자니
다윗 성에 장사되고 그 아들 아사
가 대신하여 왕이 되니라
9 이스라엘의 여로보암 왕 제이십년
에 아사가 유다 왕이 되어
10 예루살렘에서 사십일 년 동안 다스
리니라 그의 어머니의 이름은 마아
가라 아비살롬의 딸이더라

11 아사가 그의 조상 다윗 같이 야훼
보시기에 정직하게 행하여
12 남색하는 자를 그 땅에서 쫓아내고
그의 조상들이 지은 모든 우상을
없애고
13 또 그의 어머니 마아가가 혐오스러
운 아세라 상을 만들었으므로 태후
의 위를 폐하고 그 우상을 찍어 기
드론 시냇가에서 불살랐으나
14 다만 산당은 없애지 아니하니라 그
러나 아사의 마음이 일평생 야훼
앞에 온전하였으며
15 그가 그의 아버지가 성별한 것과
자기가 성별한 것을 야훼의 성전에
받들어 드렸으니 곧 은과 금과 그
릇들이더라
16 아사와 이스라엘의 왕 바아사 사이
에 일생 동안 전쟁이 있으니라
17 이스라엘의 왕 바아사가 유다를 치
러 올라와서 라마를 건축하여 사람
을 유다 왕 아사와 왕래하지 못하
게 하려 한지라
18 아사가 야훼의 성전 곳간과 왕궁
곳간에 남은 은금을 모두 가져다
가 그 신하의 손에 넘겨 다메섹에
거주하고 있는 아람의 왕 헤시온의
손자 다브림몬의 아들 벤하닷에게
보내며 이르되
19 나와 당신 사이에 약조가 있고 내
아버지와 당신의 아버지 사이에도

기록일 : . . .

있었느니라 내가 당신에게 은금 예
물을 보냈으니 와서 이스라엘의 왕
바아사와 세운 약조를 깨뜨려서 그
가 나를 떠나게 하라 하매
20 벤하닷이 아사 왕의 말을 듣고 그
의 군대 지휘관들을 보내 이스라엘
성읍들을 치되 이욘과 단과 아벨벧
마아가와 긴네렛 온 땅과 납달리
온 땅을 쳤더니
21 바아사가 듣고 라마를 건축하는 일
을 중단하고 디르사에 거주하니라
22 이에 아사 왕이 온 유다에 명령을
내려 한 사람도 모면하지 못하게
하여 바아사가 라마를 건축하던 돌
과 재목을 가져오게 하고 그것으로
베냐민의 게바와 미스바를 건축하
였더라
23 아사의 남은 사적과 모든 권세와
그가 행한 모든 일과 성읍을 건축
한 일이 유다 왕 역대지략에 기록
되지 아니하였느냐 그러나 그는 늘
그막에 발에 병이 들었더라
24 아사가 그의 조상들과 함께 자매
그의 조상들과 함께 그의 조상 다
윗의 성읍에 장사되고 그의 아들
여호사밧이 대신하여 왕이 되니라
25 유다의 아사 왕 둘째 해에 여로보
암의 아들 나답이 이스라엘 왕이
되어 이 년 동안 이스라엘을 다스
리니라
26 그가 야훼 보시기에 악을 행하되
그의 아버지의 길로 행하며 그가
이스라엘에게 범하게 한 그 죄 중
에 행한지라
27 이에 잇사갈 족속 아히야의 아들
바아사가 그를 모반하여 블레셋 사
람에게 속한 깁브돈에서 그를 죽
였으니 이는 나답과 온 이스라엘이
깁브돈을 에워싸고 있었음이더라
28 유다의 아사 왕 셋째 해에 바아사
가 나답을 죽이고 대신하여 왕이
되고
29 왕이 될 때에 여로보암의 온 집을
쳐서 생명 있는 자를 한 사람도 남
기지 아니하고 다 멸하였는데 야훼
께서 그의 종 실로 사람 아히야를
통하여 하신 말씀과 같이 되었으니
30 이는 여로보암이 범죄하고 또 이스
라엘에게 범하게 한 죄로 말미암
음이며 또 그가 이스라엘의 하나님
야훼를 노엽게 한 일 때문이었더라
31 나답의 남은 사적과 행한 모든 일
은 이스라엘 왕 역대지략에 기록되
지 아니하였느냐
32 아사와 이스라엘의 바아사 왕 사이
에 일생 동안 전쟁이 있으니라
33 유다의 아사 왕 셋째 해에 아히야
의 아들 바아사가 디르사에서 모든
이스라엘의 왕이 되어 이십사 년 동
안 다스리니라

기록일 : . . .

34 바아사가 야훼 보시기에 악을 행
하되 여로보암의 길로 행하며 그가
이스라엘에게 범하게 한 그 죄 중
에 행하였더라

16

야훼의 말씀이 하나니의 아들 예
후에게 임하여 바아사를 꾸짖어 이
르시되
2 내가 너를 티끌에서 들어 내 백성
이스라엘 위에 주권자가 되게 하였
거늘 네가 여로보암의 길로 행하며
내 백성 이스라엘에게 범죄하게 하
여 그들의 죄로 나를 노엽게 하였
은즉
3 내가 너 바아사와 네 집을 쓸어버
려 네 집이 느밧의 아들 여로보암
의 집 같이 되게 하리니
4 바아사에게 속한 자가 성읍에서 죽
은즉 개가 먹고 그에게 속한 자가
들에서 죽은즉 공중의 새가 먹으리
라 하셨더라
5 바아사의 남은 사적과 행한 모든
일과 권세는 이스라엘 왕 역대지략
에 기록되지 아니하였느냐
6 바아사가 그의 조상들과 함께 자매
디르사에 장사되고 그의 아들 엘라
가 대신하여 왕이 되니라
7 야훼의 말씀이 하나니의 아들 선지
자 예후에게도 임하사 바아사와 그
의 집을 꾸짖으심은 그가 여로보암
의 집과 같이 야훼 보시기에 모든
악을 행하며 그의 손의 행위로 야
훼를 노엽게 하였음이며 또 그의
집을 쳤음이더라
8 유다의 아사 왕 제이십육년에 바아
사의 아들 엘라가 디르사에서 이스
라엘의 왕이 되어 이 년 동안 그 왕
위에 있으니라
9 엘라가 디르사에 있어 왕궁 맡은
자 아르사의 집에서 마시고 취할
때에 그 신하 곧 병거 절반을 통솔
한 지휘관 시므리가 왕을 모반하여
10 시므리가 들어가서 그를 쳐죽이고
그를 대신하여 왕이 되니 곧 유다
의 아사 왕 제이십칠년이라
11 시므리가 왕이 되어 왕위에 오를
때에 바아사의 온 집안 사람들을
죽이되 남자는 그의 친족이든지 그
의 친구든지 한 사람도 남기지 아
니하고
12 바아사의 온 집을 멸하였는데 선지
자 예후를 통하여 바아사를 꾸짖어
하신 야훼의 말씀 같이 되었으니
13 이는 바아사의 모든 죄와 그의 아
들 엘라의 죄 때문이라 그들이 범죄
하고 또 이스라엘에게 범죄하게 하
여 그들의 헛된 것들로 이스라엘의
하나님 야훼를 노하시게 하였더라
14 엘라의 남은 사적과 행한 모든 일
은 이스라엘 왕 역대지략에 기록되
지 아니하였느냐

기록일 : . . .

15 유다의 아사 왕 제이십칠년에 시므
리가 디르사에서 칠 일 동안 왕이
되니라 그 때에 백성들이 블레셋
사람에게 속한 깁브돈을 향하여 진
을 치고 있더니
16 진중 백성들이 시므리가 모반하여
왕을 죽였다는 말을 들은지라 그
날에 이스라엘의 무리가 진에서 군
대 지휘관 오므리를 이스라엘의 왕
으로 삼으매
17 오므리가 이에 이스라엘의 무리를
거느리고 깁브돈에서부터 올라와서
디르사를 에워 쌌더라
18 시므리가 성읍이 함락됨을 보고 왕
궁 요새에 들어가서 왕궁에 불을
지르고 그 가운데에서 죽었으니
19 이는 그가 야훼 보시기에 악을 행
하여 범죄하였기 때문이니라 그가
여로보암의 길로 행하며 그가 이스
라엘에게 죄를 범하게 한 그 죄 중
에 행하였더라
20 시므리의 남은 행위와 그가 반역한
일은 이스라엘 왕 역대지략에 기록
되지 아니하였느냐
21 그 때에 이스라엘 백성이 둘로 나
뉘어 그 절반은 기낫의 아들 디브
니를 따라 그를 왕으로 삼으려 하
고 그 절반은 오므리를 따랐더니
22 오므리를 따른 백성이 기낫의 아
들 디브니를 따른 백성을 이긴지라
디브니가 죽으매 오므리가 왕이 되
니라
23 유다의 아사 왕 제삼십일년에 오므
리가 이스라엘의 왕이 되어 십이 년
동안 왕위에 있으며 디르사에서 육
년 동안 다스리니라
24 그가 은 두 달란트로 세멜에게서
사마리아 산을 사고 그 산 위에 성
읍을 건축하고 그 건축한 성읍 이
름을 그 산 주인이었던 세멜의 이
름을 따라 사마리아라 일컬었더라
25 오므리가 야훼 보시기에 악을 행하
되 그 전의 모든 사람보다 더욱 악
하게 행하여
26 느밧의 아들 여로보암의 모든 길로
행하며 그가 이스라엘에게 죄를 범
하게 한 그 죄 중에 행하여 그들의
헛된 것들로 이스라엘의 하나님 야
훼를 노하시게 하였더라
27 오므리가 행한 그 남은 사적과 그
가 부린 권세는 이스라엘 왕 역대
지략에 기록되지 아니하였느냐
28 오므리가 그의 조상들과 함께 자매
사마리아에 장사되고 그의 아들 아
합이 대신하여 왕이 되니라
29 유다의 아사 왕 제삼십팔년에 오므
리의 아들 아합이 이스라엘의 왕이
되니라 오므리의 아들 아합이 사마
리아에서 이십이 년 동안 이스라엘
을 다스리니라

기록일 : . . .

30 오므리의 아들 아합이 그의 이전의
모든 사람보다 야훼 보시기에 악을
더욱 행하여
31 느밧의 아들 여로보암의 죄를 따라
행하는 것을 오히려 가볍게 여기며
시돈 사람의 왕 엣바알의 딸 이세
벨을 아내로 삼고 가서 바알을 섬
겨 예배하고
32 사마리아에 건축한 바알의 신전 안
에 바알을 위하여 제단을 쌓으며
33 또 아세라 상을 만들었으니 그는
그 이전의 이스라엘의 모든 왕보다
심히 이스라엘 하나님 야훼를 노하
시게 하였더라
34 그 시대에 벧엘 사람 히엘이 여리
고를 건축하였는데 그가 그 터를
쌓을 때에 맏아들 아비람을 잃었고
그 성문을 세울 때에 막내 아들 스
굽을 잃었으니 야훼께서 눈의 아들
여호수아를 통하여 하신 말씀과 같
이 되었더라

17

길르앗에 우거하는 자 중에 디셉
사람 엘리야가 아합에게 말하되 내
가 섬기는 이스라엘의 하나님 야훼
께서 살아 계심을 두고 맹세하노니
내 말이 없으면 수 년 동안 비도 이
슬도 있지 아니하리라 하니라
2 야훼의 말씀이 엘리야에게 임하여
이르시되
3 너는 여기서 떠나 동쪽으로 가서
요단 앞 그릿 시냇가에 숨고
4 그 시냇물을 마시라 내가 까마귀들
에게 명령하여 거기서 너를 먹이게
하리라
5 그가 야훼의 말씀과 같이 하여 곧
가서 요단 앞 그릿 시냇가에 머물매
6 까마귀들이 아침에도 떡과 고기를,
저녁에도 떡과 고기를 가져왔고 그
가 시냇물을 마셨으나
7 땅에 비가 내리지 아니하므로 얼마
후에 그 시내가 마르니라
8 야훼의 말씀이 엘리야에게 임하여
이르시되
9 너는 일어나 시돈에 속한 사르밧으
로 가서 거기 머물라 내가 그 곳 과
부에게 명령하여 네게 음식을 주게
하였느니라
10 그가 일어나 사르밧으로 가서 성문
에 이를 때에 한 과부가 그 곳에서
나뭇가지를 줍는지라 이에 불러 이
르되 청하건대 그릇에 물을 조금
가져다가 내가 마시게 하라
11 그가 가지러 갈 때에 엘리야가 그
를 불러 이르되 청하건대 네 손의
떡 한 조각을 내게로 가져오라
12 그가 이르되 당신의 하나님 야훼께
서 살아 계심을 두고 맹세하노니
나는 떡이 없고 다만 통에 가루 한
움큼과 병에 기름 조금 뿐이라 내
가 나뭇가지 둘을 주워다가 나와

기록일 : . . .

내 아들을 위하여 음식을 만들어
먹고 그 후에는 죽으리라
13 엘리야가 그에게 이르되 두려워하
지 말고 가서 네 말대로 하려니와
먼저 그것으로 나를 위하여 작은
떡 한 개를 만들어 내게로 가져오
고 그 후에 너와 네 아들을 위하여
만들라
14 이스라엘의 하나님 야훼의 말씀이
나 야훼가 비를 지면에 내리는 날
까지 그 통의 가루가 떨어지지 아
니하고 그 병의 기름이 없어지지 아
니하리라 하셨느니라
15 그가 가서 엘리야의 말대로 하였더
니 그와 엘리야와 그의 식구가 여
러 날 먹었으나
16 야훼께서 엘리야를 통하여 하신 말
씀 같이 통의 가루가 떨어지지 아
니하고 병의 기름이 없어지지 아니
하니라
17 이 일 후에 그 집 주인 되는 여인의
아들이 병들어 증세가 심히 위중하
다가 숨이 끊어진지라
18 여인이 엘리야에게 이르되 하나님
의 사람이여 당신이 나와 더불어 무
슨 상관이 있기로 내 죄를 생각나
게 하고 또 내 아들을 죽게 하려고
내게 오셨나이까
19 엘리야가 그에게 그의 아들을 달라
하여 그를 그 여인의 품에서 받아
안고 자기가 거처하는 다락에 올라
가서 자기 침상에 누이고
20 야훼께 부르짖어 이르되 내 하나님
야훼여 주께서 또 내가 우거하는
집 과부에게 재앙을 내리사 그 아
들이 죽게 하셨나이까 하고
21 그 아이 위에 몸을 세 번 펴서 엎
드리고 야훼께 부르짖어 이르되 내
하나님 야훼여 원하건대 이 아이의
혼으로 그의 몸에 돌아오게 하옵소
서 하니
22 야훼께서 엘리야의 소리를 들으시
므로 그 아이의 혼이 몸으로 돌아
오고 살아난지라
23 엘리야가 그 아이를 안고 다락에서
방으로 내려가서 그의 어머니에게
주며 이르되 보라 네 아들이 살아
났느니라
24 여인이 엘리야에게 이르되 내가 이
제야 당신은 하나님의 사람이시요
당신의 입에 있는 야훼의 말씀이
진실한 줄 아노라 하니라

18

많은 날이 지나고 제삼년에 야훼
의 말씀이 엘리야에게 임하여 이르
시되 너는 가서 아합에게 보이라
내가 비를 지면에 내리리라
2 엘리야가 아합에게 보이려고 가니
그 때에 사마리아에 기근이 심하였
더라
3 아합이 왕궁 맡은 자 오바댜를 불

기록일 : . . .

렀으니 이 오바댜는 야훼를 지극히
경외하는 자라
4 이세벨이 야훼의 선지자들을 멸할
때에 오바댜가 선지자 백 명을 가
지고 오십 명씩 굴에 숨기고 떡과
물을 먹였더라
5 아합이 오바댜에게 이르되 이 땅
의 모든 물 근원과 모든 내로 가자
혹시 꼴을 얻으리라 그리하면 말과
노새를 살리리니 짐승을 다 잃지 않
게 되리라 하고
6 두 사람이 두루 다닐 땅을 나누어
아합은 홀로 이 길로 가고 오바댜
는 홀로 저 길로 가니라
7 오바댜가 길에 있을 때에 엘리야가
그를 만난지라 그가 알아보고 엎드
려 말하되 내 주 엘리야여 당신이시
니이까
8 그가 그에게 대답하되 그러하다 가
서 네 주에게 말하기를 엘리야가
여기 있다 하라
9 이르되 내가 무슨 죄를 범하였기에
당신이 당신의 종을 아합의 손에
넘겨 죽이게 하려 하시나이까
10 당신의 하나님 야훼께서 살아 계심
을 두고 맹세하노니 내 주께서 사
람을 보내어 당신을 찾지 아니한
족속이나 나라가 없었는데 그들이
말하기를 엘리야가 없다 하면 그
나라와 그 족속으로 당신을 보지
못하였다는 맹세를 하게 하였거늘
11 이제 당신의 말씀이 가서 네 주에
게 말하기를 엘리야가 여기 있다
하라 하시나
12 내가 당신을 떠나간 후에 야훼의
영이 내가 알지 못하는 곳으로 당
신을 이끌어 가시리니 내가 가서 아
합에게 말하였다가 그가 당신을 찾
지 못하면 내가 죽임을 당하리이다
당신의 종은 어려서부터 야훼를 경
외하는 자라
13 이세벨이 야훼의 선지자들을 죽일
때에 내가 야훼의 선지자 중에 백
명을 오십 명씩 굴에 숨기고 떡과
물로 먹인 일이 내 주에게 들리지
아니하였나이까
14 이제 당신의 말씀이 가서 네 주에
게 말하기를 엘리야가 여기 있다
하라 하시니 그리하면 그가 나를
죽이리이다
15 엘리야가 이르되 내가 섬기는 만군
의 야훼께서 살아 계심을 두고 맹
세하노니 내가 오늘 아합에게 보이
리라
16 오바댜가 가서 아합을 만나 그에게
말하매 아합이 엘리야를 만나려 가
다가
17 엘리야를 볼 때에 아합이 그에게
이르되 이스라엘을 괴롭게 하는 자
여 너냐

기록일 : . . .

18 그가 대답하되 내가 이스라엘을 괴
롭게 한 것이 아니라 당신과 당신
의 아버지의 집이 괴롭게 하였으니
이는 야훼의 명령을 버렸고 당신이
바알들을 따랐음이라
19 그런즉 사람을 보내 온 이스라엘과
이세벨의 상에서 먹는 바알의 선지
자 사백오십 명과 아세라의 선지자
사백 명을 갈멜 산으로 모아 내게
로 나아오게 하소서
20 아합이 이에 이스라엘의 모든 자손
에게로 사람을 보내 선지자들을 갈
멜 산으로 모으니라
21 엘리야가 모든 백성에게 가까이 나
아가 이르되 너희가 어느 때까지
둘 사이에서 머뭇머뭇 하려느냐 야
훼가 만일 하나님이면 그를 따르고
바알이 만일 하나님이면 그를 따를
지니라 하니 백성이 말 한마디도 대
답하지 아니하는지라
22 엘리야가 백성에게 이르되 야훼의
선지자는 나만 홀로 남았으나 바알
의 선지자는 사백오십 명이로다
23 그런즉 송아지 둘을 우리에게 가져
오게 하고 그들은 송아지 한 마리
를 택하여 각을 떠서 나무 위에 놓
고 불은 붙이지 말며 나도 송아지
한 마리를 잡아 나무 위에 놓고 불
은 붙이지 않고
24 너희는 너희 신의 이름을 부르라
나는 야훼의 이름을 부르리니 이에
불로 응답하는 신 그가 하나님이니
라 백성이 다 대답하되 그 말이 옳
도다 하니라
25 엘리야가 바알의 선지자들에게 이
르되 너희는 많으니 먼저 송아지
한 마리를 택하여 잡고 너희 신의
이름을 부르라 그러나 불을 붙이지
말라
26 그들이 받은 송아지를 가져다가 잡
고 아침부터 낮까지 바알의 이름을
불러 이르되 바알이여 우리에게 응
답하소서 하나 아무 소리도 없고 아
무 응답하는 자도 없으므로 그들이
그 쌓은 제단 주위에서 뛰놀더라
27 정오에 이르러는 엘리야가 그들을
조롱하여 이르되 큰 소리로 부르라
그는 신인즉 묵상하고 있는지 혹은
그가 잠깐 나갔는지 혹은 그가 길
을 행하는지 혹은 그가 잠이 들어
서 깨워야 할 것인지 하매
28 이에 그들이 큰 소리로 부르고 그
들의 규례를 따라 피가 흐르기까지
칼과 창으로 그들의 몸을 상하게
하더라
29 이같이 하여 정오가 지났고 그들
이 미친 듯이 떠들어 저녁 소제 드
릴 때까지 이르렀으나 아무 소리도
없고 응답하는 자나 돌아보는 자가
아무도 없더라

기록일 : . . .

30 엘리야가 모든 백성을 향하여 이르
되 내게로 가까이 오라 백성이 다
그에게 가까이 가매 그가 무너진
야훼의 제단을 수축하되
31 야곱의 아들들의 지파의 수효를 따
라 엘리야가 돌 열두 개를 취하니
이 야곱은 옛적에 야훼의 말씀이
임하여 이르시기를 네 이름을 이스
라엘이라 하리라 하신 자더라
32 그가 야훼의 이름을 의지하여 그
돌로 제단을 쌓고 제단을 돌아가며
곡식 종자 두 세아를 둘 만한 도랑
을 만들고
33 또 나무를 벌이고 송아지의 각을
떠서 나무 위에 놓고 이르되 통 넷
에 물을 채워다가 번제물과 나무
위에 부으라 하고
34 또 이르되 다시 그리하라 하여 다
시 그리하니 또 이르되 세 번째로
그리하라 하여 세 번째로 그리하니
35 물이 제단으로 두루 흐르고 도랑에
도 물이 가득 찼더라
36 저녁 소제 드릴 때에 이르러 선지자
엘리야가 나아가서 말하되 아브라
함과 이삭과 이스라엘의 하나님 야
훼여 주께서 이스라엘 중에서 하나
님이신 것과 내가 주의 종인 것과
내가 주의 말씀대로 이 모든 일을
행하는 것을 오늘 알게 하옵소서
37 야훼여 내게 응답하옵소서 내게 응
답하옵소서 이 백성에게 주 야훼
는 하나님이신 것과 주는 그들의
마음을 되돌이키심을 알게 하옵소
서 하매
38 이에 야훼의 불이 내려서 번제물과
나무와 돌과 흙을 태우고 또 도랑
의 물을 핥은지라
39 모든 백성이 보고 엎드려 말하되
야훼 그는 하나님이시로다 야훼 그
는 하나님이시로다 하니
40 엘리야가 그들에게 이르되 바알의
선지자를 잡되 그들 중 하나도 도
망하지 못하게 하라 하매 곧 잡은
지라 엘리야가 그들을 기손 시내로
내려다가 거기서 죽이니라
41 엘리야가 아합에게 이르되 올라가
서 먹고 마시소서 큰 비 소리가 있
나이다
42 아합이 먹고 마시러 올라가니라 엘
리야가 갈멜 산 꼭대기로 올라가서
땅에 꿇어 엎드려 그의 얼굴을 무
릎 사이에 넣고
43 그의 사환에게 이르되 올라가 바다
쪽을 바라보라 그가 올라가 바라보
고 말하되 아무것도 없나이다 이르
되 일곱 번까지 다시 가라
44 일곱 번째 이르러서는 그가 말하되
바다에서 사람의 손 만한 작은 구
름이 일어나나이다 이르되 올라가
아합에게 말하기를 비에 막히지 아

기록일 : . . .

니하도록 마차를 갖추고 내려가소
서 하라 하니라
45 조금 후에 구름과 바람이 일어나서
하늘이 캄캄해지며 큰 비가 내리는
지라 아합이 마차를 타고 이스르엘
로 가니
46 야훼의 능력이 엘리야에게 임하매
그가 허리를 동이고 이스르엘로 들
어가는 곳까지 아합 앞에서 달려갔
더라

19

아합이 엘리야가 행한 모든 일과
그가 어떻게 모든 선지자를 칼로
죽였는지를 이세벨에게 말하니
2 이세벨이 사신을 엘리야에게 보내
어 이르되 내가 내일 이맘때에는
반드시 네 생명을 저 사람들 중 한
사람의 생명과 같게 하리라 그렇게
하지 아니하면 신들이 내게 벌 위에
벌을 내림이 마땅하니라 한지라
3 그가 이 형편을 보고 일어나 자기의
생명을 위해 도망하여 유다에 속한
브엘세바에 이르러 자기의 사환을
그 곳에 머물게 하고
4 자기 자신은 광야로 들어가 하룻
길쯤 가서 한 로뎀 나무 아래에 앉
아서 자기가 죽기를 원하여 이르되
야훼여 넉넉하오니 지금 내 생명을
거두시옵소서 나는 내 조상들보다
낫지 못하니이다 하고
5 로뎀 나무 아래에 누워 자더니 천
사가 그를 어루만지며 그에게 이르
되 일어나서 먹으라 하는지라
6 본즉 머리맡에 숯불에 구운 떡과
한 병 물이 있더라 이에 먹고 마시
고 다시 누웠더니
7 야훼의 천사가 또 다시 와서 어루
만지며 이르되 일어나 먹으라 네가
갈 길을 다 가지 못할까 하노라 하
는지라
8 이에 일어나 먹고 마시고 그 음식물
의 힘을 의지하여 사십 주 사십 야
를 가서 하나님의 산 호렙에 이르
니라
9 엘리야가 그 곳 굴에 들어가 거기
서 머물더니 야훼의 말씀이 그에게
임하여 이르시되 엘리야야 네가 어
찌하여 여기 있느냐
10 그가 대답하되 내가 만군의 하나님
야훼께 열심이 유별하오니 이는 이
스라엘 자손이 주의 언약을 버리고
주의 제단을 헐며 칼로 주의 선지
자들을 죽였음이오며 오직 나만 남
았거늘 그들이 내 생명을 찾아 빼
앗으려 하나이다
11 야훼께서 이르시되 너는 나가서 야
훼 앞에서 산에 서라 하시더니 야
훼께서 지나가시는데 야훼 앞에 크
고 강한 바람이 산을 가르고 바위
를 부수나 바람 가운데에 야훼께서
계시지 아니하며 바람 후에 지진이

있으나 지진 가운데에도 야훼께서
계시지 아니하며
12 또 지진 후에 불이 있으나 불 가운
데에도 야훼께서 계시지 아니하더
니 불 후에 세미한 소리가 있는지라
13 엘리야가 듣고 겉옷으로 얼굴을 가
리고 나가 굴 어귀에 서매 소리가
그에게 임하여 이르시되 엘리야야
네가 어찌하여 여기 있느냐
14 그가 대답하되 내가 만군의 하나님
야훼께 열심이 유별하오니 이는 이
스라엘 자손이 주의 언약을 버리고
주의 제단을 헐며 칼로 주의 선지
자들을 죽였음이오며 오직 나만 남
았거늘 그들이 내 생명을 찾아 빼
앗으려 하나이다
15 야훼께서 그에게 이르시되 너는 네
길을 돌이켜 광야를 통하여 다메섹
에 가서 이르거든 하사엘에게 기름
을 부어 아람의 왕이 되게 하고
16 너는 또 님시의 아들 예후에게 기
름을 부어 이스라엘의 왕이 되게
하고 또 아벨므홀라 사밧의 아들
엘리사에게 기름을 부어 너를 대신
하여 선지자가 되게 하라
17 하사엘의 칼을 피하는 자를 예후가
죽일 것이요 예후의 칼을 피하는
자를 엘리사가 죽이리라
18 그러나 내가 이스라엘 가운데에 칠
천 명을 남기리니 다 바알에게 무
릎을 꿇지 아니하고 다 바알에게
입맞추지 아니한 자니라
19 엘리야가 거기서 떠나 사밧의 아들
엘리사를 만나니 그가 열두 겨릿소
를 앞세우고 밭을 가는데 자기는
열두째 겨릿소와 함께 있더라 엘리
야가 그리로 건너가서 겉옷을 그의
위에 던졌더니
20 그가 소를 버리고 엘리야에게로 달
려가서 이르되 청하건대 나를 내
부모와 입맞추게 하소서 그리한 후
에 내가 당신을 따르리이다 엘리야
가 그에게 이르되 돌아가라 내가
네게 어떻게 행하였느냐 하니라
21 엘리사가 그를 떠나 돌아가서 한
겨릿소를 가져다가 잡고 소의 기구
를 불살라 그 고기를 삶아 백성에
게 주어 먹게 하고 일어나 엘리야
를 따르며 수종 들었더라

20

아람의 벤하닷 왕이 그의 군대를
다 모으니 왕 삼십이 명이 그와 함
께 있고 또 말과 병거들이 있더라
이에 올라가서 사마리아를 에워싸
고 그 곳을 치며
2 사자들을 성 안에 있는 이스라엘의
아합 왕에게 보내 이르기를 벤하닷
이 그에게 이르되
3 네 은금은 내 것이요 네 아내들과
네 자녀들의 아름다운 자도 내 것
이니라 하매

기록일 : . . .

4 이스라엘의 왕이 대답하여 말하기
를 내 주 왕이여 왕의 말씀 같이 나
와 내 것은 다 왕의 것이니이다 하
였더니
5 사신들이 다시 와서 이르되 벤하닷
이 이르노라 내가 이미 네게 사람
을 보내어 말하기를 너는 네 은금
과 아내들과 자녀들을 내게 넘기라
하였거니와
6 내일 이맘때에 내가 내 신하들을
네게 보내리니 그들이 네 집과 네
신하들의 집을 수색하여 네 눈이
기뻐하는 것을 그들의 손으로 잡아
가져가리라 한지라
7 이에 이스라엘 왕이 나라의 장로
를 다 불러 이르되 너희는 이 사람
이 악을 도모하고 있는 줄을 자세
히 알라 그가 내 아내들과 내 자녀
들과 내 은금을 빼앗으려고 사람을
내게 보냈으나 내가 거절하지 못하
였노라
8 모든 장로와 백성들이 다 왕께 아
뢰되 왕은 듣지도 말고 허락하지도
마옵소서 한지라
9 그러므로 왕이 벤하닷의 사신들에
게 이르되 너희는 내 주 왕께 말하
기를 왕이 처음에 보내 종에게 구
하신 것은 내가 다 그대로 하려니
와 이것은 내가 할 수 없나이다 하
라 하니 사자들이 돌아가서 보고하
니라
10 그 때에 벤하닷이 다시 그에게 사
람을 보내어 이르되 사마리아의 부
스러진 것이 나를 따르는 백성의
무리의 손에 채우기에 족할 것 같
으면 신들이 내게 벌 위에 벌을 내
림이 마땅하니라 하매
11 이스라엘 왕이 대답하여 이르되 갑
옷 입는 자가 갑옷 벗는 자 같이 자
랑하지 못할 것이라 하라 하니라
12 그 때에 벤하닷이 왕들과 장막에서
마시다가 이 말을 듣고 그의 신하들
에게 이르되 너희는 진영을 치라 하
매 곧 성읍을 향하여 진영을 치니라
13 한 선지자가 이스라엘의 아합 왕
에게 나아가서 이르되 야훼의 말
씀이 네가 이 큰 무리를 보느냐 내
가 오늘 그들을 네 손에 넘기리니
너는 내가 야훼인 줄을 알리라 하
셨나이다
14 아합이 이르되 누구를 통하여 그렇
게 하시리이까 대답하되 야훼의 말
씀이 각 지방 고관의 청년들로 하
리라 하셨나이다 아합이 이르되 누
가 싸움을 시작하리이까 대답하되
왕이니이다
15 아합이 이에 각 지방 고관의 청년들
을 계수하니 이백삼십이 명이요 그
외에 모든 백성 곧 이스라엘의 모든
자손을 계수하니 칠천 명이더라

기록일 : . . .

16 그들이 정오에 나가니 벤하닷은 장
막에서 돕는 왕 삼십이 명과 더불어
마시고 취한 중이라
17 각 지방의 고관의 청년들이 먼저 나
갔더라 벤하닷이 정탐꾼을 보냈더
니 그들이 보고하여 이르되 사마리
아에서 사람들이 나오더이다 하매
18 그가 이르되 화친하러 나올지라도
사로잡고 싸우러 나올지라도 사로
잡으라 하니라
19 각 지방 고관의 청년들과 그들을
따르는 군대가 성읍에서 나가서
20 각각 적군을 쳐죽이매 아람 사람이
도망하는지라 이스라엘이 쫓으니
아람 왕 벤하닷이 말을 타고 마병
과 더불어 도망하여 피하니라
21 이스라엘 왕이 나가서 말과 병거를
치고 또 아람 사람을 쳐서 크게 이
겼더라
22 그 선지자가 이스라엘 왕에게 나아
와 이르되 왕은 가서 힘을 기르고
왕께서 행할 일을 알고 준비하소서
해가 바뀌면 아람 왕이 왕을 치러
오리이다 하니라
23 아람 왕의 신하들이 왕께 아뢰되
그들의 신은 산의 신이므로 그들이
우리보다 강하였거니와 우리가 만
일 평지에서 그들과 싸우면 반드시
그들보다 강할지라
24 또 왕은 이 일을 행하실지니 곧 왕
들을 제하여 각각 그 곳에서 떠나
게 하고 그들 대신에 총독들을 두
시고
25 또 왕의 잃어버린 군대와 같은 군
대를 왕을 위하여 보충하고 말은
말대로, 병거는 병거대로 보충하고
우리가 평지에서 그들과 싸우면 반
드시 그들보다 강하리이다 왕이 그
말을 듣고 그리하니라
26 해가 바뀌니 벤하닷이 아람 사람을
소집하고 아벡으로 올라와서 이스
라엘과 싸우려 하매
27 이스라엘 자손도 소집되어 군량을
받고 마주 나가서 그들 앞에 진영
을 치니 이스라엘 자손은 두 무리
의 적은 염소 떼와 같고 아람 사람
은 그 땅에 가득하였더라
28 그 때에 하나님의 사람이 이스라엘
왕에게 나아와 말하여 이르되 야
훼의 말씀에 아람 사람이 말하기를
야훼는 산의 신이요 골짜기의 신은
아니라 하는도다 그러므로 내가 이
큰 군대를 다 네 손에 넘기리니 너
희는 내가 야훼인 줄을 알리라 하
셨나이다 하니라
29 진영이 서로 대치한 지 칠 일이라
일곱째 날에 접전하여 이스라엘 자
손이 하루에 아람 보병 십만 명을
죽이매
30 그 남은 자는 아벡으로 도망하여

기록일 : . . .

성읍으로 들어갔더니 그 성벽이 그
남은 자 이만 칠천 명 위에 무너지
고 벤하닷은 도망하여 성읍에 이르
러 골방으로 들어가니라
31 그의 신하들이 그에게 말하되 우리
가 들은즉 이스라엘 집의 왕들은
인자한 왕이라 하니 만일 우리가
굵은 베로 허리를 동이고 테두리를
머리에 쓰고 이스라엘의 왕에게로
나아가면 그가 혹시 왕의 생명을
살리리이다 하고
32 그들이 굵은 베로 허리를 동이고
테두리를 머리에 쓰고 이스라엘의
왕에게 이르러 이르되 왕의 종 벤
하닷이 청하기를 내 생명을 살려
주옵소서 하더이다 아합이 이르되
그가 아직도 살아 있느냐 그는 내
형제이니라
33 그 사람들이 좋은 징조로 여기고
그 말을 얼른 받아 대답하여 이르
되 벤하닷은 왕의 형제니이다 왕이
이르되 너희는 가서 그를 인도하여
오라 벤하닷이 이에 왕에게 나아오
니 왕이 그를 병거에 올린지라
34 벤하닷이 왕께 아뢰되 내 아버지께
서 당신의 아버지에게서 빼앗은 모
든 성읍을 내가 돌려보내리이다 또
내 아버지께서 사마리아에서 만든
것 같이 당신도 다메섹에서 당신을
위하여 거리를 만드소서 아합이 이
르되 내가 이 조약으로 인해 당신
을 놓으리라 하고 이에 더불어 조
약을 맺고 그를 놓았더라
35 선지자의 무리 중 한 사람이 야훼
의 말씀을 그의 친구에게 이르되
너는 나를 치라 하였더니 그 사람이
치기를 싫어하는지라
36 그가 그 사람에게 이르되 네가 야훼
의 말씀을 듣지 아니하였으니 네가
나를 떠나갈 때에 사자가 너를 죽
이리라 그 사람이 그의 곁을 떠나가
더니 사자가 그를 만나 죽였더라
37 그가 또 다른 사람을 만나 이르되
너는 나를 치라 하매 그 사람이 그
를 치되 상하도록 친지라
38 선지자가 가서 수건으로 자기의 눈
을 가리어 변장하고 길 가에서 왕
을 기다리다가
39 왕이 지나갈 때에 그가 소리 질러
왕을 불러 이르되 종이 전장 가운
데에 나갔더니 한 사람이 돌이켜 어
떤 사람을 끌고 내게로 와서 말하
기를 이 사람을 지키라 만일 그를
잃어 버리면 네 생명으로 그의 생명
을 대신하거나 그렇지 아니하면 네
가 은 한 달란트를 내어야 하리라
하였거늘
40 종이 이리 저리 일을 볼 동안에 그
가 없어졌나이다 이스라엘 왕이 그
에게 이르되 네가 스스로 결정하였

으니 그대로 당하여야 하리라
41 그가 급히 자기의 눈을 가린 수건을
벗으니 이스라엘 왕이 그는 선지자
중의 한 사람인 줄을 알아본지라
42 그가 왕께 아뢰되 야훼의 말씀이
내가 멸하기로 작정한 사람을 네
손으로 놓았은즉 네 목숨은 그의
목숨을 대신하고 네 백성은 그의
백성을 대신하리라 하셨나이다
43 이스라엘 왕이 근심하고 답답하여
그의 왕궁으로 돌아가려고 사마리
아에 이르니라

21 그 후에 이 일이 있으니라 이스르
엘 사람 나봇에게 이스르엘에 포
도원이 있어 사마리아의 왕 아합의
왕궁에서 가깝더니
2 아합이 나봇에게 말하여 이르되 네
포도원이 내 왕궁 곁에 가까이 있
으니 네게 주어 채소 밭을 삼게 하
라 내가 그 대신에 그보다 더 아름
다운 포도원을 네게 줄 것이요 만
일 네가 좋게 여기면 그 값을 돈으
로 네게 주리라
3 나봇이 아합에게 말하되 내 조상의
유산을 왕에게 주기를 야훼께서 금
하실지로다 하니
4 이스르엘 사람 나봇이 아합에게 대
답하여 이르기를 내 조상의 유산을
왕께 줄 수 없다 하므로 아합이 근
심하고 답답하여 왕궁으로 돌아와
침상에 누워 얼굴을 돌리고 식사를
아니하니
5 그의 아내 이세벨이 그에게 나아와
이르되 왕의 마음에 무엇을 근심하
여 식사를 아니하나이까
6 왕이 그에게 이르되 내가 이스르엘
사람 나봇에게 말하여 이르기를 네
포도원을 내게 주되 돈으로 바꾸거
나 만일 네가 좋아하면 내가 그 대
신에 포도원을 네게 주리라 한즉
그가 대답하기를 내가 내 포도원을
네게 주지 아니하겠노라 하기 때문
이로다
7 그의 아내 이세벨이 그에게 이르되
왕이 지금 이스라엘 나라를 다스리
시나이까 일어나 식사를 하시고 마
음을 즐겁게 하소서 내가 이스르엘
사람 나봇의 포도원을 왕께 드리리
이다 하고
8 아합의 이름으로 편지들을 쓰고 그
인을 치고 봉하여 그의 성읍에서
나봇과 함께 사는 장로와 귀족들에
게 보내니
9 그 편지 사연에 이르기를 금식을 선
포하고 나봇을 백성 가운데에 높이
앉힌 후에
10 불량자 두 사람을 그의 앞에 마주
앉히고 그에게 대하여 증거하기를
네가 하나님과 왕을 저주하였다 하
게 하고 곧 그를 끌고 나가서 돌로

쳐죽이라 하였더라
11 그의 성읍 사람 곧 그의 성읍에 사
는 장로와 귀족들이 이세벨의 지시
곧 그가 자기들에게 보낸 편지에
쓴 대로 하여
12 금식을 선포하고 나봇을 백성 가운
데 높이 앉히매
13 때에 불량자 두 사람이 들어와 그
의 앞에 앉고 백성 앞에서 나봇에
게 대하여 증언을 하여 이르기를
나봇이 하나님과 왕을 저주하였다
하매 무리가 그를 성읍 밖으로 끌
고 나가서 돌로 쳐죽이고
14 이세벨에게 통보하기를 나봇이 돌
에 맞아 죽었나이다 하니
15 이세벨이 나봇이 돌에 맞아 죽었다
함을 듣고 이세벨이 아합에게 이르
되 일어나 그 이스르엘 사람 나봇
이 돈으로 바꾸어 주기를 싫어하던
나봇의 포도원을 차지하소서 나봇
이 살아 있지 아니하고 죽었나이다
16 아합은 나봇이 죽었다 함을 듣고
곧 일어나 이스르엘 사람 나봇의
포도원을 차지하러 그리로 내려갔
더라
17 야훼의 말씀이 디셉 사람 엘리야에
게 임하여 이르시되
18 너는 일어나 내려가서 사마리아에
있는 이스라엘의 아합 왕을 만나라
그가 나봇의 포도원을 차지하러 그
리로 내려갔나니
19 너는 그에게 말하여 이르기를 야훼
의 말씀이 네가 죽이고 또 빼앗았
느냐고 하셨다 하고 또 그에게 이
르기를 야훼의 말씀이 개들이 나봇
의 피를 핥은 곳에서 개들이 네 피
곧 네 몸의 피도 핥으리라 하였다
하라
20 아합이 엘리야에게 이르되 내 대적
자여 네가 나를 찾았느냐 대답하되
내가 찾았노라 네가 네 자신을 팔아
야훼 보시기에 악을 행하였으므로
21 야훼의 말씀이 내가 재앙을 네게
내려 너를 쓸어 버리되 네게 속한
남자는 이스라엘 가운데에 매인 자
나 놓인 자를 다 멸할 것이요
22 또 네 집이 느밧의 아들 여로보암의
집처럼 되게 하고 아히야의 아들 바
아사의 집처럼 되게 하리니 이는 네
가 나를 노하게 하고 이스라엘이 범
죄하게 한 까닭이니라 하셨고
23 이세벨에게 대하여도 야훼께서 말
씀하여 이르시되 개들이 이스르엘
성읍 곁에서 이세벨을 먹을지라
24 아합에게 속한 자로서 성읍에서 죽
은 자는 개들이 먹고 들에서 죽은
자는 공중의 새가 먹으리라고 하셨
느니라 하니
25 예로부터 아합과 같이 그 자신을
팔아 야훼 앞에서 악을 행한 자가

기록일 : . . .

없음은 그를 그의 아내 이세벨이
충동하였음이라
26 그가 야훼께서 이스라엘 자손 앞
에서 쫓아내신 아모리 사람의 모든
행함 같이 우상에게 복종하여 심히
가증하게 행하였더라
27 아합이 이 모든 말씀을 들을 때에
그의 옷을 찢고 굵은 베로 몸을 동
이고 금식하고 굵은 베에 누우며
또 풀이 죽어 다니더라
28 야훼의 말씀이 디셉 사람 엘리야에
게 임하여 이르시되
29 아합이 내 앞에서 겸비함을 네가
보느냐 그가 내 앞에서 겸비하므로
내가 재앙을 저의 시대에는 내리지
아니하고 그 아들의 시대에야 그의
집에 재앙을 내리리라 하셨더라

22 아람과 이스라엘 사이에 전쟁이
없이 삼 년을 지냈더라
2 셋째 해에 유다의 여호사밧 왕이
이스라엘의 왕에게 내려가매
3 이스라엘의 왕이 그의 신하들에게
이르되 길르앗 라못은 본래 우리의
것인 줄을 너희가 알지 못하느냐
우리가 어찌 아람의 왕의 손에서
도로 찾지 아니하고 잠잠히 있으리
요 하고
4 여호사밧에게 이르되 당신은 나와
함께 길르앗 라못으로 가서 싸우시
겠느냐 여호사밧이 이스라엘 왕에
게 이르되 나는 당신과 같고 내 백
성은 당신의 백성과 같고 내 말들
도 당신의 말들과 같으니이다
5 여호사밧이 또 이스라엘의 왕에게
이르되 청하건대 먼저 야훼의 말씀
이 어떠하신지 물어 보소서
6 이스라엘의 왕이 이에 선지자 사백
명쯤 모으고 그들에게 이르되 내가
길르앗 라못에 가서 싸우랴 말랴
그들이 이르되 올라가소서 주께서
그 성읍을 왕의 손에 넘기시리이다
7 여호사밧이 이르되 이 외에 우리가
물을 만한 야훼의 선지자가 여기
있지 아니하니이까
8 이스라엘의 왕이 여호사밧 왕에게
이르되 아직도 이믈라의 아들 미가
야 한 사람이 있으니 그로 말미암
아 야훼께 물을 수 있으나 그는 내
게 대하여 길한 일은 예언하지 아
니하고 흉한 일만 예언하기로 내가
그를 미워하나이다 여호사밧이 이
르되 왕은 그런 말씀을 마소서
9 이스라엘의 왕이 한 내시를 불러
이르되 이믈라의 아들 미가야를 속
히 오게 하라 하니라
10 이스라엘의 왕과 유다의 여호사밧
왕이 왕복을 입고 사마리아 성문
어귀 광장에서 각기 왕좌에 앉아
있고 모든 선지자가 그들의 앞에서
예언을 하고 있는데

11 그나아나의 아들 시드기야는 자기
를 위하여 철로 뿔들을 만들어 가
지고 말하되 야훼의 말씀이 왕이
이것들로 아람 사람을 찔러 진멸하
리라 하셨다 하고
12 모든 선지자도 그와 같이 예언하여
이르기를 길르앗 라못으로 올라가
승리를 얻으소서 야훼께서 그 성읍
을 왕의 손에 넘기시리이다 하더라
13 미가야를 부르러 간 사신이 일러 이
르되 선지자들의 말이 하나 같이
왕에게 길하게 하니 청하건대 당신
의 말도 그들 중 한 사람의 말처럼
길하게 하소서
14 미가야가 이르되 야훼께서 살아 계
심을 두고 맹세하노니 야훼께서 내
게 말씀하시는 것 곧 그것을 내가
말하리라 하고
15 이에 왕에게 이르니 왕이 그에게
이르되 미가야야 우리가 길르앗 라
못으로 싸우러 가랴 또는 말랴 그
가 왕께 이르되 올라가서 승리를
얻으소서 야훼께서 그 성읍을 왕의
손에 넘기시리이다
16 왕이 그에게 이르되 내가 몇 번이
나 네게 맹세하게 하여야 네가 야
훼의 이름으로 진실한 것으로만 내
게 말하겠느냐
17 그가 이르되 내가 보니 온 이스라엘
이 목자 없는 양 같이 산에 흩어졌
는데 야훼의 말씀이 이 무리에게 주
인이 없으니 각각 평안히 자기의 집
으로 돌아갈 것이니라 하셨나이다
18 이스라엘의 왕이 여호사밧 왕에게
이르되 저 사람이 내게 대하여 길
한 것을 예언하지 아니하고 흉한
것을 예언하겠다고 당신에게 말씀
하지 아니하였나이까
19 미가야가 이르되 그런즉 왕은 야훼
의 말씀을 들으소서 내가 보니 야
훼께서 그의 보좌에 앉으셨고 하
늘의 만군이 그의 좌우편에 모시고
서 있는데
20 야훼께서 말씀하시기를 누가 아합
을 꾀어 그를 길르앗 라못에 올라
가서 죽게 할꼬 하시니 하나는 이
렇게 하겠다 하고 또 하나는 저렇
게 하겠다 하였는데
21 한 영이 나아와 야훼 앞에 서서 말
하되 내가 그를 꾀겠나이다
22 야훼께서 그에게 이르시되 어떻게
하겠느냐 이르되 내가 나가서 거짓
말하는 영이 되어 그의 모든 선지
자들의 입에 있겠나이다 야훼께서
이르시되 너는 꾀겠고 또 이루리라
나가서 그리하라 하셨은즉
23 이제 야훼께서 거짓말하는 영을 왕
의 이 모든 선지자의 입에 넣으셨고
또 야훼께서 왕에 대하여 화를 말
씀하셨나이다

기록일 : . . .

24 그나아나의 아들 시드기야가 가까
이 와서 미가야의 뺨을 치며 이르
되 야훼의 영이 나를 떠나 어디로
가서 네게 말씀하시더냐
25 미가야가 이르되 네가 골방에 들어
가서 숨는 그 날에 보리라
26 이스라엘의 왕이 이르되 미가야를
잡아 성주 아몬과 왕자 요아스에게
로 끌고 돌아가서
27 말하기를 왕의 말씀이 이 놈을 옥
에 가두고 내가 평안히 돌아올 때
까지 고생의 떡과 고생의 물을 먹
이라 하였다 하라
28 미가야가 이르되 왕이 참으로 평안
히 돌아오시게 될진대 야훼께서 나
를 통하여 말씀하지 아니하셨으리
이다 또 이르되 너희 백성들아 다
들을지어다 하니라
29 이스라엘의 왕과 유다의 여호사밧
왕이 길르앗 라못으로 올라가니라
30 이스라엘의 왕이 여호사밧에게 이
르되 나는 변장하고 전쟁터로 들어
가려 하노니 당신은 왕복을 입으소
서 하고 이스라엘의 왕이 변장하고
전쟁터로 들어가니라
31 아람 왕이 그의 병거의 지휘관 삼
십이 명에게 명령하여 이르기를 너
희는 작은 자나 큰 자와 더불어 싸
우지 말고 오직 이스라엘 왕과 싸
우라 한지라
32 병거의 지휘관들이 여호사밧을 보
고 그들이 이르되 이가 틀림없이 이
스라엘의 왕이라 하고 돌이켜 그와
싸우려 한즉 여호사밧이 소리를 지
르는지라
33 병거의 지휘관들이 그가 이스라엘
의 왕이 아님을 보고 쫓기를 그치
고 돌이켰더라
34 한 사람이 무심코 활을 당겨 이스
라엘 왕의 갑옷 솔기를 맞힌지라
왕이 그 병거 모는 자에게 이르되
내가 부상하였으니 네 손을 돌려
내가 전쟁터에서 나가게 하라 하였
으나
35 이 날에 전쟁이 맹렬하였으므로 왕
이 병거 가운데에 붙들려 서서 아람
사람을 막다가 저녁에 이르러 죽었
는데 상처의 피가 흘러 병거 바닥
에 고였더라
36 해가 질 녘에 진중에서 외치는 소리
가 있어 이르되 각기 성읍으로 또
는 각기 본향으로 가라 하더라
37 왕이 이미 죽으매 그의 시체를 메
어 사마리아에 이르러 왕을 사마리
아에 장사하니라
38 그 병거를 사마리아 못에서 씻으매
개들이 그의 피를 핥았으니 야훼께
서 하신 말씀과 같이 되었더라 거기
는 창기들이 목욕하는 곳이었더라
39 아합의 남은 행적과 그가 행한 모

기록일 : . . .

든 일과 그가 건축한 상아궁과 그
가 건축한 모든 성읍은 이스라엘
왕 역대지략에 기록되지 아니하였
느냐
40 아합이 그의 조상들과 함께 자매
그의 아들 아하시야가 대신하여 왕
이 되니라
41 이스라엘의 아합 왕 제사년에 아
사의 아들 여호사밧이 유다의 왕이
되니
42 여호사밧이 왕이 될 때에 나이가
삼십오 세라 예루살렘에서 이십오
년 동안 다스리니라 그의 어머니의
이름은 아수바라 실히의 딸이더라
43 여호사밧이 그의 아버지 아사의 모
든 길로 행하며 돌이키지 아니하고
야훼 앞에서 정직히 행하였으나 산
당은 폐하지 아니하였으므로 백성
이 아직도 산당에서 제사를 드리며
분향하였더라
44 여호사밧이 이스라엘의 왕과 더불
어 화평하니라
45 여호사밧의 남은 사적과 그가 부린
권세와 그가 어떻게 전쟁하였는지
는 다 유다 왕 역대지략에 기록되
지 아니하였느냐
46 그가 그의 아버지 아사의 시대에
남아 있던 남색하는 자들을 그 땅
에서 쫓아내었더라
47 그 때에 에돔에는 왕이 없고 섭정
왕이 있었더라
48 여호사밧이 다시스의 선박을 제조
하고 오빌로 금을 구하러 보내려
하였더니 그 배가 에시온게벨에서
파선하였으므로 가지 못하게 되매
49 아합의 아들 아하시야가 여호사밧
에게 이르되 내 종으로 당신의 종
과 함께 배에 가게 하라 하나 여호
사밧이 허락하지 아니하였더라
50 여호사밧이 그의 조상들과 함께 자
매 그의 조상 다윗 성에 그의 조상
들과 함께 장사되고 그의 아들 여
호람이 대신하여 왕이 되니라
51 유다의 여호사밧 왕 제십칠년에 아
합의 아들 아하시야가 사마리아에
서 이스라엘의 왕이 되어 이 년 동
안 이스라엘을 다스리니라
52 그가 야훼 앞에서 악을 행하여 그
의 아버지의 길과 그의 어머니의 길
과 이스라엘에게 범죄하게 한 느밧
의 아들 여로보암의 길로 행하며
53 바알을 섬겨 그에게 예배하여 이스
라엘의 하나님 야훼를 노하시게 하
기를 그의 아버지의 온갖 행위 같
이 하였더라

기록일 : . . .

열왕기하

1

아합이 죽은 후에 모압이 이스라
엘을 배반하였더라
2 아하시야가 사마리아에 있는 그의
다락 난간에서 떨어져 병들매 사자
를 보내며 그들에게 이르되 가서
에그론의 신 바알세붑에게 이 병이
낫겠나 물어 보라 하니라
3 야훼의 사자가 디셉 사람 엘리야
에게 이르되 너는 일어나 올라가서
사마리아 왕의 사자를 만나 그에게
이르기를 이스라엘에 하나님이 없
어서 너희가 에그론의 신 바알세붑
에게 물으러 가느냐
4 그러므로 야훼의 말씀이 네가 올라
간 침상에서 내려오지 못할지라 네
가 반드시 죽으리라 하셨다 하라
엘리야가 이에 가니라
5 사자들이 왕에게 돌아오니 왕이 그
들에게 이르되 너희는 어찌하여 돌
아왔느냐 하니
6 그들이 말하되 한 사람이 올라와서
우리를 만나 이르되 너희는 너희를
보낸 왕에게로 돌아가서 그에게 고
하기를 야훼의 말씀이 이스라엘에
하나님이 없어서 네가 에그론의 신
바알세붑에게 물으려고 보내느냐
그러므로 네가 올라간 침상에서 내
려오지 못할지라 네가 반드시 죽으
리라 하셨다 하라 하더이다
7 왕이 그들에게 이르되 올라와서 너
희를 만나 이 말을 너희에게 한 그
사람은 어떤 사람이더냐
8 그들이 그에게 대답하되 그는 털이
많은 사람인데 허리에 가죽 띠를
띠었더이다 하니 왕이 이르되 그는
디셉 사람 엘리야로다
9 이에 오십부장과 그의 군사 오십
명을 엘리야에게로 보내매 그가 엘
리야에게로 올라가 본즉 산 꼭대기
에 앉아 있는지라 그가 엘리야에게
이르되 하나님의 사람이여 왕의 말
씀이 내려오라 하셨나이다
10 엘리야가 오십부장에게 대답하여
이르되 내가 만일 하나님의 사람이
면 불이 하늘에서 내려와 너와 너
의 오십 명을 사를지로다 하매 불
이 곧 하늘에서 내려와 그와 그의
군사 오십 명을 살랐더라
11 왕이 다시 다른 오십부장과 그의
군사 오십 명을 엘리야에게로 보내
니 그가 엘리야에게 말하여 이르되
하나님의 사람이여 왕의 말씀이 속
히 내려오라 하셨나이다 하니
12 엘리야가 그들에게 대답하여 이르
되 내가 만일 하나님의 사람이면
불이 하늘에서 내려와 너와 너의

기록일 : . . .

오십 명을 사를지로다 하매 하나님
의 불이 곧 하늘에서 내려와 그와
그의 군사 오십 명을 살랐더라
13 왕이 세 번째 오십부장과 그의 군
사 오십 명을 보낸지라 셋째 오십
부장이 올라가서 엘리야 앞에 이르
러 그의 무릎을 꿇어 엎드려 간구
하여 이르되 하나님의 사람이여 원
하건대 나의 생명과 당신의 종인
이 오십 명의 생명을 당신은 귀히
보소서
14 불이 하늘에서 내려와 전번의 오십
부장 둘과 그의 군사 오십 명을 살
랐거니와 나의 생명을 당신은 귀히
보소서 하매
15 야훼의 사자가 엘리야에게 이르되
너는 그를 두려워하지 말고 함께
내려가라 하신지라 엘리야가 곧 일
어나 그와 함께 내려와 왕에게 이
르러
16 말하되 야훼의 말씀이 네가 사자
를 보내 에그론의 신 바알세붑에게
물으려 하니 이스라엘에 그의 말을
물을 만한 하나님이 안 계심이냐
그러므로 네가 그 올라간 침상에서
내려오지 못할지라 네가 반드시 죽
으리라 하셨다 하니라
17 왕이 엘리야가 전한 야훼의 말씀대
로 죽고 그가 아들이 없으므로 여
호람이 그를 대신하여 왕이 되니
유다 왕 여호사밧의 아들 여호람의
둘째 해였더라
18 아하시야가 행한 그 남은 사적은
모두 이스라엘 왕 역대지략에 기록
되지 아니하였느냐

2 야훼께서 회오리 바람으로 엘리
야를 하늘로 올리고자 하실 때에
엘리야가 엘리사와 더불어 길갈에
서 나가더니
2 엘리야가 엘리사에게 이르되 청하
건대 너는 여기 머물라 야훼께서
나를 벧엘로 보내시느니라 하니 엘
리사가 이르되 야훼께서 살아 계심
과 당신의 영혼이 살아 있음을 두
고 맹세하노니 내가 당신을 떠나지
아니하겠나이다 하는지라 이에 두
사람이 벧엘로 내려가니
3 벧엘에 있는 선지자의 제자들이 엘
리사에게로 나아와 그에게 이르되
야훼께서 오늘 당신의 선생을 당신
의 머리 위로 데려가실 줄을 아시
나이까 하니 이르되 나도 또한 아
노니 너희는 잠잠하라 하니라
4 엘리야가 그에게 이르되 엘리사야
청하건대 너는 여기 머물라 야훼께
서 나를 여리고로 보내시느니라 엘
리사가 이르되 야훼께서 살아 계심
과 당신의 영혼이 살아 있음을 두
고 맹세하노니 내가 당신을 떠나지
아니하겠나이다 하니라 그들이 여

리고에 이르매
5 여리고에 있는 선지자의 제자들이
엘리사에게 나아와 이르되 야훼께
서 오늘 당신의 선생을 당신의 머
리 위로 데려가실 줄을 아시나이까
하니 엘리사가 이르되 나도 아노니
너희는 잠잠하라
6 엘리야가 또 엘리사에게 이르되 청
하건대 너는 여기 머물라 야훼께서
나를 요단으로 보내시느니라 하니
그가 이르되 야훼께서 살아 계심과
당신의 영혼이 살아 있음을 두고
맹세하노니 내가 당신을 떠나지 아
니하겠나이다 하는지라 이에 두 사
람이 가니라
7 선지자의 제자 오십 명이 가서 멀리
서서 바라보매 그 두 사람이 요단
가에 서 있더니
8 엘리야가 겉옷을 가지고 말아 물을
치매 물이 이리 저리 갈라지고 두
사람이 마른 땅 위로 건너더라
9 건너매 엘리야가 엘리사에게 이르
되 나를 네게서 데려감을 당하기
전에 내가 네게 어떻게 할지를 구
하라 엘리사가 이르되 당신의 성령
이 하시는 역사가 갑절이나 내게 있
게 하소서 하는지라
10 이르되 네가 어려운 일을 구하는도
다 그러나 나를 네게서 데려가시는
것을 네가 보면 그 일이 네게 이루
어지려니와 그렇지 아니하면 이루
어지지 아니하리라 하고
11 두 사람이 길을 가며 말하더니 불
수레와 불말들이 두 사람을 갈라놓
고 엘리야가 회오리 바람으로 하늘
로 올라가더라
12 엘리사가 보고 소리 지르되 내 아
버지여 내 아버지여 이스라엘의 병
거와 그 마병이여 하더니 다시 보이
지 아니하는지라 이에 엘리사가 자
기의 옷을 잡아 둘로 찢고
13 엘리야의 몸에서 떨어진 겉옷을 주
워 가지고 돌아와 요단 언덕에 서서
14 엘리야의 몸에서 떨어진 그의 겉옷
을 가지고 물을 치며 이르되 엘리
야의 하나님 야훼는 어디 계시니이
까 하고 그도 물을 치매 물이 이리
저리 갈라지고 엘리사가 건너니라
15 맞은편 여리고에 있는 선지자의 제
자들이 그를 보며 말하기를 엘리야
의 성령이 하시는 역사가 엘리사 위
에 머물렀다 하고 가서 그에게로 나
아가 땅에 엎드려 그에게 경배하고
16 그에게 이르되 당신의 종들에게 용
감한 사람 오십 명이 있으니 청하건
대 그들이 가서 당신의 주인을 찾
게 하소서 염려하건대 야훼의 성령
이 그를 들고 가다가 어느 산에나
어느 골짜기에 던지셨을까 하나이
다 하니라 엘리사가 이르되 보내지

기록일 : . . .

말라 하나
17 무리가 그로 부끄러워하도록 강청
하매 보내라 한지라 그들이 오십
명을 보냈더니 사흘 동안을 찾되
발견하지 못하고
18 엘리사가 여리고에 머무는 중에 무
리가 그에게 돌아오니 엘리사가 그
들에게 이르되 내가 가지 말라고
너희에게 이르지 아니하였느냐 하
였더라
19 그 성읍 사람들이 엘리사에게 말하
되 우리 주인께서 보시는 바와 같
이 이 성읍의 위치는 좋으나 물이
나쁘므로 토산이 익지 못하고 떨어
지나이다
20 엘리사가 이르되 새 그릇에 소금을
담아 내게로 가져오라 하매 곧 가
져온지라
21 엘리사가 물 근원으로 나아가서 소
금을 그 가운데에 던지며 이르되
야훼의 말씀이 내가 이 물을 고쳤
으니 이로부터 다시는 죽음이나 열
매 맺지 못함이 없을지니라 하셨느
니라 하니
22 그 물이 엘리사가 한 말과 같이 고
쳐져서 오늘에 이르렀더라
23 엘리사가 거기서 벧엘로 올라가더
니 그가 길에서 올라갈 때에 작은
아이들이 성읍에서 나와 그를 조롱
하여 이르되 대머리여 올라가라 대
머리여 올라가라 하는지라
24 엘리사가 뒤로 돌이켜 그들을 보고
야훼의 이름으로 저주하매 곧 수풀
에서 암곰 둘이 나와서 아이들 중
의 사십이 명을 찢었더라
25 엘리사가 거기서부터 갈멜 산으로
가고 거기서 사마리아로 돌아왔더라

3

유다의 여호사밧 왕 열여덟째 해
에 아합의 아들 여호람이 사마리아
에서 이스라엘을 열두 해 동안 다
스리니라
2 그가 야훼 보시기에 악을 행하였으
나 그의 부모와 같이 하지는 아니하
였으니 이는 그가 그의 아버지가 만
든 바알의 주상을 없이하였음이라
3 그러나 그가 느밧의 아들 여로보암
이 이스라엘에게 범하게 한 그 죄를
따라 행하고 떠나지 아니하였더라
4 모압 왕 메사는 양을 치는 자라 새
끼 양 십만 마리의 털과 숫양 십만
마리의 털을 이스라엘 왕에게 바치
더니
5 아합이 죽은 후에 모압 왕이 이스
라엘 왕을 배반한지라
6 그 때에 여호람 왕이 사마리아에서
나가 온 이스라엘을 둘러보고
7 또 가서 유다의 왕 여호사밧에게
사신을 보내 이르되 모압 왕이 나
를 배반하였으니 당신은 나와 함께
가서 모압을 치시겠느냐 하니 그가

이르되 내가 올라가리이다 나는 당
신과 같고 내 백성은 당신의 백성
과 같고 내 말들도 당신의 말들과
같으니이다 하는지라
8 여호람이 이르되 우리가 어느 길로
올라가리이까 하니 그가 대답하되
에돔 광야 길로니이다 하니라
9 이스라엘 왕과 유다 왕과 에돔 왕
이 가더니 길을 둘러 간 지 칠 일에
군사와 따라가는 가축을 먹일 물이
없는지라
10 이스라엘 왕이 이르되 슬프다 야훼
께서 이 세 왕을 불러 모아 모압의
손에 넘기려 하시는도다 하니
11 여호사밧이 이르되 우리가 야훼께
물을 만한 야훼의 선지자가 여기
없느냐 하는지라 이스라엘 왕의 신
하들 중의 한 사람이 대답하여 이
르되 전에 엘리야의 손에 물을 붓
던 사밧의 아들 엘리사가 여기 있
나이다 하니
12 여호사밧이 이르되 야훼의 말씀이
그에게 있도다 하는지라 이에 이스
라엘 왕과 여호사밧과 에돔 왕이
그에게로 내려가니라
13 엘리사가 이스라엘 왕에게 이르되
내가 당신과 무슨 상관이 있나이
까 당신의 부친의 선지자들과 당신
의 모친의 선지자들에게로 가소서
하니 이스라엘 왕이 그에게 이르되
그렇지 아니하니이다 야훼께서 이
세 왕을 불러 모아 모압의 손에 넘
기려 하시나이다 하니라
14 엘리사가 이르되 내가 섬기는 만군
의 야훼께서 살아 계심을 두고 맹
세하노니 내가 만일 유다의 왕 여
호사밧의 얼굴을 봄이 아니면 그
앞에서 당신을 향하지도 아니하고
보지도 아니하였으리이다
15 이제 내게로 거문고 탈 자를 불러
오소서 하니라 거문고 타는 자가
거문고를 탈 때에 야훼의 손이 엘
리사 위에 있더니
16 그가 이르되 야훼의 말씀이 이 골짜
기에 개천을 많이 파라 하셨나이다
17 야훼께서 이르시기를 너희가 바람
도 보지 못하고 비도 보지 못하되
이 골짜기에 물이 가득하여 너희와
너희 가축과 짐승이 마시리라 하셨
나이다
18 이것은 야훼께서 보시기에 작은 일
이라 야훼께서 모압 사람도 당신의
손에 넘기시리니
19 당신들이 모든 견고한 성읍과 모든
아름다운 성읍을 치고 모든 좋은 나
무를 베고 모든 샘을 메우고 돌로
모든 좋은 밭을 헐리이다 하더니
20 아침이 되어 소제 드릴 때에 물이
에돔 쪽에서부터 흘러와 그 땅에
가득하였더라

기록일 : . . .

21 모압의 모든 사람은 왕들이 올라와
서 자기를 치려 한다 함을 듣고 갑
옷 입을 만한 자로부터 그 이상이
다 모여 그 경계에 서 있더라
22 아침에 모압 사람이 일찍이 일어나
서 해가 물에 비치므로 맞은편 물
이 붉어 피와 같음을 보고
23 이르되 이는 피라 틀림없이 저 왕들
이 싸워 서로 죽인 것이로다 모압
사람들아 이제 노략하러 가자 하고
24 이스라엘 진에 이르니 이스라엘 사
람이 일어나 모압 사람을 쳐서 그
들 앞에서 도망하게 하고 그 지경
에 들어가며 모압 사람을 치고
25 그 성읍들을 쳐서 헐고 각기 돌을
던져 모든 좋은 밭에 가득하게 하
고 모든 샘을 메우고 모든 좋은 나
무를 베고 길하레셋의 돌들은 남기
고 물매꾼이 두루 다니며 치니라
26 모압 왕이 전세가 극렬하여 당하기
어려움을 보고 칼찬 군사 칠백 명
을 거느리고 돌파하여 지나서 에돔
왕에게로 가고자 하되 가지 못하고
27 이에 자기 왕위를 이어 왕이 될 맏
아들을 데려와 성 위에서 번제를
드린지라 이스라엘에게 크게 격노
함이 임하매 그들이 떠나 각기 고
국으로 돌아갔더라

4 선지자의 제자들의 아내 중의 한
여인이 엘리사에게 부르짖어 이르
되 당신의 종 나의 남편이 이미 죽
었는데 당신의 종이 야훼를 경외한
줄은 당신이 아시는 바니이다 이제
빚 준 사람이 와서 나의 두 아이를
데려가 그의 종을 삼고자 하나이다
하니
2 엘리사가 그에게 이르되 내가 너를
위하여 어떻게 하랴 네 집에 무엇
이 있는지 내게 말하라 그가 이르
되 계집종의 집에 기름 한 그릇 외
에는 아무것도 없나이다 하니
3 이르되 너는 밖에 나가서 모든 이
웃에게 그릇을 빌리라 빈 그릇을
빌리되 조금 빌리지 말고
4 너는 네 두 아들과 함께 들어가서
문을 닫고 그 모든 그릇에 기름을
부어서 차는 대로 옮겨 놓으라 하
니라
5 여인이 물러가서 그의 두 아들과 함
께 문을 닫은 후에 그들은 그릇을
그에게로 가져오고 그는 부었더니
6 그릇에 다 찬지라 여인이 아들에게
이르되 또 그릇을 내게로 가져오라
하니 아들이 이르되 다른 그릇이
없나이다 하니 기름이 곧 그쳤더라
7 그 여인이 하나님의 사람에게 나아
가서 말하니 그가 이르되 너는 가
서 기름을 팔아 빚을 갚고 남은 것
으로 너와 네 두 아들이 생활하라
하였더라

기록일 : . . .

8 하루는 엘리사가 수넴에 이르렀더
니 거기에 한 귀한 여인이 그를 간
권하여 음식을 먹게 하였으므로 엘
리사가 그 곳을 지날 때마다 음식
을 먹으러 그리로 들어갔더라
9 여인이 그의 남편에게 이르되 항상
우리를 지나가는 이 사람은 하나님
의 거룩한 사람인 줄을 내가 아노니
10 청하건대 우리가 그를 위하여 작
은 방을 담 위에 만들고 침상과 책
상과 의자와 촛대를 두사이다 그가
우리에게 이르면 거기에 머물리이
다 하였더라
11 하루는 엘리사가 거기에 이르러 그
방에 들어가 누웠더니
12 자기 사환 게하시에게 이르되 이
수넴 여인을 불러오라 하니 곧 여인
을 부르매 여인이 그 앞에 선지라
13 엘리사가 자기 사환에게 이르되 너
는 그에게 이르라 네가 이같이 우
리를 위하여 세심한 배려를 하는도
다 내가 너를 위하여 무엇을 하랴
왕에게나 사령관에게 무슨 구할 것
이 있느냐 하니 여인이 이르되 나는
내 백성 중에 거주하나이다 하니라
14 엘리사가 이르되 그러면 그를 위하
여 무엇을 하여야 할까 하니 게하
시가 대답하되 참으로 이 여인은
아들이 없고 그 남편은 늙었나이다
하니

15 이르되 다시 부르라 하여 부르매
여인이 문에 서니라
16 엘리사가 이르되 한 해가 지나 이
때쯤에 네가 아들을 안으리라 하니
여인이 이르되 아니로소이다 내 주
하나님의 사람이여 당신의 계집종
을 속이지 마옵소서 하니라
17 여인이 과연 잉태하여 한 해가 지나
이 때쯤에 엘리사가 여인에게 말한
대로 아들을 낳았더라
18 그 아이가 자라매 하루는 추수꾼들
에게 나가서 그의 아버지에게 이르
렀더니
19 그의 아버지에게 이르되 내 머리야
내 머리야 하는지라 그의 아버지가
사환에게 말하여 그의 어머니에게
로 데려가라 하매
20 곧 어머니에게로 데려갔더니 낮까
지 어머니의 무릎에 앉아 있다가
죽은지라
21 그의 어머니가 올라가서 아들을 하
나님의 사람의 침상 위에 두고 문
을 닫고 나와
22 그 남편을 불러 이르되 청하건대
사환 한 명과 나귀 한 마리를 내게
로 보내소서 내가 하나님의 사람에
게 달려갔다가 돌아오리이다 하니
23 그 남편이 이르되 초하루도 아니요
안식일도 아니거늘 그대가 오늘 어
찌하여 그에게 나아가고자 하느냐

기록일 : . . .

하는지라 여인이 이르되 평안을 비
나이다 하니라
24 이에 나귀에 안장을 지우고 자기
사환에게 이르되 몰고 가라 내가
말하지 아니하거든 나를 위하여 달
려가기를 멈추지 말라 하고
25 드디어 갈멜 산으로 가서 하나님
의 사람에게로 나아가니라 하나님
의 사람이 멀리서 그를 보고 자기
사환 게하시에게 이르되 저기 수넴
여인이 있도다
26 너는 달려가서 그를 맞아 이르기를
너는 평안하냐 네 남편이 평안하냐
아이가 평안하냐 하라 하였더니 여
인이 대답하되 평안하다 하고
27 산에 이르러 하나님의 사람에게 나
아가서 그 발을 안은지라 게하시가
가까이 와서 그를 물리치고자 하매
하나님의 사람이 이르되 가만 두라
그의 영혼이 괴로워하지마는 야훼
께서 내게 숨기시고 이르지 아니하
셨도다 하니라
28 여인이 이르되 내가 내 주께 아들
을 구하더이까 나를 속이지 말라고
내가 말하지 아니하더이까 하니
29 엘리사가 게하시에게 이르되 네 허
리를 묶고 내 지팡이를 손에 들고
가라 사람을 만나거든 인사하지 말
며 사람이 네게 인사할지라도 대답
하지 말고 내 지팡이를 그 아이 얼
굴에 놓으라 하는지라
30 아이의 어머니가 이르되 야훼께서
살아 계심과 당신의 영혼이 살아
계심을 두고 맹세하노니 내가 당신
을 떠나지 아니하리이다 엘리사가
이에 일어나 여인을 따라가니라
31 게하시가 그들보다 앞서 가서 지팡
이를 그 아이의 얼굴에 놓았으나
소리도 없고 듣지도 아니하는지라
돌아와서 엘리사를 맞아 그에게 말
하여 아이가 깨지 아니하였나이다
하니라
32 엘리사가 집에 들어가 보니 아이가
죽었는데 자기의 침상에 눕혔는지라
33 들어가서는 문을 닫으니 두 사람
뿐이라 엘리사가 야훼께 기도하고
34 아이 위에 올라 엎드려 자기 입을
그의 입에, 자기 눈을 그의 눈에,
자기 손을 그의 손에 대고 그의 몸
에 엎드리니 아이의 살이 차차 따
뜻하더라
35 엘리사가 내려서 집 안에서 한 번
이리 저리 다니고 다시 아이 위에
올라 엎드리니 아이가 일곱 번 재채
기 하고 눈을 뜨는지라
36 엘리사가 게하시를 불러 저 수넴
여인을 불러오라 하니 곧 부르매
여인이 들어가니 엘리사가 이르되
네 아들을 데리고 가라 하니라
37 여인이 들어가서 엘리사의 발 앞에

기록일 : . . .

서 땅에 엎드려 절하고 아들을 안
고 나가니라
38 엘리사가 다시 길갈에 이르니 그
땅에 흉년이 들었는데 선지자의 제
자들이 엘리사의 앞에 앉은지라 엘
리사가 자기 사환에게 이르되 큰
솥을 걸고 선지자의 제자들을 위하
여 국을 끓이라 하매
39 한 사람이 채소를 캐러 들에 나가
들포도덩굴을 만나 그것에서 들호
박을 따서 옷자락에 채워가지고 돌
아와 썰어 국 끓이는 솥에 넣되 그
들은 무엇인지 알지 못한지라
40 이에 퍼다가 무리에게 주어 먹게
하였더니 무리가 국을 먹다가 그들
이 외쳐 이르되 하나님의 사람이여
솥에 죽음의 독이 있나이다 하고
능히 먹지 못하는지라
41 엘리사가 이르되 그러면 가루를 가
져오라 하여 솥에 던지고 이르되 퍼
다가 무리에게 주어 먹게 하라 하
매 이에 솥 가운데 독이 없어지니라
42 한 사람이 바알 살리사에서부터 와
서 처음 만든 떡 곧 보리떡 이십 개
와 또 자루에 담은 채소를 하나님
의 사람에게 드린지라 그가 이르되
무리에게 주어 먹게 하라
43 그 사환이 이르되 내가 어찌 이것
을 백 명에게 주겠나이까 하나 엘
리사는 또 이르되 무리에게 주어
먹게 하라 야훼의 말씀이 그들이
먹고 남으리라 하셨느니라
44 그가 그들 앞에 주었더니 야훼께서
말씀하신 대로 먹고 남았더라

5 아람 왕의 군대 장관 나아만은 그
의 주인 앞에서 크고 존귀한 자니
이는 야훼께서 전에 그에게 아람을
구원하게 하셨음이라 그는 큰 용사
이나 나병환자더라
2 전에 아람 사람이 떼를 지어 나가
서 이스라엘 땅에서 어린 소녀 하
나를 사로잡으매 그가 나아만의 아
내에게 수종들더니
3 그의 여주인에게 이르되 우리 주
인이 사마리아에 계신 선지자 앞에
계셨으면 좋겠나이다 그가 그 나병
을 고치리이다 하는지라
4 나아만이 들어가서 그의 주인께 아
뢰어 이르되 이스라엘 땅에서 온 소
녀의 말이 이러이러하더이다 하니
5 아람 왕이 이르되 갈지어다 이제
내가 이스라엘 왕에게 글을 보내리
라 하더라 나아만이 곧 떠날새 은
십 달란트와 금 육천 개와 의복 열
벌을 가지고 가서
6 이스라엘 왕에게 그 글을 전하니
일렀으되 내가 내 신하 나아만을
당신에게 보내오니 이 글이 당신에
게 이르거든 당신은 그의 나병을
고쳐 주소서 하였더라

기록일 : . . .

7 이스라엘 왕이 그 글을 읽고 자기
옷을 찢으며 이르되 내가 사람을 죽
이고 살리는 하나님이냐 그가 어찌
하여 사람을 내게로 보내 그의 나병
을 고치라 하느냐 너희는 깊이 생각
하고 저 왕이 틈을 타서 나와 더불
어 시비하려 함인줄 알라 하니라
8 하나님의 사람 엘리사가 이스라엘
왕이 자기의 옷을 찢었다 함을 듣
고 왕에게 보내 이르되 왕이 어찌
하여 옷을 찢었나이까 그 사람을
내게로 오게 하소서 그가 이스라엘
중에 선지자가 있는 줄을 알리이다
하니라
9 나아만이 이에 말들과 병거들을 거
느리고 이르러 엘리사의 집 문에
서니
10 엘리사가 사자를 그에게 보내 이르
되 너는 가서 요단 강에 몸을 일곱
번 씻으라 네 살이 회복되어 깨끗
하리라 하는지라
11 나아만이 노하여 물러가며 이르되
내 생각에는 그가 내게로 나와 서
서 그의 하나님 야훼의 이름을 부
르고 그의 손을 그 부위 위에 흔들
어 나병을 고칠까 하였도다
12 다메섹 강 아바나와 바르발은 이스
라엘 모든 강물보다 낫지 아니하냐
내가 거기서 몸을 씻으면 깨끗하게
되지 아니하랴 하고 몸을 돌려 분
노하여 떠나니
13 그의 종들이 나아와서 말하여 이르
되 내 아버지여 선지자가 당신에게
큰 일을 행하라 말하였더면 행하지
아니하였으리이까 하물며 당신에게
이르기를 씻어 깨끗하게 하라 함이
리이까 하니
14 나아만이 이에 내려가서 하나님의
사람의 말대로 요단 강에 일곱 번
몸을 잠그니 그의 살이 어린 아이
의 살 같이 회복되어 깨끗하게 되
었더라
15 나아만이 모든 군대와 함께 하나님
의 사람에게로 도로 와서 그의 앞
에 서서 이르되 내가 이제 이스라
엘 외에는 온 천하에 신이 없는 줄
을 아나이다 청하건대 당신의 종에
게서 예물을 받으소서 하니
16 이르되 내가 섬기는 야훼께서 살아
계심을 두고 맹세하노니 내가 그
앞에서 받지 아니하리라 하였더라
나아만이 받으라고 강권하되 그가
거절하니라
17 나아만이 이르되 그러면 청하건대
노새 두 마리에 실을 흙을 당신의
종에게 주소서 이제부터는 종이 번
제물과 다른 희생제사를 야훼 외
다른 신에게는 드리지 아니하고 다
만 야훼께 드리겠나이다
18 오직 한 가지 일이 있사오니 야훼

기록일 : . . .

께서 당신의 종을 용서하시기를 원
하나이다 곧 내 주인께서 림몬의 신
당에 들어가 거기서 경배하며 그가
내 손을 의지하시매 내가 림몬의 신
당에서 몸을 굽히오니 내가 림몬의
신당에서 몸을 굽힐 때에 야훼께서
이 일에 대하여 당신의 종을 용서하
시기를 원하나이다 하니
19 엘리사가 이르되 너는 평안히 가라
하니라 그가 엘리사를 떠나 조금
가니라
20 하나님의 사람 엘리사의 사환 게하
시가 스스로 이르되 내 주인이 이
아람 사람 나아만에게 면하여 주고
그가 가지고 온 것을 그의 손에서
받지 아니하였도다 야훼께서 살아
계심을 두고 맹세하노니 내가 그를
쫓아가서 무엇이든지 그에게서 받
으리라 하고
21 나아만의 뒤를 쫓아가니 나아만이
자기 뒤에 달려옴을 보고 수레에
서 내려 맞이하여 이르되 평안이냐
하니
22 그가 이르되 평안하나이다 우리 주
인께서 나를 보내시며 말씀하시기
를 지금 선지자의 제자 중에 두 청
년이 에브라임 산지에서부터 내게
로 왔으니 청하건대 당신은 그들에
게 은 한 달란트와 옷 두 벌을 주라
하시더이다
23 나아만이 이르되 바라건대 두 달란
트를 받으라 하고 그를 강권하여
은 두 달란트를 두 전대에 넣어 매
고 옷 두 벌을 아울러 두 사환에게
지우매 그들이 게하시 앞에서 지고
가니라
24 언덕에 이르러서는 게하시가 그 물
건을 두 사환의 손에서 받아 집에
감추고 그들을 보내 가게 한 후
25 들어가 그의 주인 앞에 서니 엘리
사가 이르되 게하시야 네가 어디서
오느냐 하니 대답하되 당신의 종이
아무데도 가지 아니하였나이다 하
니라
26 엘리사가 이르되 한 사람이 수레에
서 내려 너를 맞이할 때에 내 마음
이 함께 가지 아니하였느냐 지금이
어찌 은을 받으며 옷을 받으며 감
람원이나 포도원이나 양이나 소나
남종이나 여종을 받을 때이냐
27 그러므로 나아만의 나병이 네게 들
어 네 자손에게 미쳐 영원토록 이
르리라 하니 게하시가 그 앞에서
물러나오매 나병이 발하여 눈같이
되었더라

6 선지자의 제자들이 엘리사에게 이
르되 보소서 우리가 당신과 함께 거
주하는 이 곳이 우리에게는 좁으니
2 우리가 요단으로 가서 거기서 각각
한 재목을 가져다가 그 곳에 우리

기록일 : . . .

가 거주할 처소를 세우사이다 하니
엘리사가 이르되 가라 하는지라
3 그 하나가 이르되 청하건대 당신도
종들과 함께 하소서 하니 엘리사가
이르되 내가 가리라 하고
4 드디어 그들과 함께 가니라 무리가
요단에 이르러 나무를 베더니
5 한 사람이 나무를 벨 때에 쇠도끼
가 물에 떨어진지라 이에 외쳐 이
르되 아아, 내 주여 이는 빌려온 것
이니이다 하니
6 하나님의 사람이 이르되 어디 빠졌
느냐 하매 그 곳을 보이는지라 엘
리사가 나뭇가지를 베어 물에 던져
쇠도끼를 떠오르게 하고
7 이르되 너는 그것을 집으라 하니
그 사람이 손을 내밀어 그것을 집
으니라
8 그 때에 아람 왕이 이스라엘과 더
불어 싸우며 그의 신복들과 의논하
여 이르기를 우리가 아무데 아무데
진을 치리라 하였더니
9 하나님의 사람이 이스라엘 왕에게
보내 이르되 왕은 삼가 아무 곳으
로 지나가지 마소서 아람 사람이
그 곳으로 나오나이다 하는지라
10 이스라엘 왕이 하나님의 사람이 자
기에게 말하여 경계한 곳으로 사람
을 보내 방비하기가 한두 번이 아
닌지라

11 이러므로 아람 왕의 마음이 불안하
여 그 신복들을 불러 이르되 우리
중에 누가 이스라엘 왕과 내통하는
것을 내게 말하지 아니하느냐 하니
12 그 신복 중의 한 사람이 이르되 우
리 주 왕이여 아니로소이다 오직 이
스라엘 선지자 엘리사가 왕이 침실
에서 하신 말씀을 이스라엘의 왕에
게 고하나이다 하는지라
13 왕이 이르되 너희는 가서 엘리사
가 어디 있나 보라 내가 사람을 보
내어 그를 잡으리라 왕에게 아뢰어
이르되 보라 그가 도단에 있도다
하나이다
14 왕이 이에 말과 병거와 많은 군사
를 보내매 그들이 밤에 가서 그 성
읍을 에워쌌더라
15 하나님의 사람의 사환이 일찍이 일
어나서 나가보니 군사와 말과 병거
가 성읍을 에워쌌는지라 그의 사환
이 엘리사에게 말하되 아아, 내 주
여 우리가 어찌하리이까 하니
16 대답하되 두려워하지 말라 우리와
함께 한 자가 그들과 함께 한 자보
다 많으니라 하고
17 기도하여 이르되 여호와여 원하건
대 그의 눈을 열어서 보게 하옵소
서 하니 여호와께서 그 청년의 눈을
여시매 그가 보니 불말과 불병거가
산에 가득하여 엘리사를 둘렀더라

기록일 : . . .

18 아람 사람이 엘리사에게 내려오매
엘리사가 야훼께 기도하여 이르되
원하건대 저 무리의 눈을 어둡게
하옵소서 하매 엘리사의 말대로 그
들의 눈을 어둡게 하신지라
19 엘리사가 그들에게 이르되 이는 그
길이 아니요 이는 그 성읍도 아니니
나를 따라 오라 내가 너희를 인도
하여 너희가 찾는 사람에게로 나아
가리라 하고 그들을 인도하여 사마
리아에 이르니라
20 사마리아에 들어갈 때에 엘리사가
이르되 야훼여 이 무리의 눈을 열어
서 보게 하옵소서 하니 야훼께서 그
들의 눈을 여시매 그들이 보니 자기
들이 사마리아 가운데에 있더라
21 이스라엘 왕이 그들을 보고 엘리사
에게 이르되 내 아버지여 내가 치리
이까 내가 치리이까 하니
22 대답하되 치지 마소서 칼과 활로
사로잡은 자인들 어찌 치리이까 떡
과 물을 그들 앞에 두어 먹고 마시
게 하고 그들의 주인에게로 돌려보
내소서 하는지라
23 왕이 위하여 음식을 많이 베풀고
그들이 먹고 마시매 놓아보내니 그
들이 그들의 주인에게로 돌아가니
라 이로부터 아람 군사의 부대가
다시는 이스라엘 땅에 들어오지 못
하니라
24 이 후에 아람 왕 벤하닷이 그의 온
군대를 모아 올라와서 사마리아를
에워싸니
25 아람 사람이 사마리아를 에워싸므
로 성중이 크게 주려서 나귀 머리
하나에 은 팔십 세겔이요 비둘기
똥 사분의 일 갑에 은 다섯 세겔이
라 하니
26 이스라엘 왕이 성 위로 지나갈 때
에 한 여인이 외쳐 이르되 나의 주
왕이여 도우소서
27 왕이 이르되 야훼께서 너를 돕지
아니하시면 내가 무엇으로 너를 도
우랴 타작 마당으로 말미암아 하겠
느냐 포도주 틀로 말미암아 하겠느
냐 하니라
28 또 이르되 무슨 일이냐 하니 여인이
대답하되 이 여인이 내게 이르기를
네 아들을 내놓아라 우리가 오늘
먹고 내일은 내 아들을 먹자 하매
29 우리가 드디어 내 아들을 삶아 먹
었더니 이튿날에 내가 그 여인에게
이르되 네 아들을 내놓아라 우리가
먹으리라 하나 그가 그의 아들을
숨겼나이다 하는지라
30 왕이 그 여인의 말을 듣고 자기 옷
을 찢으니라 그가 성 위로 지나갈
때에 백성이 본즉 그의 속살에 굵
은 베를 입었더라
31 왕이 이르되 사밧의 아들 엘리사의

기록일 : . . .

머리가 오늘 그 몸에 붙어 있으면
하나님이 내게 벌 위에 벌을 내리실
지로다 하니라
32 그 때에 엘리사가 그의 집에 앉아
있고 장로들이 그와 함께 앉아 있
는데 왕이 자기 처소에서 사람을
보냈더니 그 사자가 이르기 전에
엘리사가 장로들에게 이르되 너희
는 이 살인한 자의 아들이 내 머리
를 베려고 사람을 보내는 것을 보
느냐 너희는 보다가 사자가 오거
든 문을 닫고 문 안에 들이지 말라
그의 주인의 발소리가 그의 뒤에서
나지 아니하느냐 하고
33 무리와 말을 할 때에 그 사자가 그
에게 이르니라 왕이 이르되 이 재
앙이 야훼께로부터 나왔으니 어찌
더 야훼를 기다리리요

7 엘리사가 이르되 야훼의 말씀을
들을지어다 야훼께서 이르시되 내
일 이맘때에 사마리아 성문에서 고
운 밀가루 한 스아를 한 세겔로 매
매하고 보리 두 스아를 한 세겔로
매매하리라 하셨느니라
2 그 때에 왕이 그의 손에 의지하는
자 곧 한 장관이 하나님의 사람에
게 대답하여 이르되 야훼께서 하늘
에 창을 내신들 어찌 이런 일이 있
으리요 하더라 엘리사가 이르되 네
가 네 눈으로 보리라 그러나 그것
을 먹지는 못하리라 하니라
3 성문 어귀에 나병환자 네 사람이
있더니 그 친구에게 서로 말하되
우리가 어찌하여 여기 앉아서 죽기
를 기다리랴
4 만일 우리가 성읍으로 가자고 말한
다면 성읍에는 굶주림이 있으니 우
리가 거기서 죽을 것이요 만일 우리
가 여기서 머무르면 역시 우리가 죽
을 것이라 그런즉 우리가 가서 아
람 군대에게 항복하자 그들이 우리
를 살려 두면 살 것이요 우리를 죽
이면 죽을 것이라 하고
5 아람 진으로 가려 하여 해 질 무렵
에 일어나 아람 진영 끝에 이르러서
본즉 그 곳에 한 사람도 없으니
6 이는 주께서 아람 군대로 병거 소
리와 말 소리와 큰 군대의 소리를
듣게 하셨으므로 아람 사람이 서로
말하기를 이스라엘 왕이 우리를 치
려 하여 헷 사람의 왕들과 애굽 왕
들에게 값을 주고 그들을 우리에게
오게 하였다 하고
7 해질 무렵에 일어나서 도망하되 그
장막과 말과 나귀를 버리고 진영을
그대로 두고 목숨을 위하여 도망하
였음이라
8 그 나병환자들이 진영 끝에 이르
자 한 장막에 들어가서 먹고 마시
고 거기서 은과 금과 의복을 가지

기록일 : . . .

고 가서 감추고 다시 와서 다른 장
막에 들어가 거기서도 가지고 가서
감추니라
9 나병환자들이 그 친구에게 서로 말
하되 우리가 이렇게 해서는 아니되
겠도다 오늘은 아름다운 소식이 있
는 날이거늘 우리가 침묵하고 있도
다 만일 밝은 아침까지 기다리면 벌
이 우리에게 미칠지니 이제 떠나 왕
궁에 가서 알리자 하고
10 가서 성읍 문지기를 불러 그들에게
말하여 이르되 우리가 아람 진에
이르러서 보니 거기에 한 사람도 없
고 사람의 소리도 없고 오직 말과
나귀만 매여 있고 장막들이 그대로
있더이다 하는지라
11 그가 문지기들을 부르매 그들이 왕
궁에 있는 자에게 말하니
12 왕이 밤에 일어나 그의 신복들에게
이르되 아람 사람이 우리에게 행한
것을 내가 너희에게 알게 하노니 그
들이 우리가 주린 것을 알고 있으므
로 그 진영을 떠나서 들에 매복하
고 스스로 이르기를 그들이 성읍에
서 나오거든 우리가 사로잡고 성읍
에 들어가겠다 한 것이니라 하니
13 그의 신하 중 한 사람이 대답하여
이르되 청하건대 아직 성중에 남아
있는 말 다섯 마리를 취하고 사람
을 보내 정탐하게 하소서 그것들이
성중에 남아 있는 이스라엘 온 무
리 곧 멸망한 이스라엘 온 무리와
같으니이다 하고
14 그들이 병거 둘과 그 말들을 취한
지라 왕이 아람 군대 뒤로 보내며
가서 정탐하라 하였더니
15 그들이 그들의 뒤를 따라 요단에
이른즉 아람 사람이 급히 도망하느
라고 버린 의복과 병기가 길에 가
득하였더라 사자가 돌아와서 왕에
게 알리니
16 백성들이 나가서 아람 사람의 진영
을 노략한지라 이에 고운 밀가루
한 스아에 한 세겔이 되고 보리 두
스아가 한 세겔이 되니 야훼의 말
씀과 같이 되었고
17 왕이 그의 손에 의지하였던 그의
장관을 세워 성문을 지키게 하였
더니 백성이 성문에서 그를 밟으매
하나님의 사람의 말대로 죽었으니
곧 왕이 내려왔을 때에 그가 말한
대로라
18 하나님의 사람이 왕에게 말한 바
와 같으니 이르기를 내일 이맘 때
에 사마리아 성문에서 보리 두 스
아를 한 세겔로 매매하고 고운 밀
가루 한 스아를 한 세겔로 매매하
리라 한즉
19 그 때에 이 장관이 하나님의 사람
에게 대답하여 이르되 야훼께서 하

기록일 : . . .

늘에 창을 내신들 어찌 이 일이 있
으랴 하매 대답하기를 네가 네 눈
으로 보리라 그러나 그것을 먹지는
못하리라 하였더니
20 그의 장관에게 그대로 이루어졌으
니 곧 백성이 성문에서 그를 밟으
매 죽었더라

8

엘리사가 이전에 아들을 다시 살
려 준 여인에게 이르되 너는 일어나
서 네 가족과 함께 거주할 만한 곳
으로 가서 거주하라 야훼께서 기근
을 부르셨으니 그대로 이 땅에 칠
년 동안 임하리라 하니
2 여인이 일어나서 하나님의 사람의
말대로 행하여 그의 가족과 함께
가서 블레셋 사람들의 땅에 칠 년
을 우거하다가
3 칠 년이 다하매 여인이 블레셋 사람
들의 땅에서 돌아와 자기 집과 전
토를 위하여 호소하러 하여 왕에게
나아갔더라
4 그 때에 왕이 하나님의 사람의 사
환 게하시와 서로 말하며 이르되
너는 엘리사가 행한 모든 큰 일을
내게 설명하라 하니
5 게하시가 곧 엘리사가 죽은 자를
다시 살린 일을 왕에게 이야기할
때에 그 다시 살린 아이의 어머니
가 자기 집과 전토를 위하여 왕에
게 호소하는지라 게하시가 이르되
내 주 왕이여 이는 그 여인이요 저
는 그의 아들이니 곧 엘리사가 다
시 살린 자니이다 하니라
6 왕이 그 여인에게 물으매 여인이 설
명한지라 왕이 그를 위하여 한 관
리를 임명하여 이르되 이 여인에게
속한 모든 것과 이 땅에서 떠날 때
부터 이제까지 그의 밭의 소출을
다 돌려 주라 하였더라
7 엘리사가 다메섹에 갔을 때에 아람
왕 벤하닷이 병들었더니 왕에게 들
리기를 이르되 하나님의 사람이 여
기 이르렀나이다 하니
8 왕이 하사엘에게 이르되 너는 손에
예물을 가지고 가서 하나님의 사람
을 맞이하고 내가 이 병에서 살아나
겠는지 그를 통하여 야훼께 물으라
9 하사엘이 그를 맞이하러 갈새 다메
섹의 모든 좋은 물품으로 예물을
삼아 가지고 낙타 사십 마리에 싣
고 나아가서 그의 앞에 서서 이르
되 당신의 아들 아람 왕 벤하닷이
나를 당신에게 보내 이르되 나의
이 병이 낫겠나이까 하더이다 하니
10 엘리사가 이르되 너는 가서 그에게
말하기를 왕이 반드시 나으리라 하
라 그러나 야훼께서 그가 반드시
죽으리라고 내게 알게 하셨느니라
하고
11 하나님의 사람이 그가 부끄러워하기

기록일 : . . .

까지 그의 얼굴을 쏘아보다가 우니
12 하사엘이 이르되 내 주여 어찌하여
우시나이까 하는지라 대답하되 네
가 이스라엘 자손에게 행할 모든
악을 내가 앎이라 네가 그들의 성
에 불을 지르며 장정을 칼로 죽이
며 어린 아이를 메치며 아이 밴 부
녀를 가르리라 하니
13 하사엘이 이르되 당신의 개 같은
종이 무엇이기에 이런 큰일을 행하
오리이까 하더라 엘리사가 대답하
되 야훼께서 네가 아람 왕이 될 것
을 내게 알게 하셨느니라 하더라
14 그가 엘리사를 떠나가서 그의 주
인에게 나아가니 왕이 그에게 묻되
엘리사가 네게 무슨 말을 하더냐
하니 대답하되 그가 내게 이르기를
왕이 반드시 살아나시리이다 하더
이다 하더라
15 그 이튿날에 하사엘이 이불을 물에
적시어 왕의 얼굴에 덮으매 왕이 죽
은지라 그가 대신하여 왕이 되니라
16 이스라엘의 왕 아합의 아들 요람
제오년에 여호사밧이 유다의 왕이
었을 때에 유다의 왕 여호사밧의
아들 여호람이 왕이 되니라
17 여호람이 왕이 될 때에 나이가 삼
십이 세라 예루살렘에서 팔 년 동
안 통치하니라
18 그가 이스라엘 왕들의 길을 가서
아합의 집과 같이 하였으니 이는
아합의 딸이 그의 아내가 되었음이
라 그가 야훼 보시기에 악을 행하
였으나
19 야훼께서 그의 종 다윗을 위하여
유다 멸하기를 즐겨하지 아니하셨
으니 이는 그와 그의 자손에게 항
상 등불을 주겠다고 말씀하셨음이
더라
20 여호람 때에 에돔이 유다의 손에서
배반하여 자기 위에 왕을 세운 고로
21 여호람이 모든 병거를 거느리고 사
일로 갔더니 밤에 일어나 자기를 에
워싼 에돔 사람과 그 병거의 장관
들을 치니 이에 백성이 도망하여 각
각 그들의 장막들로 돌아갔더라
22 이와 같이 에돔이 유다의 수하에서
배반하였더니 오늘까지 그러하였으
며 그 때에 립나도 배반하였더라
23 여호람의 남은 사적과 그가 행한
모든 일은 유다 왕 역대지략에 기
록되지 아니하였느냐
24 여호람이 그의 조상들과 함께 자매
그의 조상들과 함께 다윗 성에 장
사되고 그의 아들 아하시야가 대신
하여 왕이 되니라
25 이스라엘의 왕 아합의 아들 요람
제십이년에 유다 왕 여호람의 아들
아하시야가 왕이 되니
26 아하시야가 왕이 될 때에 나이가

기록일 : . . .

이십이 세라 예루살렘에서 일 년을
통치하니라 그의 어머니의 이름은
아달랴라 이스라엘 왕 오므리의 손
녀이더라
27 아하시야가 아합의 집 길로 행하여
아합의 집과 같이 야훼 보시기에
악을 행하였으니 그는 아합의 집의
사위가 되었음이러라
28 그가 아합의 아들 요람과 함께 길
르앗 라못으로 가서 아람 왕 하사
엘과 더불어 싸우더니 아람 사람들
이 요람에게 부상을 입힌지라
29 요람 왕이 아람 왕 하사엘과 싸울
때에 라마에서 아람 사람에게 당한
부상을 치료하려 하여 이스르엘로
돌아왔더라 유다의 왕 여호람의 아
들 아하시야가 아합의 아들 요람을
보기 위하여 내려갔으니 이는 그에
게 병이 생겼음이더라
9 선지자 엘리사가 선지자의 제자
중 하나를 불러 이르되 너는 허리
를 동이고 이 기름병을 손에 가지
고 길르앗 라못으로 가라
2 거기에 이르거든 님시의 손자 여호
사밧의 아들 예후를 찾아 들어가서
그의 형제 중에서 일어나게 하고
그를 데리고 골방으로 들어가
3 기름병을 가지고 그의 머리에 부으
며 이르기를 야훼의 말씀이 내가
네게 기름을 부어 이스라엘 왕으로
삼노라 하셨느니라 하고 곧 문을
열고 도망하되 지체하지 말지니라
하니
4 그 청년 곧 그 선지자의 청년이 길
르앗 라못으로 가니라
5 그가 이르러 보니 군대 장관들이
앉아 있는지라 소년이 이르되 장관
이여 내가 당신에게 할 말이 있나이
다 예후가 이르되 우리 모든 사람
중에 누구에게 하려느냐 하니 이르
되 장관이여 당신에게니이다 하는
지라
6 예후가 일어나 집으로 들어가니 청
년이 그의 머리에 기름을 부으며 그
에게 이르되 이스라엘 하나님 야훼
의 말씀이 내가 네게 기름을 부어
야훼의 백성 곧 이스라엘의 왕으로
삼노니
7 너는 네 주 아합의 집을 치라 내
가 나의 종 곧 선지자들의 피와 야
훼의 종들의 피를 이세벨에게 갚아
주리라
8 아합의 온 집이 멸망하리니 이스라
엘 중에 매인 자나 놓인 자나 아합
에게 속한 모든 남자는 내가 다 멸
절하되
9 아합의 집을 느밧의 아들 여로보암
의 집과 같게 하며 또 아히야의 아
들 바아사의 집과 같게 할지라
10 이스르엘 지방에서 개들이 이세벨

기록일 : . . .

을 먹으리니 그를 장사할 사람이
없으리라 하셨느니라 하고 곧 문을
열고 도망하니라
11 예후가 나와서 그의 주인의 신복들
에게 이르니 한 사람이 그에게 묻
되 평안하냐 그 미친 자가 무슨 까
닭으로 그대에게 왔더냐 대답하되
그대들이 그 사람과 그가 말한 것
을 알리라 하더라
12 무리가 이르되 당치 아니한 말이라
청하건대 그대는 우리에게 이르라
하니 대답하되 그가 이리 이리 내
게 말하여 이르기를 야훼의 말씀이
내가 네게 기름을 부어 이스라엘
왕으로 삼는다 하셨다 하더라 하는
지라
13 무리가 각각 자기의 옷을 급히 가
져다가 섬돌 위 곧 예후의 밑에 깔
고 나팔을 불며 이르되 예후는 왕
이라 하니라
14 이에 님시의 손자 여호사밧의 아들
예후가 요람을 배반하였으니 곧 요
람이 온 이스라엘과 더불어 아람의
왕 하사엘과 맞서서 길르앗 라못을
지키다가
15 아람의 왕 하사엘과 더불어 싸울
때에 아람 사람에게 부상한 것을
치료하려 하여 이스르엘로 돌아왔
던 때라 예후가 이르되 너희 뜻에
합당하거든 한 사람이라도 이 성에
서 도망하여 이스르엘에 알리러 가
지 못하게 하라 하니라
16 예후가 병거를 타고 이스르엘로 가
니 요람 왕이 거기에 누워 있었음
이라 유다의 왕 아하시야는 요람을
보러 내려왔더라
17 이스르엘 망대에 파수꾼 하나가 서
있더니 예후의 무리가 오는 것을
보고 이르되 내가 한 무리를 보나
이다 하니 요람이 이르되 한 사람
을 말에 태워 보내어 맞이하여 평
안하냐 묻게 하라 하는지라
18 한 사람이 말을 타고 가서 만나 이
르되 왕의 말씀이 평안하냐 하시
더이다 하매 예후가 이르되 평안이
네게 상관이 있느냐 내 뒤로 물러
나라 하니라 파수꾼이 전하여 이르
되 사자가 그들에게 갔으나 돌아오
지 아니하나이다 하는지라
19 다시 한 사람을 말에 태워 보내었
더니 그들에게 가서 이르되 왕의
말씀이 평안하냐 하시더이다 하매
예후가 이르되 평안이 네게 상관이
있느냐 내 뒤를 따르라 하더라
20 파수꾼이 또 전하여 이르되 그도
그들에게까지 갔으나 돌아오지 아
니하고 그 병거 모는 것이 님시의
손자 예후가 모는 것 같이 미치게
모나이다 하니
21 요람이 이르되 메우라 하매 그의

기록일 : . . .

병거를 메운지라 이스라엘 왕 요람
과 유다 왕 아하시야가 각각 그의
병거를 타고 가서 예후를 맞을새
이스르엘 사람 나봇의 토지에서 만
나매
22 요람이 예후를 보고 이르되 예후야
평안하냐 하니 대답하되 네 어머니
이세벨의 음행과 술수가 이렇게 많
으니 어찌 평안이 있으랴 하더라
23 요람이 곧 손을 돌이켜 도망하며
아하시야에게 이르되 아하시야여
반역이로다 하니
24 예후가 힘을 다하여 활을 당겨 요
람의 두 팔 사이를 쏘니 화살이 그
의 염통을 꿰뚫고 나오매 그가 병
거 가운데에 엎드러진지라
25 예후가 그의 장관 빗갈에게 이르되
그 시체를 가져다가 이스르엘 사람
나봇의 밭에 던지라 네가 기억하려
니와 이전에 너와 내가 함께 타고
그의 아버지 아합을 좇았을 때에
야훼께서 이같이 그의 일을 예언하
셨느니라
26 야훼께서 말씀하시기를 내가 어제
나봇의 피와 그의 아들들의 피를
분명히 보았노라 야훼께서 또 말씀
하시기를 이 토지에서 네게 갚으리
라 하셨으니 그런즉 야훼의 말씀대
로 그의 시체를 가져다가 이 밭에
던질지니라 하는지라
27 유다의 왕 아하시야가 이를 보고
정원의 정자 길로 도망하니 예후가
그 뒤를 쫓아가며 이르되 그도 병
거 가운데서 죽이라 하매 이블르암
가까운 구르 비탈에서 치니 그가
므깃도까지 도망하여 거기서 죽은
지라
28 그의 신복들이 그를 병거에 싣고
예루살렘에 이르러 다윗 성에서 그
들의 조상들과 함께 그의 묘실에
장사하니라
29 아합의 아들 요람의 제십일년에 아
하시야가 유다 왕이 되었었더라
30 예후가 이스르엘에 오니 이세벨이
듣고 눈을 그리고 머리를 꾸미고
창에서 바라보다가
31 예후가 문에 들어오매 이르되 주인
을 죽인 너 시므리여 평안하냐 하니
32 예후가 얼굴을 들어 창을 향하고
이르되 내 편이 될 자가 누구냐 누
구냐 하니 두어 내시가 예후를 내
다보는지라
33 이르되 그를 내려던지라 하니 내려
던지매 그의 피가 담과 말에게 튀
더라 예후가 그의 시체를 밟으니라
34 예후가 들어가서 먹고 마시고 이르
되 가서 이 저주 받은 여자를 찾아
장사하라 그는 왕의 딸이니라 하매
35 가서 장사하려 한즉 그 두골과 발
과 그의 손 외에는 찾지 못한지라

36 돌아와서 전하니 예후가 이르되 이
는 야훼께서 그 종 디셉 사람 엘리
야를 통하여 말씀하신 바라 이르시
기를 이스르엘 토지에서 개들이 이
세벨의 살을 먹을지라
37 그 시체가 이스르엘 토지에서 거름
같이 밭에 있으리니 이것이 이세벨
이라고 가리켜 말하지 못하게 되리
라 하셨느니라 하였더라

10

아합의 아들 칠십 명이 사마리아
에 있는지라 예후가 편지들을 써서
사마리아에 보내서 이스르엘 귀족
들 곧 장로들과 아합의 여러 아들
을 교육하는 자들에게 전하니 일렀
으되
2 너희 주의 아들들이 너희와 함께
있고 또 병거와 말과 견고한 성과
무기가 너희에게 있으니 이 편지가
너희에게 이르거든
3 너희 주의 아들들 중에서 가장 어
질고 정직한 자를 택하여 그의 아
버지의 왕좌에 두고 너희 주의 집
을 위하여 싸우라 하였더라
4 그들이 심히 두려워하여 이르되 두
왕이 그를 당하지 못하였거든 우리
가 어찌 당하리요 하고
5 그 왕궁을 책임지는 자와 그 성읍
을 책임지는 자와 장로들과 왕자를
교육하는 자들이 예후에게 말을 전
하여 이르되 우리는 당신의 종이라
당신이 말하는 모든 것을 우리가
행하고 어떤 사람이든지 왕으로 세
우지 아니하리니 당신이 보기에 좋
은 대로 행하라 한지라
6 예후가 다시 그들에게 편지를 부치
니 일렀으되 만일 너희가 내 편이 되
어 내 말을 너희가 들으려거든 너희
주의 아들된 사람들의 머리를 가지
고 내일 이맘때에 이스르엘에 이르
러 내게 나아오라 하였더라 왕자 칠
십 명이 그 성읍의 귀족들, 곧 그들
을 양육하는 자들과 함께 있는 중에
7 편지가 그들에게 이르매 그들이 왕
자 칠십 명을 붙잡아 죽이고 그들
의 머리를 광주리에 담아 이스르엘
예후에게로 보내니라
8 사자가 와서 예후에게 전하여 이르
되 그 무리가 왕자들의 머리를 가
지고 왔나이다 이르되 두 무더기로
쌓아 내일 아침까지 문 어귀에 두
라 하고
9 이튿날 아침에 그가 나가 서서 뭇
백성에게 이르되 너희는 의롭도다
나는 내 주를 배반하여 죽였거니와
이 여러 사람을 죽인 자는 누구냐
10 그런즉 이제 너희는 알라 곧 야훼
께서 아합의 집에 대하여 하신 말
씀은 하나도 땅에 떨어지지 아니하
리라 야훼께서 그의 종 엘리야를
통하여 하신 말씀을 이제 이루셨도

기록일 : . . .

다 하니라
11 예후가 아합의 집에 속한 이스르엘
에 남아 있는 자를 다 죽이고 또 그
의 귀족들과 신뢰 받는 자들과 제
사장들을 죽이되 그에게 속한 자를
하나도 생존자를 남기지 아니하였
더라
12 예후가 일어나서 사마리아로 가더
니 도중에 목자가 양털 깎는 집에
이르러
13 예후가 유다의 왕 아하시야의 형제
들을 만나 묻되 너희는 누구냐 하니
대답하되 우리는 아하시야의 형제
라 이제 왕자들과 태후의 아들들에
게 문안하러 내려가노라 하는지라
14 이르되 사로잡으라 하매 곧 사로잡
아 목자가 양털 깎는 집 웅덩이 곁
에서 죽이니 사십이 명이 하나도 남
지 아니하였더라
15 예후가 거기에서 떠나가다가 자기
를 맞이하러 오는 레갑의 아들 여
호나답을 만난지라 그의 안부를 묻
고 그에게 이르되 내 마음이 네 마
음을 향하여 진실함과 같이 네 마
음도 진실하냐 하니 여호나답이 대
답하되 그러하니이다 이르되 그러
면 나와 손을 잡자 손을 잡으니 예
후가 끌어 병거에 올리며
16 이르되 나와 함께 가서 야훼를 위
한 나의 열심을 보라 하고 이에 자
기 병거에 태우고
17 사마리아에 이르러 거기에 남아 있
는 바 아합에게 속한 자들을 죽여
진멸하였으니 야훼께서 엘리야에게
이르신 말씀과 같이 되었더라
18 예후가 뭇 백성을 모으고 그들에게
이르되 아합은 바알을 조금 섬겼으
나 예후는 많이 섬기리라
19 그러므로 내가 이제 큰 제사를 바
알에게 드리고자 하노니 바알의 모
든 선지자와 모든 섬기는 자와 모
든 제사장들을 한 사람도 빠뜨리
지 말고 불러 내게로 나아오게 하
라 모든 오지 아니하는 자는 살려
두지 아니하리라 하니 이는 예후가
바알 섬기는 자를 멸하려 하여 계
책을 씀이라
20 예후가 바알을 위하는 대회를 거룩
히 열라 하매 드디어 공포되었더라
21 예후가 온 이스라엘에 사람을 두루
보냈더니 바알을 섬기는 모든 사람
이 하나도 빠진 자가 없이 다 이르
렀고 무리가 바알의 신당에 들어가
매 바알의 신당 이쪽부터 저쪽까지
가득하였더라
22 예후가 예복 맡은 자에게 이르되
예복을 내다가 바알을 섬기는 모든
자에게 주라 하매 그들에게로 예복
을 가져온지라
23 예후가 레갑의 아들 여호나답과 더

기록일 : . . .

불어 바알의 신당에 들어가서 바알
을 섬기는 자들에게 이르되 너희는
살펴보아 바알을 섬기는 자들만 여
기 있게 하고 야훼의 종은 하나도
여기 너희 중에 있지 못하게 하라
하고
24 무리가 번제와 다른 제사를 드리
려고 들어간 때에 예후가 팔십 명
을 밖에 두며 이르되 내가 너희 손
에 넘겨 주는 사람을 한 사람이라
도 도망하게 하는 자는 자기의 생
명으로 그 사람의 생명을 대신하리
라 하니라
25 번제 드리기를 다하매 예후가 호위
병과 지휘관들에게 이르되 들어가
서 한 사람도 나가지 못하게 하고
죽이라 하매 호위병과 지휘관들이
칼로 그들을 죽여 밖에 던지고
26 바알의 신당 있는 성으로 가서 바
알의 신당에서 목상들을 가져다가
불사르고
27 바알의 목상을 헐며 바알의 신당을
헐어서 변소를 만들었더니 오늘까
지 이르니라
28 예후가 이와 같이 이스라엘 중에서
바알을 멸하였으나
29 이스라엘에게 범죄하게 한 느밧의
아들 여로보암의 죄 곧 벧엘과 단
에 있는 금송아지를 섬기는 죄에서
는 떠나지 아니하였더라
30 야훼께서 예후에게 이르시되 네가
나보기에 정직한 일을 행하되 잘
행하여 내 마음에 있는 대로 아합
집에 다 행하였은즉 네 자손이 이
스라엘 왕위를 이어 사대를 지내리
라 하시니라
31 그러나 예후가 전심으로 이스라엘
하나님 야훼의 율법을 지켜 행하지
아니하며 여로보암이 이스라엘에게
범하게 한 그 죄에서 떠나지 아니
하였더라
32 이 때에 야훼께서 이스라엘에서 땅
을 잘라 내기 시작하시매 하사엘이
이스라엘의 모든 영토에서 공격하되
33 요단 동쪽 길르앗 온 땅 곧 갓 사람
과 르우벤 사람과 므낫세 사람의 땅
아르논 골짜기에 있는 아로엘에서부
터 길르앗과 바산까지 하였더라
34 예후의 남은 사적과 행한 모든 일
과 업적은 이스라엘 왕 역대지략에
기록되지 아니하였느냐
35 예후가 그의 조상들과 함께 자매
사마리아에 장사되고 그의 아들 여
호아하스가 그를 대신하여 왕이 되
니라
36 예후가 사마리아에서 이스라엘을
다스린 햇수는 스물여덟 해이더라

11 아하시야의 어머니 아달랴가 그
의 아들이 죽은 것을 보고 일어나
왕의 자손을 모두 멸절하였으나

기록일 : . . .

2 요람 왕의 딸 아하시야의 누이 여
호세바가 아하시야의 아들 요아스
를 왕자들이 죽임을 당하는 중에서
빼내어 그와 그의 유모를 침실에
숨겨 아달랴를 피하여 죽임을 당하
지 아니하게 한지라
3 요아스가 그와 함께 야훼의 성전에
육 년을 숨어 있는 동안에 아달랴
가 나라를 다스렸더라
4 일곱째 해에 여호야다가 사람을 보
내 가리 사람의 백부장들과 호위
병의 백부장들을 불러 데리고 야훼
의 성전으로 들어가서 그들과 언약
을 맺고 그들에게 야훼의 성전에서
맹세하게 한 후에 왕자를 그들에게
보이고
5 명령하여 이르되 너희가 행할 것
이 이러하니 안식일에 들어온 너희
중 삼분의 일은 왕궁을 주의하여
지키고
6 삼분의 일은 수르 문에 있고 삼분
의 일은 호위대 뒤에 있는 문에 있
어서 이와 같이 왕궁을 주의하여 지
키고
7 안식일에 나가는 너희 중 두 대는
야훼의 성전을 주의하여 지켜 왕을
호위하되
8 너희는 각각 손에 무기를 잡고 왕
을 호위하며 너희 대열을 침범하는
모든 자는 죽이고 왕이 출입할 때
에 시위할지니라 하니
9 백부장들이 이에 제사장 여호야다
의 모든 명령대로 행하여 각기 관
할하는 바 안식일에 들어오는 자와
안식일에 나가는 자를 거느리고 제
사장 여호야다에게 나아오매
10 제사장이 야훼의 성전에 있는 다윗
왕의 창과 방패를 백부장들에게
주니
11 호위병이 각각 손에 무기를 잡고 왕
을 호위하되 성전 오른쪽에서부터
왼쪽까지 제단과 성전 곁에 서고
12 여호야다가 왕자를 인도하여 내어
왕관을 씌우며 율법책을 주고 기름
을 부어 왕으로 삼으매 무리가 박
수하며 왕의 만세를 부르니라
13 아달랴가 호위병과 백성의 소리를
듣고 야훼의 성전에 들어가 백성에
게 이르러
14 보매 왕이 규례대로 단 위에 섰고
장관들과 나팔수가 왕의 곁에 모셔
섰으며 온 백성이 즐거워하여 나팔
을 부는지라 아달랴가 옷을 찢으며
외치되 반역이로다 반역이로다 하매
15 제사장 여호야다가 군대를 거느린
백부장들에게 명령하여 이르되 그
를 대열 밖으로 몰아내라 그를 따
르는 자는 모두 칼로 죽이라 하니
제사장의 이 말은 야훼의 성전에서
는 그를 죽이지 말라 함이라

기록일 : . . .

16 이에 그의 길을 열어 주매 그가 왕
궁의 말이 다니는 길로 가다가 거
기서 죽임을 당하였더라
17 여호야다가 왕과 백성에게 야훼와
언약을 맺어 야훼의 백성이 되게
하고 왕과 백성 사이에도 언약을
세우게 하매
18 온 백성이 바알의 신당으로 가서
그 신당을 허물고 그 제단들과 우
상들을 철저히 깨뜨리고 그 제단
앞에서 바알의 제사장 맛단을 죽이
니라 제사장이 관리들을 세워 야훼
의 성전을 수직하게 하고
19 또 백부장들과 가리 사람과 호위병
과 온 백성을 거느리고 왕을 인도
하여 야훼의 성전에서 내려와 호위
병의 문 길을 통하여 왕궁에 이르
매 그가 왕의 왕좌에 앉으니
20 온 백성이 즐거워하고 온 성이 평온
하더라 아달랴를 무리가 왕궁에서
칼로 죽였더라
21 요아스가 왕이 될 때에 나이가 칠
세였더라

12 예후의 제칠년에 요아스가 왕이
되어 예루살렘에서 사십 년간 통치
하니라 그의 어머니의 이름은 시비
아라 브엘세바 사람이더라
2 요아스는 제사장 여호야다가 그를
교훈하는 모든 날 동안에는 야훼
보시기에 정직히 행하였으되
3 다만 산당들을 제거하지 아니하였
으므로 백성이 여전히 산당에서 제
사하며 분향하였더라
4 요아스가 제사장들에게 이르되 야
훼의 성전에 거룩하게 하여 드리는
모든 은 곧 사람이 통용하는 은이
나 각 사람의 몸값으로 드리는 은
이나 자원하여 야훼의 성전에 드리
는 모든 은을
5 제사장들이 각각 아는 자에게서 받
아들여 성전의 어느 곳이든지 파손
된 것을 보거든 그것으로 수리하라
하였으나
6 요아스 왕 제이십삼년에 이르도록
제사장들이 성전의 파손한 데를 수
리하지 아니하였는지라
7 요아스 왕이 대제사장 여호야다와
제사장들을 불러 이르되 너희가 어
찌하여 성전의 파손한 데를 수리하
지 아니하였느냐 이제부터는 너희
가 아는 사람에게서 은을 받지 말
고 그들이 성전의 파손한 데를 위
하여 드리게 하라
8 제사장들이 다시는 백성에게 은을
받지도 아니하고 성전 파손한 것을
수리하지도 아니하기로 동의하니라
9 제사장 여호야다가 한 궤를 가져다
가 그것의 뚜껑에 구멍을 뚫어 야
훼의 전문 어귀 오른쪽 곧 제단 옆
에 두매 야훼의 성전에 가져 오는

기록일 : . . .

모든 은을 다 문을 지키는 제사장
들이 그 궤에 넣더라
10 이에 그 궤 가운데 은이 많은 것을
보면 왕의 서기와 대제사장이 올라
와서 야훼의 성전에 있는 대로 그
은을 계산하여 봉하고
11 그 달아본 은을 일하는 자 곧 야훼
의 성전을 맡은 자의 손에 넘기면
그들은 또 야훼의 성전을 수리하는
목수와 건축하는 자들에게 주고
12 또 미장이와 석수에게 주고 또 야
훼의 성전 파손한 데를 수리할 재
목과 다듬은 돌을 사게 하며 그 성
전을 수리할 모든 물건을 위하여
쓰게 하였으되
13 야훼의 성전에 드린 그 은으로 그
성전의 은 대접이나 불집게나 주발
이나 나팔이나 아무 금 그릇이나
은 그릇도 만들지 아니하고
14 그 은을 일하는 자에게 주어 그것
으로 야훼의 성전을 수리하게 하였
으며
15 또 그 은을 받아 일꾼에게 주는 사
람들과 회계하지 아니하였으니 이
는 그들이 성실히 일을 하였음이라
16 속건제의 은과 속죄제의 은은 야훼
의 성전에 드리지 아니하고 제사장
에게 돌렸더라
17 그 때에 아람 왕 하사엘이 올라와
서 가드를 쳐서 점령하고 예루살렘
을 향하여 올라오고자 하므로
18 유다의 왕 요아스가 그의 조상들
유다 왕 여호사밧과 여호람과 아하
시야가 구별하여 드린 모든 성물과
자기가 구별하여 드린 성물과 야훼
의 성전 곳간과 왕궁에 있는 금을
다 가져다가 아람 왕 하사엘에게
보냈더니 하사엘이 예루살렘에서
떠나갔더라
19 요아스의 남은 사적과 그가 행한
모든 일은 유다 왕 역대지략에 기
록되지 아니하였느냐
20 요아스의 신복들이 일어나 반역하
여 실라로 내려가는 길 가의 밀로
궁에서 그를 죽였고
21 그를 쳐서 죽인 신복은 시므앗의 아
들 요사갈과 소멜의 아들 여호사바
드였더라 그는 다윗 성에 그의 조상
들과 함께 장사되고 그의 아들 아
마샤가 그를 대신하여 왕이 되니라

13 유다의 왕 아하시야의 아들 요아
스의 제이십삼 년에 예후의 아들
여호아하스가 사마리아에서 이스라
엘 왕이 되어 십칠 년간 다스리며
2 야훼 보시기에 악을 행하여 이스라
엘에게 범죄하게 한 느밧의 아들
여로보암의 죄를 따라가고 거기서
떠나지 아니하였으므로
3 야훼께서 이스라엘에게 노하사 늘
아람 왕 하사엘의 손과 그의 아들

기록일 : . . .

벤하닷의 손에 넘기셨더니
4 아람 왕이 이스라엘을 학대하므로
여호아하스가 야훼께 간구하매 야
훼께서 들으셨으니 이는 그들이 학
대받음을 보셨음이라
5 야훼께서 이에 구원자를 이스라엘
에게 주시매 이스라엘 자손이 아람
사람의 손에서 벗어나 전과 같이
자기 장막에 거하였으나
6 그들이 이스라엘에게 범죄하게 한
여로보암 집의 죄에서 떠나지 아니
하고 그 안에서 따라 행하며 또 사
마리아에 아세라 목상을 그냥 두었
더라
7 아람 왕이 여호아하스의 백성을 멸
절하여 타작 마당의 티끌 같이 되
게 하고 마병 오십 명과 병거 열 대
와 보병 만 명 외에는 여호아하스
에게 남겨 두지 아니하였더라
8 여호아하스의 남은 사적과 행한 모
든 일과 그의 업적은 이스라엘 왕
역대지략에 기록되지 아니하였느냐
9 여호아하스가 그의 조상들과 함께
자매 사마리아에 장사되고 그 아들
요아스가 대신하여 왕이 되니라
10 유다의 왕 요아스의 제삼십칠 년에
여호아하스의 아들 요아스가 사마
리아에서 이스라엘 왕이 되어 십육
년간 다스리며
11 야훼께서 보시기에 악을 행하여 이
스라엘에게 범죄하게 한 느밧의 아
들 여로보암의 모든 죄에서 떠나지
아니하고 그 가운데 행하였더라
12 요아스의 남은 사적과 행한 모든
일과 유다 왕 아마샤와 싸운 그의
업적은 이스라엘 왕 역대지략에 기
록되지 아니하였느냐
13 요아스가 그의 조상들과 함께 자매
이스라엘 왕들과 함께 사마리아에
장사되고 여로보암이 그 자리에 앉
으니라
14 엘리사가 죽을 병이 들매 이스라엘
의 왕 요아스가 그에게로 내려와
자기의 얼굴에 눈물을 흘리며 이르
되 내 아버지여 내 아버지여 이스라
엘의 병거와 마병이여 하매
15 엘리사가 그에게 이르되 활과 화살
들을 가져오소서 하는지라 활과 화
살들을 그에게 가져오매
16 또 이스라엘 왕에게 이르되 왕의
손으로 활을 잡으소서 하매 그가
손으로 잡으니 엘리사가 자기 손을
왕의 손 위에 얹고
17 이르되 동쪽 창을 여소서 하여 곧
열매 엘리사가 이르되 쏘소서 하는
지라 곧 쏘매 엘리사가 이르되 이
는 야훼를 위한 구원의 화살 곧 아
람에 대한 구원의 화살이니 왕이
아람 사람을 멸절하도록 아벡에서
치리이다 하니라

기록일 : . . .

18 또 이르되 화살들을 집으소서 곧
집으매 엘리사가 또 이스라엘 왕
에게 이르되 땅을 치소서 하는지라
이에 세 번 치고 그친지라
19 하나님의 사람이 노하여 이르되 왕
이 대여섯 번을 칠 것이니이다 그리
하였더면 왕이 아람을 진멸하기까
지 쳤으리이다 그런즉 이제는 왕이
아람을 세 번만 치리이다 하니라
20 엘리사가 죽으니 그를 장사하였고
해가 바뀌매 모압 도적 떼들이 그
땅에 온지라
21 마침 사람을 장사하는 자들이 그
도적 떼를 보고 그의 시체를 엘리
사의 묘실에 들이던지매 시체가 엘
리사의 뼈에 닿자 곧 회생하여 일
어섰더라
22 여호아하스 왕의 시대에 아람 왕
하사엘이 항상 이스라엘을 학대하
였으나
23 야훼께서 아브라함과 이삭과 야곱
과 더불어 세우신 언약 때문에 이
스라엘에게 은혜를 베풀며 그들을
불쌍히 여기시며 돌보사 멸하기를
즐겨하지 아니하시고 이 때까지 자
기 앞에서 쫓아내지 아니하셨더라
24 아람의 왕 하사엘이 죽고 그의 아
들 벤하닷이 대신하여 왕이 되매
25 여호아하스의 아들 요아스가 하사
엘의 아들 벤하닷의 손에서 성읍을
다시 빼앗으니 이 성읍들은 자기
부친 여호아하스가 전쟁 중에 빼앗
겼던 것이라 요아스가 벤하닷을 세
번 쳐서 무찌르고 이스라엘 성읍들
을 회복하였더라

14

이스라엘의 왕 여호아하스의 아
들 요아스 제이년에 유다의 왕 요
아스의 아들 아마샤가 왕이 되니
2 그가 왕이 된 때에 나이 이십오 세
라 예루살렘에서 이십구 년간 다스
리니라 그의 어머니의 이름은 여호
앗단이요 예루살렘 사람이더라
3 아마샤가 야훼 보시기에 정직히 행
하였으나 그의 조상 다윗과는 같지
아니하였으며 그의 아버지 요아스
가 행한 대로 다 행하였어도
4 오직 산당들을 제거하지 아니하였
으므로 백성이 여전히 산당에서 제
사를 드리며 분향하였더라
5 나라가 그의 손에 굳게 서매 그의
부왕을 죽인 신복들을 죽였으나
6 왕을 죽인 자의 자녀들은 죽이지
아니하였으니 이는 모세의 율법책
에 기록된 대로 함이라 곧 야훼께
서 명령하여 이르시기를 자녀로 말
미암아 아버지를 죽이지 말 것이요
아버지로 말미암아 자녀를 죽이지
말 것이라 오직 사람마다 자기의
죄로 말미암아 죽을 것이니라 하셨
더라

기록일 : . . .

7 아마샤가 소금 골짜기에서 에돔 사
람 만 명을 죽이고 또 전쟁을 하여
셀라를 취하고 이름을 욕드엘이라
하였더니 오늘까지 그러하니라
8 아마샤가 예후의 손자 여호아하스
의 아들 이스라엘의 왕 요아스에게
사자를 보내 이르되 오라 우리가
서로 대면하자 한지라
9 이스라엘의 왕 요아스가 유다의 왕
아마샤에게 사람을 보내 이르되 레
바논 가시나무가 레바논 백향목에
게 전갈을 보내어 이르기를 네 딸
을 내 아들에게 주어 아내로 삼게
하라 하였더니 레바논 들짐승이 지
나가다가 그 가시나무를 짓밟았느
니라
10 네가 에돔을 쳐서 파하였으므로 마
음이 교만하였으니 스스로 영광을
삼아 왕궁에나 네 집으로 돌아가라
어찌하여 화를 자취하여 너와 유다
가 함께 망하고자 하느냐 하나
11 아마샤가 듣지 아니하므로 이스라
엘의 왕 요아스가 올라와서 그와
유다의 왕 아마샤가 유다의 벧세메
스에서 대면하였더니
12 유다가 이스라엘 앞에서 패하여 각
기 장막으로 도망한지라
13 이스라엘 왕 요아스가 벧세메스에
서 아하시야의 손자 요아스의 아들
유다 왕 아마샤를 사로잡고 예루살
렘에 이르러 예루살렘 성벽을 에브
라임 문에서부터 성 모퉁이 문까지
사백 규빗을 헐고
14 또 야훼의 성전과 왕궁 곳간에 있
는 금 은과 모든 기명을 탈취하고
또 사람을 볼모로 잡고서 사마리아
로 돌아갔더라
15 요아스의 남은 사적과 그의 업적과
또 유다의 왕 아마샤와 싸운 일은
이스라엘 왕 역대지략에 기록되지
아니하였느냐
16 요아스가 그의 조상들과 함께 자매
이스라엘 왕들과 사마리아에 함께
장사되고 그의 아들 여로보암이 대
신하여 왕이 되니라
17 이스라엘의 왕 여호아하스의 아들
요아스가 죽은 후에도 유다의 왕
요아스의 아들 아마샤가 십오 년간
을 생존하였더라
18 아마샤의 남은 행적은 유다 왕 역
대지략에 기록되지 아니하였느냐
19 예루살렘에서 무리가 그를 반역한
고로 그가 라기스로 도망하였더니
반역한 무리가 사람을 라기스로 따
라 보내 그를 거기서 죽이게 하고
20 그 시체를 말에 실어다가 예루살렘
에서 그의 조상들과 함께 다윗 성
에 장사하니라
21 유다 온 백성이 아사랴를 그의 아버
지 아마샤를 대신하여 왕으로 삼으

니 그 때에 그의 나이가 십육 세라
22 아마샤가 그의 조상들과 함께 잔
후에 아사랴가 엘랏을 건축하여 유
다에 복귀시켰더라
23 유다의 왕 요아스의 아들 아마샤
제십오년에 이스라엘의 왕 요아스
의 아들 여로보암이 사마리아에서
왕이 되어 사십일 년간 다스렸으며
24 야훼 보시기에 악을 행하여 이스라
엘에게 범죄하게 한 느밧의 아들
여로보암의 모든 죄에서 떠나지 아
니하였더라
25 이스라엘의 하나님 야훼께서 그의
종 가드헤벨 아밋대의 아들 선지자
요나를 통하여 하신 말씀과 같이
여로보암이 이스라엘 영토를 회복
하되 하맛 어귀에서부터 아라바 바
다까지 하였으니
26 이는 야훼께서 이스라엘의 고난이
심하여 매인 자도 없고 놓인 자도
없고 이스라엘을 도울 자도 없음을
보셨고
27 야훼께서 또 이스라엘의 이름을 천
하에서 없이 하겠다고도 아니하셨
으므로 요아스의 아들 여로보암의
손으로 구원하심이었더라
28 여로보암의 남은 사적과 모든 행한
일과 싸운 업적과 다메섹을 회복한
일과 이전에 유다에 속하였던 하맛
을 이스라엘에 돌린 일은 이스라엘
왕 역대지략에 기록되지 아니하였
느냐
29 여로보암이 그의 조상 이스라엘 왕
들과 함께 자고 그의 아들 스가랴
가 대신하여 왕이 되니라

15

이스라엘 왕 여로보암 제이십칠년
에 유다 왕 아마샤의 아들 아사랴
가 왕이 되니
2 그가 왕이 될 때에 나이가 십육 세
라 예루살렘에서 오십이 년간 다스
리니라 그의 어머니의 이름은 여골
리야라 예루살렘 사람이더라
3 아사랴가 그의 아버지 아마샤의 모
든 행위대로 야훼 보시기에 정직히
행하였으나
4 오직 산당은 제거하지 아니하였으
므로 백성이 여전히 그 산당에서 제
사를 드리며 분향하였고
5 야훼께서 왕을 치셨으므로 그가 죽
는 날까지 나병환자가 되어 별궁에
거하고 왕자 요담이 왕궁을 다스리
며 그 땅의 백성을 치리하였더라
6 아사랴의 남은 사적과 행한 모든
일은 유다 왕 역대지략에 기록되지
아니하였느냐
7 아사랴가 그의 조상들과 함께 자매
다윗 성에 그의 조상들과 함께 장
사되고 그의 아들 요담이 대신하여
왕이 되니라
8 유다의 왕 아사랴의 제삼십팔년에

기록일 : . . .

여로보암의 아들 스가랴가 사마리
아에서 여섯 달 동안 이스라엘을
다스리며
9 그의 조상들의 행위대로 야훼 보
시기에 악을 행하여 이스라엘로 범
죄하게 한 느밧의 아들 여로보암의
죄에서 떠나지 아니한지라
10 야베스의 아들 살룸이 그를 반역하
여 백성 앞에서 쳐죽이고 대신하여
왕이 되니라
11 스가랴의 남은 사적은 이스라엘 왕
역대지략에 기록되니라
12 야훼께서 예후에게 말씀하여 이르
시기를 네 자손이 사 대 동안 이스
라엘 왕위에 있으리라 하신 그 말
씀대로 과연 그렇게 되니라
13 유다 왕 웃시야 제삼십구년에 야베
스의 아들 살룸이 사마리아에서 왕
이 되어 한 달 동안 다스리니라
14 가디의 아들 므나헴이 디르사에서
부터 사마리아로 올라가서 야베스
의 아들 살룸을 거기에서 쳐죽이고
대신하여 왕이 되니라
15 살룸의 남은 사적과 그가 반역한
일은 이스라엘 왕 역대지략에 기록
되니라
16 그 때에 므나헴이 디르사에서 와서
딥사와 그 가운데에 있는 모든 사
람과 그 사방을 쳤으니 이는 그들
이 성문을 열지 아니하였음이라 그
러므로 그들이 그 곳을 치고 그 가
운데에 아이 밴 부녀를 갈랐더라
17 유다 왕 아사랴 제삼십구년에 가디
의 아들 므나헴이 이스라엘 왕이 되
어 사마리아에서 십 년간 다스리며
18 야훼 보시기에 악을 행하여 이스라
엘로 범죄하게 한 느밧의 아들 여
로보암의 죄에서 평생 떠나지 아니
하였더라
19 앗수르 왕 불이 와서 그 땅을 치려
하매 므나헴이 은 천 달란트를 불
에게 주어서 그로 자기를 도와 주
게 함으로 나라를 자기 손에 굳게
세우고자 하여
20 그 은을 이스라엘 모든 큰 부자에
게서 강탈하여 각 사람에게 은 오
십 세겔씩 내게 하여 앗수르 왕에게
주었더니 이에 앗수르 왕이 되돌아
가 그 땅에 머물지 아니하였더라
21 므나헴의 남은 사적과 그가 행한
모든 일은 이스라엘 왕 역대지략에
기록되지 아니하였느냐
22 므나헴이 그의 조상들과 함께 자고
그의 아들 브가히야가 대신하여 왕
이 되니라
23 유다의 왕 아사랴 제오십년에 므나
헴의 아들 브가히야가 사마리아에
서 이스라엘 왕이 되어 이 년간 다
스리며
24 야훼께서 보시기에 악을 행하여 이

기록일 : . . .

스라엘로 범죄하게 한 느밧의 아들
여로보암의 죄에서 떠나지 아니한
지라
25 그 장관 르말랴의 아들 베가가 반
역하여 사마리아 왕궁 호위소에서
왕과 아르곱과 아리에를 죽이되 길
르앗 사람 오십 명과 더불어 죽이
고 대신하여 왕이 되었더라
26 브가히야의 남은 사적과 그가 행한
모든 일은 이스라엘 왕 역대지략에
기록되니라
27 유다의 왕 아사랴 제오십이년에 르
말랴의 아들 베가가 이스라엘 왕이
되어 사마리아에서 이십 년간 다스
리며
28 야훼께서 보시기에 악을 행하여 이
스라엘로 범죄하게 한 느밧의 아들
여로보암의 죄에서 떠나지 아니하
였더라
29 이스라엘 왕 베가 때에 앗수르 왕
디글랏 빌레셀이 와서 이욘과 아벨
벳 마아가와 야노아와 게데스와 하
솔과 길르앗과 갈릴리와 납달리 온
땅을 점령하고 그 백성을 사로잡아
앗수르로 옮겼더라
30 웃시야의 아들 요담 제이십년에 엘
라의 아들 호세아가 반역하여 르말
랴의 아들 베가를 쳐서 죽이고 대
신하여 왕이 되니라
31 베가의 남은 사적과 그가 행한 모
든 일은 이스라엘 왕 역대지략에
기록되니라
32 이스라엘의 왕 르말랴의 아들 베가
제이년에 유다 왕 웃시야의 아들
요담이 왕이 되니
33 나이가 이십오 세라 예루살렘에서
십육 년간 다스리니라 그의 어머니
의 이름은 여루사라 사독의 딸이
더라
34 요담이 그의 아버지 웃시야의 모든
행위대로 야훼께서 보시기에 정직
히 행하였으나
35 오직 산당을 제거하지 아니하였으
므로 백성이 여전히 그 산당에서 제
사를 드리며 분향하였더라 요담이
야훼의 성전의 윗문을 건축하니라
36 요담의 남은 사적과 그가 행한 모
든 일은 유다 왕 역대지략에 기록
되지 아니하였느냐
37 그 때에 야훼께서 비로소 아람 왕
르신과 르말랴의 아들 베가를 보내
어 유다를 치게 하셨더라
38 요담이 그의 조상들과 함께 자매
그의 조상 다윗 성에 조상들과 함
께 장사되고 그 아들 아하스가 대
신하여 왕이 되니라

16

르말랴의 아들 베가 제십칠년에
유다의 왕 요담의 아들 아하스가
왕이 되니
2 아하스가 왕이 될 때에 나이가 이

십 세라 예루살렘에서 십육 년간
다스렸으나 그의 조상 다윗과 같지
아니하여 그의 하나님 야훼께서 보
시기에 정직히 행하지 아니하고
3 이스라엘의 여러 왕의 길로 행하며
또 야훼께서 이스라엘 자손 앞에서
쫓아내신 이방 사람의 가증한 일을
따라 자기 아들을 불 가운데로 지
나가게 하며
4 또 산당들과 작은 산 위와 모든 푸
른 나무 아래에서 제사를 드리며
분향하였더라
5 이 때에 아람의 왕 르신과 이스라
엘의 왕 르말랴의 아들 베가가 예
루살렘에 올라와서 싸우려 하여 아
하스를 에워쌌으나 능히 이기지 못
하니라
6 당시에 아람의 왕 르신이 엘랏을
회복하여 아람에 돌리고 유다 사람
을 엘랏에서 쫓아내었고 아람 사람
이 엘랏에 이르러 거기에 거주하여
오늘까지 이르렀더라
7 아하스가 앗수르 왕 디글랏 빌레셀
에게 사자를 보내 이르되 나는 왕
의 신복이요 왕의 아들이라 이제
아람 왕과 이스라엘 왕이 나를 치
니 청하건대 올라와 그 손에서 나
를 구원하소서 하고
8 아하스가 야훼의 성전과 왕궁 곳
간에 있는 은금을 내어다가 앗수르
왕에게 예물로 보냈더니
9 앗수르 왕이 그 청을 듣고 곧 올라
와서 다메섹을 쳐서 점령하여 그 백
성을 사로잡아 기르로 옮기고 또
르신을 죽였더라
10 아하스 왕이 앗수르의 왕 디글랏
빌레셀을 만나러 다메섹에 갔다가
거기 있는 제단을 보고 아하스 왕
이 그 제단의 모든 구조와 제도의
양식을 그려 제사장 우리야에게 보
냈더니
11 아하스 왕이 다메섹에서 돌아오기
전에 제사장 우리야가 아하스 왕이
다메섹에서 보낸 대로 모두 행하여
제사장 우리야가 제단을 만든지라
12 왕이 다메섹에서 돌아와 제단을 보
고 제단 앞에 나아가 그 위에 제사
를 드리되
13 자기의 번제물과 소제물을 불사르
고 또 전제물을 붓고 수은제 짐승
의 피를 제단에 뿌리고
14 또 야훼의 앞 곧 성전 앞에 있던 놋
제단을 새 제단과 야훼의 성전 사
이에서 옮겨다가 그 제단 북쪽에
그것을 두니라
15 아하스 왕이 제사장 우리야에게 명
령하여 이르되 아침 번제물과 저녁
소제물과 왕의 번제물과 그 소제물
과 모든 국민의 번제물과 그 소제
물과 전제물을 다 이 큰 제단 위에

기록일 : . . .

불사르고 또 번제물의 피와 다른
제물의 피를 다 그 위에 뿌리라 오
직 놋제단은 내가 주께 여쭐 일에
만 쓰게 하라 하매
16 제사장 우리야가 아하스 왕의 모든
명령대로 행하였더라
17 아하스 왕이 물두멍 받침의 옆판을
떼내고 물두멍을 그 자리에서 옮기
고 또 놋바다를 놋소 위에서 내려
다가 돌판 위에 그것을 두며
18 또 안식일에 쓰기 위하여 성전에 건
축한 낭실과 왕이 밖에서 들어가는
낭실을 앗수르 왕을 두려워하여 야
훼의 성전에 옮겨 세웠더라
19 아하스가 행한 그 남은 사적은 유
다 왕 역대지략에 기록되지 아니하
였느냐
20 아하스가 그의 조상들과 함께 자매
다윗 성에 그 열조와 함께 장사되
고 그의 아들 히스기야가 대신하여
왕이 되니라

17

유다의 왕 아하스 제십이년에 엘
라의 아들 호세아가 사마리아에서
이스라엘 왕이 되어 구 년간 다스
리며
2 야훼께서 보시기에 악을 행하였으
나 다만 그 전 이스라엘 여러 왕들
과 같이 하지는 아니하였더라
3 앗수르의 왕 살만에셀이 올라오니
호세아가 그에게 종이 되어 조공을
드리더니
4 그가 애굽의 왕 소에게 사자들을
보내고 해마다 하던 대로 앗수르
왕에게 조공을 드리지 아니하매 앗
수르 왕이 호세아가 배반함을 보고
그를 옥에 감금하여 두고
5 앗수르 왕이 올라와 그 온 땅에 두
루다니고 사마리아로 올라와 그 곳
을 삼 년간 에워쌌더라
6 호세아 제구년에 앗수르 왕이 사마
리아를 점령하고 이스라엘 사람을
사로잡아 앗수르로 끌어다가 고산
강 가에 있는 할라와 하볼과 메대
사람의 여러 고을에 두었더라
7 이 일은 이스라엘 자손이 자기를
애굽 땅에서 인도하여 내사 애굽의
왕 바로의 손에서 벗어나게 하신
그 하나님 야훼께 죄를 범하고 또
다른 신들을 경외하며
8 야훼께서 이스라엘 자손 앞에서 쫓
아내신 이방 사람의 규례와 이스라
엘 여러 왕이 세운 율례를 행하였
음이라
9 이스라엘의 자손이 점차로 불의를
행하여 그 하나님 야훼를 배역하여
모든 성읍에 망대로부터 견고한 성
에 이르도록 산당을 세우고
10 모든 산 위에와 모든 푸른 나무 아
래에 목상과 아세라 상을 세우고
11 또 야훼께서 그들 앞에서 물리치신

이방 사람 같이 그 곳 모든 산당에
서 분향하며 또 악을 행하여 야훼
를 격노하게 하였으며
12 또 우상을 섬겼으니 이는 야훼께서
그들에게 행하지 말라고 말씀하신
일이라
13 야훼께서 각 선지자와 각 선견자를
통하여 이스라엘과 유다에게 지정
하여 이르시기를 너희는 돌이켜 너
희 악한 길에서 떠나 나의 명령과
율례를 지키되 내가 너희 조상들에
게 명령하고 또 내 종 선지자들을
통하여 너희에게 전한 모든 율법대
로 행하라 하셨으나
14 그들이 듣지 아니하고 그들의 목을
곧게 하기를 그들의 하나님 야훼를
믿지 아니하던 그들 조상들의 목
같이 하여
15 야훼의 율례와 야훼께서 그들의 조
상들과 더불어 세우신 언약과 경
계하신 말씀을 버리고 허무한 것을
뒤따라 허망하며 또 야훼께서 명령
하사 따르지 말라 하신 사방 이방
사람을 따라
16 그들의 하나님 야훼의 모든 명령을
버리고 자기들을 위하여 두 송아지
형상을 부어 만들고 또 아세라 목
상을 만들고 하늘의 일월 성신을
경배하며 또 바알을 섬기고
17 또 자기 자녀를 불 가운데로 지나
가게 하며 복술과 사술을 행하고
스스로 팔려 야훼 보시기에 악을
행하여 그를 격노하게 하였으므로
18 야훼께서 이스라엘에게 심히 노하
사 그들을 그의 앞에서 제거하시니
오직 유다 지파 외에는 남은 자가
없으니라
19 유다도 그들의 하나님 야훼의 명령
을 지키지 아니하고 이스라엘 사람
들이 만든 관습을 행하였으므로
20 야훼께서 이스라엘의 온 족속을 버
리사 괴롭게 하시며 노략꾼의 손에
넘기시고 마침내 그의 앞에서 쫓아
내시니라
21 이스라엘을 다윗의 집에서 찢어 나
누시매 그들이 느밧의 아들 여로보
암을 왕으로 삼았더니 여로보암이
이스라엘을 몰아 야훼를 떠나고 큰
죄를 범하게 하매
22 이스라엘 자손이 여로보암이 행한
모든 죄를 따라 행하여 거기서 떠
나지 아니하므로
23 야훼께서 그의 종 모든 선지자를
통하여 하신 말씀대로 드디어 이스
라엘을 그 앞에서 내쫓으신지라 이
스라엘이 고향에서 앗수르에 사로
잡혀 가서 오늘까지 이르렀더라
24 앗수르 왕이 바벨론과 구다와 아와
와 하맛과 스발와임에서 사람을 옮
겨다가 이스라엘 자손을 대신하여

기록일 : . . .

사마리아 여러 성읍에 두매 그들이
사마리아를 차지하고 그 여러 성읍
에 거주하니라
25 그들이 처음으로 거기 거주할 때에
야훼를 경외하지 아니하므로 야훼
께서 사자들을 그들 가운데에 보내
시매 몇 사람을 죽인지라
26 그러므로 어떤 사람이 앗수르 왕에
게 말하여 이르되 왕께서 사마리아
여러 성읍에 옮겨 거주하게 하신 민
족들이 그 땅 신의 법을 알지 못하
므로 그들의 신이 사자들을 그들
가운데에 보내매 그들을 죽였사오
니 이는 그들이 그 땅 신의 법을 알
지 못함이니이다 하니라
27 앗수르 왕이 명령하여 이르되 너희
는 그 곳에서 사로잡아 온 제사장
한 사람을 그 곳으로 데려가되 그가
그 곳에 가서 거주하며 그 땅 신의
법을 무리에게 가르치게 하라 하니
28 이에 사마리아에서 사로잡혀 간 제
사장 중 한 사람이 와서 벧엘에 살
며 백성에게 어떻게 야훼 경외할지
를 가르쳤더라
29 그러나 각 민족이 각기 자기의 신상
들을 만들어 사마리아 사람이 지은
여러 산당들에 두되 각 민족이 자기
들이 거주한 성읍에서 그렇게 하여
30 바벨론 사람들은 숙곳브놋을 만들
었고 굿 사람들은 네르갈을 만들
었고 하맛 사람들은 아시마를 만
들었고
31 아와 사람들은 닙하스와 다르닥을
만들었고 스발와임 사람들은 그 자
녀를 불살라 그들의 신 아드람멜렉
과 아남멜렉에게 드렸으며
32 그들이 또 야훼를 경외하여 자기
중에서 사람을 산당의 제사장으로
택하여 그 산당들에서 자기를 위하
여 제사를 드리게 하니라
33 이와 같이 그들이 야훼도 경외하고
또한 어디서부터 옮겨왔든지 그 민
족의 풍속대로 자기의 신들도 섬겼
더라
34 그들이 오늘까지 이전 풍속대로 행
하여 야훼를 경외하지 아니하며 또
야훼께서 이스라엘이라 이름을 주
신 야곱의 자손에게 명령하신 율례
와 법도와 율법과 계명을 준행하지
아니하는도다
35 옛적에 야훼께서 야곱의 자손에게
언약을 세우시고 그들에게 명령하
여 이르시되 너희는 다른 신을 경외
하지 말며 그를 경배하지 말며 그
를 섬기지 말며 그에게 제사하지
말고
36 오직 큰 능력과 편 팔로 너희를 애
굽에서 인도하여 내신 야훼만 경외
하여 그를 예배하며 그에게 제사를
드릴 것이며

기록일 : . . .

37 또 야훼가 너희를 위하여 기록한
율례와 법도와 율법과 계명을 지켜
영원히 행하고 다른 신들을 경외하
지 말며
38 또 내가 너희와 세운 언약을 잊지
말며 다른 신들을 경외하지 말고
39 오직 너희 하나님 야훼만을 경외하
라 그가 너희를 모든 원수의 손에
서 건져내리라 하셨으나
40 그러나 그들이 듣지 아니하고 오히
려 이전 풍속대로 행하였느니라
41 이 여러 민족이 야훼를 경외하고 또
그 아로새긴 우상을 섬기니 그들의
자자 손손이 그들의 조상들이 행하
던 대로 그들도 오늘까지 행하니라

18 이스라엘의 왕 엘라의 아들 호세
아 제삼년에 유다 왕 아하스의 아
들 히스기야가 왕이 되니
2 그가 왕이 될 때에 나이가 이십오
세라 예루살렘에서 이십구 년간 다
스리니라 그의 어머니의 이름은 아
비요 스가리야의 딸이더라
3 히스기야가 그의 조상 다윗의 모든
행위와 같이 야훼께서 보시기에 정
직하게 행하여
4 그가 여러 산당들을 제거하며 주상
을 깨뜨리며 아세라 목상을 찍으며
모세가 만들었던 놋뱀을 이스라엘
자손이 이때까지 향하여 분향하므
로 그것을 부수고 느후스단이라 일
컬었더라
5 히스기야가 이스라엘 하나님 야훼
를 의지하였는데 그의 전후 유다
여러 왕 중에 그러한 자가 없었으니
6 곧 그가 야훼께 연합하여 그에게서
떠나지 아니하고 야훼께서 모세에
게 명령하신 계명을 지켰더라
7 야훼께서 그와 함께 하시매 그가
어디로 가든지 형통하였더라 저가
앗수르 왕을 배반하고 섬기지 아니
하였고
8 그가 블레셋 사람들을 쳐서 가사와
그 사방에 이르고 망대에서부터 견
고한 성까지 이르렀더라
9 히스기야 왕 제사년 곧 이스라엘의
왕 엘라의 아들 호세아 제칠년에
앗수르의 왕 살만에셀이 사마리아
로 올라와서 에워쌌더라
10 삼 년 후에 그 성읍이 함락되니 곧
히스기야 왕의 제육년이요 이스라
엘 왕 호세아의 제구년에 사마리아
가 함락되매
11 앗수르 왕이 이스라엘을 사로잡아
앗수르에 이르러 고산 강 가에 있
는 할라와 하볼과 메대 사람의 여
러 성읍에 두었으니
12 이는 그들이 하나님 야훼의 말씀을
듣지 아니하고 그의 언약과 야훼의
종 모세가 명령한 모든 것을 따르
지 아니하였음이더라

기록일 : . . .

13 히스기야 왕 제십사년에 앗수르의
왕 산헤립이 올라와서 유다 모든
견고한 성읍들을 쳐서 점령하매
14 유다의 왕 히스기야가 라기스로 사
람을 보내어 앗수르 왕에게 이르되
내가 범죄하였나이다 나를 떠나 돌
아가소서 왕이 내게 지우시는 것을
내가 당하리이다 하였더니 앗수르
왕이 곧 은 삼백 달란트와 금 삼십
달란트를 정하여 유다 왕 히스기야
에게 내게 한지라
15 히스기야가 이에 야훼의 성전과 왕
궁 곳간에 있는 은을 다 주었고
16 또 그 때에 유다 왕 히스기야가 야
훼의 성전 문의 금과 자기가 모든
기둥에 입힌 금을 벗겨 모두 앗수
르 왕에게 주었더라
17 앗수르 왕이 다르단과 랍사리스와
랍사게로 하여금 대군을 거느리고
라기스에서부터 예루살렘으로 가
서 히스기야 왕을 치게 하매 그들
이 예루살렘으로 올라가니라 그들
이 올라가서 윗못 수도 곁 곧 세탁
자의 밭에 있는 큰 길에 이르러 서
니라
18 그들이 왕을 부르매 힐기야의 아들
로서 왕궁의 책임자인 엘리야김과
서기관 셉나와 아삽의 아들 사관
요아가 그에게 나가니
19 랍사게가 그들에게 이르되 너희는
히스기야에게 말하라 대왕 앗수르
왕의 말씀이 네가 의뢰하는 이 의
뢰가 무엇이냐
20 네가 싸울 만한 계교와 용력이 있
다고 한다마는 이는 입에 붙은 말
뿐이라 네가 이제 누구를 의뢰하고
나를 반역하였느냐
21 이제 네가 너를 위하여 저 상한 갈
대 지팡이 애굽을 의뢰하도다 사람
이 그것을 의지하면 그의 손에 찔
려 들어갈지라 애굽의 왕 바로는
그에게 의뢰하는 모든 자에게 이와
같으니라
22 너희가 내게 이르기를 우리는 우리
하나님 야훼를 의뢰하노라 하리라
마는 히스기야가 그들의 산당들과
제단을 제거하고 유다와 예루살렘
사람에게 명령하기를 예루살렘 이
제단 앞에서만 예배하라 하지 아니
하였느냐 하셨나니
23 청하건대 이제 너는 내 주 앗수르
왕과 내기하라 네가 만일 말을 탈
사람을 낼 수 있다면 나는 네게 말
이천 마리를 주리라
24 네가 어찌 내 주의 신하 중 지극히
작은 지휘관 한 사람인들 물리치며
애굽을 의뢰하고 그 병거와 기병을
얻을 듯하냐
25 내가 어찌 야훼의 뜻이 아니고야
이제 이 곳을 멸하러 올라왔겠느냐

기록일 : . . .

야훼께서 전에 내게 이르시기를 이
땅으로 올라와서 쳐서 멸하라 하셨
느니라 하는지라
26 힐기야의 아들 엘리야김과 셉나와
요아가 랍사게에게 이르되 우리가
알아듣겠사오니 청하건대 아람 말
로 당신의 종들에게 말씀하시고 성
위에 있는 백성이 듣는 데서 유다
말로 우리에게 말씀하지 마옵소서
27 랍사게가 그에게 이르되 내 주께서
네 주와 네게만 이 말을 하라고 나
를 보내신 것이냐 성 위에 앉은 사
람들도 너희와 함께 자기의 대변을
먹게 하고 자기의 소변을 마시게
하신 것이 아니냐 하고
28 랍사게가 드디어 일어서서 유다 말
로 크게 소리 질러 불러 이르되 너
희는 대왕 앗수르 왕의 말씀을 들
으라
29 왕의 말씀이 너희는 히스기야에게
속지 말라 그가 너희를 내 손에서
건져내지 못하리라
30 또한 히스기야가 너희에게 야훼를
의뢰하라 함을 듣지 말라 그가 이
르기를 야훼께서 반드시 우리를 건
지실지라 이 성읍이 앗수르 왕의 손
에 함락되지 아니하게 하시리라 할
지라도
31 너희는 히스기야의 말을 듣지 말라
앗수르 왕의 말씀이 너희는 내게
항복하고 내게로 나아오라 그리하
고 너희는 각각 그의 포도와 무화
과를 먹고 또한 각각 자기의 우물
의 물을 마시라
32 내가 장차 와서 너희를 한 지방
으로 옮기리니 그 곳은 너희 본토
와 같은 지방 곧 곡식과 포도주가
있는 지방이요 떡과 포도원이 있
는 지방이요 기름 나는 감람과 꿀
이 있는 지방이라 너희가 살고 죽지
아니하리라 히스기야가 너희를 설
득하여 이르기를 야훼께서 우리를
건지시리라 하여도 히스기야에게
듣지 말라
33 민족의 신들 중에 어느 한 신이 그
의 땅을 앗수르 왕의 손에서 건진
자가 있느냐
34 하맛과 아르밧의 신들이 어디 있으
며 스발와임과 헤나와 아와의 신들
이 어디 있느냐 그들이 사마리아를
내 손에서 건졌느냐
35 민족의 모든 신들 중에 누가 그의
땅을 내 손에서 건졌기에 야훼가
예루살렘을 내 손에서 건지겠느냐
하셨느니라
36 그러나 백성이 잠잠하고 한 마디도
그에게 대답하지 아니하니 이는 왕
이 명령하여 대답하지 말라 하였음
이라
37 이에 힐기야의 아들로서 왕궁 내의

기록일 : . . .

책임자인 엘리야김과 서기관 셉나
와 아삽의 아들 사관 요아가 옷을
찢고 히스기야에게 나아가서 랍사
게의 말을 전하니라

19

히스기야 왕이 듣고 그 옷을 찢고
굵은 베를 두르고 야훼의 전에 들
어가서
2 왕궁의 책임자인 엘리야김과 서기
관 셉나와 제사장 중 장로들에게
굵은 베를 둘려서 아모스의 아들
선지자 이사야에게로 보내매
3 그들이 이사야에게 이르되 히스기
야의 말씀이 오늘은 환난과 징벌과
모욕의 날이라 아이를 낳을 때가
되었으나 해산할 힘이 없도다
4 랍사게가 그의 주 앗수르 왕의 보
냄을 받고 와서 살아 계신 하나님
을 비방하였으니 당신의 하나님 야
훼께서 혹시 그의 말을 들으셨을지
라 당신의 하나님 야훼께서 그 들
으신 말 때문에 꾸짖으실 듯하니
당신은 이 남아 있는 자들을 위하
여 기도하소서 하더이다 하니라
5 이와 같이 히스기야 왕의 신복이 이
사야에게 나아가니
6 이사야가 그들에게 이르되 너희는
너희 주에게 이렇게 말하라 야훼의
말씀이 너는 앗수르 왕의 신복에게
들은 바 나를 모욕하는 말 때문에
두려워하지 말라
7 내가 한 영을 그의 속에 두어 그로
소문을 듣고 그의 본국으로 돌아
가게 하고 또 그의 본국에서 그에
게 칼에 죽게 하리라 하셨느니라
하더라
8 랍사게가 돌아가다가 앗수르 왕이
이미 라기스에서 떠났다 함을 듣
고 립나로 가서 앗수르 왕을 만났
으니 왕이 거기서 립나와 싸우는
중이더라
9 앗수르 왕은 구스 왕 디르하가가
당신과 싸우고자 나왔다 함을 듣고
다시 히스기야에게 사자를 보내며
이르되
10 너희는 유다의 왕 히스기야에게 이
같이 말하여 이르기를 네가 믿는
네 하나님이 예루살렘을 앗수르 왕
의 손에 넘기지 아니하겠다 하는
말에 속지 말라
11 앗수르의 여러 왕이 여러 나라에
행한 바 진멸한 일을 네가 들었나
니 네가 어찌 구원을 얻겠느냐
12 내 조상들이 멸하신 여러 민족 곧
고산과 하란과 레셉과 들라살에 있
는 에덴 족속을 그 나라들의 신들
이 건졌느냐
13 하맛 왕과 아르밧 왕과 스발와임
성의 왕과 헤나와 아와의 왕들이
다 어디 있느냐 하라 하니라
14 히스기야가 사자의 손에서 편지를

기록일 : . . .

받아보고 야훼의 성전에 올라가서
히스기야가 그 편지를 야훼 앞에
펴 놓고
15 그 앞에서 히스기야가 기도하여 이
르되 그룹들 위에 계신 이스라엘의
하나님 야훼여 주는 천하 만국에
홀로 하나님이시라 주께서 천지를
만드셨나이다
16 야훼여 귀를 기울여 들으소서 야훼
여 눈을 떠서 보시옵소서 산헤립이
살아 계신 하나님을 비방하러 보낸
말을 들으시옵소서
17 야훼여 앗수르 여러 왕이 과연 여러
민족과 그들의 땅을 황폐하게 하고
18 또 그들의 신들을 불에 던졌사오
니 이는 그들이 신이 아니요 사람의
손으로 만든 것 곧 나무와 돌 뿐이
므로 멸하였나이다
19 우리 하나님 야훼여 원하건대 이제
우리를 그의 손에서 구원하옵소서
그리하시면 천하 만국이 주 야훼
가 홀로 하나님이신 줄 알리이다
하니라
20 아모스의 아들 이사야가 히스기야
에게 보내 이르되 이스라엘 하나님
야훼의 말씀이 네가 앗수르 왕 산
헤립 때문에 내게 기도하는 것을
내가 들었노라 하셨나이다
21 야훼께서 앗수르 왕에게 대하여 이
같이 말씀하시기를 처녀 딸 시온이
너를 멸시하며 너를 비웃었으며 딸
예루살렘이 너를 향하여 머리를 흔
들었느니라
22 네가 누구를 꾸짖었으며 비방하였
느냐 누구를 향하여 소리를 높였으
며 눈을 높이 떴느냐 이스라엘의
거룩한 자에게 그리하였도다
23 네가 사자들을 통하여 주를 비방하
여 이르기를 내가 많은 병거를 거
느리고 여러 산 꼭대기에 올라가며
레바논 깊은 곳에 이르러 높은 백
향목과 아름다운 잣나무를 베고 내
가 그 가장 먼 곳에 들어가며 그의
동산의 무성한 수풀에 이르리라
24 내가 땅을 파서 이방의 물을 마셨
고 나의 발바닥으로 애굽의 모든
강들을 말렸노라 하였도다
25 네가 듣지 못하였느냐 이 일은 내
가 태초부터 행하였고 옛날부터 정
한 바라 이제 내가 이루어 너로 견
고한 성들을 멸하여 무너진 돌무더
기가 되게 함이니라
26 그러므로 거기에 거주하는 백성의
힘이 약하여 두려워하며 놀랐나니
그들은 들의 채소와 푸른 풀과 지
붕의 잡초와 자라기 전에 시든 곡
초 같이 되었느니라
27 네 거처와 네 출입과 네가 내게 향
한 분노를 내가 다 아노니
28 네가 내게 향한 분노와 네 교만한

기록일 : . . .

말이 내 귀에 들렸도다 그러므로
내가 갈고리를 네 코에 꿰고 재갈
을 네 입에 물려 너를 오던 길로 끌
어 돌이키리라 하셨나이다
29 또 네게 보일 징조가 이러하니 너
희가 금년에는 스스로 자라난 것을
먹고 내년에는 그것에서 난 것을 먹
되 제삼년에는 심고 거두며 포도원
을 심고 그 열매를 먹으리라
30 유다 족속 중에서 피하고 남은 자
는 다시 아래로 뿌리를 내리고 위
로 열매를 맺을지라
31 남은 자는 예루살렘에서부터 나올
것이요 피하는 자는 시온 산에서부
터 나오리니 야훼의 열심이 이 일을
이루리라 하셨나이다 하니라
32 그러므로 야훼께서 앗수르 왕을 가
리켜 이르시기를 그가 이 성에 이르
지 못하며 이리로 화살을 쏘지 못하
며 방패를 성을 향하여 세우지 못하
며 치려고 토성을 쌓지도 못하고
33 오던 길로 돌아가고 이 성에 이르지
못하리라 하셨으니 이는 야훼의 말
씀이시라
34 내가 나와 나의 종 다윗을 위하여
이 성을 보호하여 구원하리라 하셨
나이다 하였더라
35 이 밤에 야훼의 사자가 나와서 앗
수르 진영에서 군사 십팔만 오천 명
을 친지라 아침에 일찍이 일어나 보
니 다 송장이 되었더라
36 앗수르 왕 산헤립이 떠나 돌아가서
니느웨에 거주하더니
37 그가 그의 신 니스록의 신전에서 경
배할 때에 아드람멜렉과 사레셀이
그를 칼로 쳐죽이고 아라랏 땅으로
그들이 도망하매 그 아들 에살핫돈
이 대신하여 왕이 되니라

20 그 때에 히스기야가 병들어 죽게
되매 아모스의 아들 선지자 이사야
가 그에게 나아와서 그에게 이르
되 야훼의 말씀이 너는 집을 정리
하라 네가 죽고 살지 못하리라 하셨
나이다
2 히스기야가 낯을 벽으로 향하고 야
훼께 기도하여 이르되
3 야훼여 구하오니 내가 진실과 전심
으로 주 앞에 행하며 주께서 보시기
에 선하게 행한 것을 기억하옵소서
하고 히스기야가 심히 통곡하더라
4 이사야가 성읍 가운데까지도 이르
기 전에 야훼의 말씀이 그에게 임
하여 이르시되
5 너는 돌아가서 내 백성의 주권자 히
스기야에게 이르기를 왕의 조상 다
윗의 하나님 야훼의 말씀이 내가 네
기도를 들었고 네 눈물을 보았노라
내가 너를 낫게 하리니 네가 삼 일
만에 야훼의 성전에 올라가겠고
6 내가 네 날에 십오 년을 더할 것이

기록일 : . . .

며 내가 너와 이 성을 앗수르 왕의
손에서 구원하고 내가 나를 위하고
또 내 종 다윗을 위하므로 이 성을
보호하리라 하셨다 하라 하셨더라
7 이사야가 이르되 무화과 반죽을 가
져오라 하매 무리가 가져다가 그
상처에 놓으니 나으니라
8 히스기야가 이사야에게 이르되 야
훼께서 나를 낫게 하시고 삼 일 만
에 야훼의 성전에 올라가게 하실
무슨 징표가 있나이까 하니
9 이사야가 이르되 야훼께서 하신 말
씀을 응하게 하실 일에 대하여 야
훼께로부터 왕에게 한 징표가 임하
리이다 해 그림자가 십도를 나아갈
것이니이까 혹 십도를 물러갈 것이
니이까 하니
10 히스기야가 대답하되 그림자가 십
도를 나아가기는 쉬우니 그리할 것
이 아니라 십도가 뒤로 물러갈 것이
니이다 하니라
11 선지자 이사야가 야훼께 간구하매
아하스의 해시계 위에 나아갔던 해
그림자를 십도 뒤로 물러가게 하셨
더라
12 그 때에 발라단의 아들 바벨론의
왕 브로닥발라단이 히스기야가 병
들었다 함을 듣고 편지와 예물을
그에게 보낸지라
13 히스기야가 사자들의 말을 듣고 자
기 보물고의 금은과 향품과 보배
로운 기름과 그의 군기고와 창고의
모든 것을 다 사자들에게 보였는데
왕궁과 그의 나라 안에 있는 모든
것 중에서 히스기야가 그에게 보이
지 아니한 것이 없더라
14 선지자 이사야가 히스기야 왕에게
나아와 그에게 이르되 이 사람들이
무슨 말을 하였으며 어디서부터 왕
에게 왔나이까 히스기야가 이르되
먼 지방 바벨론에서 왔나이다 하니
15 이사야가 이르되 그들이 왕궁에서
무엇을 보았나이까 하니 히스기야
가 대답하되 내 궁에 있는 것을 그
들이 다 보았나니 나의 창고에서
하나도 보이지 아니한 것이 없나이
다 하더라
16 이사야가 히스기야에게 이르되 야
훼의 말씀을 들으소서
17 야훼의 말씀이 날이 이르리니 왕궁
의 모든 것과 왕의 조상들이 오늘
까지 쌓아 두었던 것이 바벨론으로
옮긴 바 되고 하나도 남지 아니할
것이요
18 또 왕의 몸에서 날 아들 중에서 사
로잡혀 바벨론 왕궁의 환관이 되리
라 하셨나이다 하니
19 히스기야가 이사야에게 이르되 당
신이 전한 바 야훼의 말씀이 선하니
이다 하고 또 이르되 만일 내가 사

기록일 : . . .

는 날에 태평과 진실이 있을진대 어
찌 선하지 아니하리요 하니라
20 히스기야의 남은 사적과 그의 모든
업적과 저수지와 수도를 만들어 물
을 성 안으로 끌어들인 일은 유다
왕 역대지략에 기록되지 아니하였
느냐
21 히스기야가 그의 조상들과 함께 자
고 그의 아들 므낫세가 대신하여
왕이 되니라

21 므낫세가 왕이 될 때에 나이가 십
이 세라 예루살렘에서 오십오 년간
다스리니라 그의 어머니의 이름은
헵시바더라
2 므낫세가 야훼 보시기에 악을 행하
여 야훼께서 이스라엘 자손 앞에서
쫓아내신 이방 사람의 가증한 일을
따라서
3 그의 아버지 히스기야가 헐어 버린
산당들을 다시 세우며 이스라엘의
왕 아합의 행위를 따라 바알을 위
하여 제단을 쌓으며 아세라 목상을
만들며 하늘의 일월 성신을 경배하
여 섬기며
4 야훼께서 전에 이르시기를 내가 내
이름을 예루살렘에 두리라 하신 야
훼의 성전에 제단들을 쌓고
5 또 야훼의 성전 두 마당에 하늘의
일월 성신을 위하여 제단들을 쌓고
6 또 자기의 아들을 불 가운데로 지
나게 하며 점치며 사술을 행하며 신
접한 자와 박수를 신임하여 야훼께
서 보시기에 악을 많이 행하여 그
진노를 일으켰으며
7 또 자기가 만든 아로새긴 아세라
목상을 성전에 세웠더라 옛적에 야
훼께서 이 성전에 대하여 다윗과
그의 아들 솔로몬에게 이르시기를
내가 이스라엘의 모든 지파 중에서
택한 이 성전과 예루살렘에 내 이
름을 영원히 둘지라
8 만일 이스라엘이 나의 모든 명령과
나의 종 모세가 명령한 모든 율법
을 지켜 행하면 내가 그들의 발로
다시는 그의 조상들에게 준 땅에서
떠나 유리하지 아니하게 하리라 하
셨으나
9 이 백성이 듣지 아니하였고 므낫세
의 꾐을 받고 악을 행한 것이 야훼
께서 이스라엘 자손 앞에서 멸하신
여러 민족보다 더 심하였더라
10 야훼께서 그의 종 모든 선지자들을
통하여 말씀하여 이르시되
11 유다 왕 므낫세가 이 가증한 일과
악을 행함이 그 전에 있던 아모리
사람들의 행위보다 더욱 심하였고
또 그들의 우상으로 유다를 범죄하
게 하였도다
12 그러므로 이스라엘의 하나님 야훼
가 말하노니 내가 이제 예루살렘과

기록일 : . . .

유다에 재앙을 내리리니 듣는 자마
다 두 귀가 울리리라
13 내가 사마리아를 잰 줄과 아합의
집을 다림 보던 추를 예루살렘에
베풀고 또 사람이 그릇을 씻어 엎
음 같이 예루살렘을 씻어 버릴지라
14 내가 나의 기업에서 남은 자들을
버려 그들의 원수의 손에 넘긴즉
그들이 모든 원수에게 노략거리와
겁탈거리가 되리니
15 이는 애굽에서 나온 그의 조상 때
부터 오늘까지 내가 보기에 악을
행하여 나의 진노를 일으켰음이니
라 하셨더라
16 므낫세가 유다에게 범죄하게 하여
야훼께서 보시기에 악을 행한 것
외에도 또 무죄한 자의 피를 심히
많이 흘려 예루살렘 이 끝에서 저
끝까지 가득하게 하였더라
17 므낫세의 남은 사적과 그가 행한
모든 일과 범한 죄는 유다 왕 역대
지략에 기록되지 아니하였느냐
18 므낫세가 그의 조상들과 함께 자매
그의 궁궐 동산 곧 웃사의 동산에
장사되고 그의 아들 아몬이 대신하
여 왕이 되니라
19 아몬이 왕이 될 때에 나이가 이십이
세라 예루살렘에서 이 년간 다스리
니라 그의 어머니의 이름은 므술레
멧이요 욧바 하루스의 딸이더라
20 아몬이 그의 아버지 므낫세의 행함
같이 야훼 보시기에 악을 행하되
21 그의 아버지가 행한 모든 길로 행
하여 그의 아버지가 섬기던 우상을
섬겨 그것들에게 경배하고
22 그의 조상들의 하나님 야훼를 버리
고 그 길로 행하지 아니하더니
23 그의 신복들이 그에게 반역하여 왕
을 궁중에서 죽이매
24 그 국민이 아몬 왕을 반역한 사람
들을 다 죽이고 그의 아들 요시야
를 대신하게 하여 왕을 삼았더라
25 아몬이 행한 바 남은 사적은 유다
왕 역대지략에 기록되지 아니하였
느냐
26 아몬이 웃사의 동산 자기 묘실에
장사되고 그의 아들 요시야가 대신
하여 왕이 되니라

22 요시야가 왕위에 오를 때에 나
이가 팔 세라 예루살렘에서 삼십
일 년간 다스리니라 그의 어머니의
이름은 여디다요 보스갓 아다야의
딸이더라
2 요시야가 야훼 보시기에 정직히 행
하여 그의 조상 다윗의 모든 길로
행하고 좌우로 치우치지 아니하였
더라
3 요시야 왕 열여덟째 해에 왕이 므
술람의 손자 아살리야의 아들 서
기관 사반을 야훼의 성전에 보내며

기록일 : . . .

이르되
4 너는 대제사장 힐기야에게 올라가
서 백성이 야훼의 성전에 드린 은
곧 문 지킨 자가 수납한 은을 계산
하여
5 야훼의 성전을 맡은 감독자의 손에
넘겨 그들이 야훼의 성전에 있는 작
업자에게 주어 성전에 부숴진 것을
수리하게 하되
6 곧 목수와 건축자와 미장이에게 주
게 하고 또 재목과 다듬은 돌을 사
서 그 성전을 수리하게 하라
7 그러나 그들의 손에 맡긴 은을 회
계하지 말지니 이는 그들이 진실하
게 행함이니라
8 대제사장 힐기야가 서기관 사반에
게 이르되 내가 야훼의 성전에서
율법책을 발견하였노라 하고 힐기
야가 그 책을 사반에게 주니 사반
이 읽으니라
9 서기관 사반이 왕에게 돌아가서 보
고하여 이르되 왕의 신복들이 성전
에서 찾아낸 돈을 쏟아 야훼의 성
전을 맡은 감독자의 손에 맡겼나이
다 하고
10 또 서기관 사반이 왕에게 말하여
이르되 제사장 힐기야가 내게 책을
주더이다 하고 사반이 왕의 앞에서
읽으매
11 왕이 율법책의 말을 듣자 곧 그의
옷을 찢으니라
12 왕이 제사장 힐기야와 사반의 아들
아히감과 미가야의 아들 악볼과 서
기관 사반과 왕의 시종 아사야에게
명령하여 이르되
13 너희는 가서 나와 백성과 온 유다
를 위하여 이 발견한 책의 말씀에
대하여 야훼께 물으라 우리 조상들
이 이 책의 말씀을 듣지 아니하며
이 책에 우리를 위하여 기록된 모
든 것을 행하지 아니하였으므로 야
훼께서 우리에게 내리신 진노가 크
도다
14 이에 제사장 힐기야와 또 아히감과
악볼과 사반과 아사야가 여선지 훌
다에게로 나아가니 그는 할하스의
손자 디괴의 아들로서 예복을 주관
하는 살룸의 아내라 예루살렘 둘째
구역에 거주하였더라 그들이 그와
더불어 말하매
15 훌다가 그들에게 이르되 이스라엘
하나님 야훼의 말씀이 너희는 너희
를 내게 보낸 사람에게 말하기를
16 야훼의 말씀이 내가 이 곳과 그 주
민에게 재앙을 내리되 곧 유다 왕
이 읽은 책의 모든 말대로 하리니
17 이는 이 백성이 나를 버리고 다른
신에게 분향하며 그들의 손의 모든
행위로 나를 격노하게 하였음이라
그러므로 내가 이 곳을 향하여 내

기록일 :　　.　　.　　.

린 진노가 꺼지지 아니하리라 하라
하셨느니라
18 너희를 보내 야훼께 묻게 한 유다
왕에게는 너희가 이렇게 말하라 이
스라엘의 하나님 야훼가 이같이 말
씀하셨느니라 네가 들은 말들에 대
하여는
19 내가 이 곳과 그 주민에게 대하여
빈 터가 되고 저주가 되리라 한 말
을 네가 듣고 마음이 부드러워져서
야훼 앞 곧 내 앞에서 겸비하여 옷
을 찢고 통곡하였으므로 나도 네 말
을 들었노라 야훼가 말하였느니라
20 그러므로 보라 내가 너로 너의 조
상들에게 돌아가서 평안히 묘실로
들어가게 하리니 내가 이 곳에 내
리는 모든 재앙을 네 눈이 보지 못
하리라 하셨느니라 하니 사자들이
왕에게 보고하니라

23 왕이 보내 유다와 예루살렘의 모
든 장로를 자기에게로 모으고
2 이에 왕이 야훼의 성전에 올라가매
유다 모든 사람과 예루살렘 주민과
제사장들과 선지자들과 모든 백성
이 노소를 막론하고 다 왕과 함께
한지라 왕이 야훼의 성전 안에서
발견한 언약책의 모든 말씀을 읽어
무리의 귀에 들리고
3 왕이 단 위에 서서 야훼 앞에서 언
약을 세우되 마음을 다하고 뜻을
다하여 야훼께 순종하고 그의 계명
과 법도와 율례를 지켜 이 책에 기
록된 이 언약의 말씀을 이루게 하
리라 하매 백성이 다 그 언약을 따
르기로 하니라
4 왕이 대제사장 힐기야와 모든 부제
사장들과 문을 지킨 자들에게 명령
하여 바알과 아세라와 하늘의 일월
성신을 위하여 만든 모든 그릇들을
야훼의 성전에서 내다가 예루살렘
바깥 기드론 밭에서 불사르고 그것
들의 재를 벧엘로 가져가게 하고
5 옛적에 유다 왕들이 세워서 유다
모든 성읍과 예루살렘 주위의 산당
들에서 분향하며 우상을 섬기게 한
제사장들을 폐하며 또 바알과 해와
달과 별 떼와 하늘의 모든 별에게
분향하는 자들을 폐하고
6 또 야훼의 성전에서 아세라 상을
내다가 예루살렘 바깥 기드론 시내
로 가져다 거기에서 불사르고 빻아
서 가루를 만들어 그 가루를 평민
의 묘지에 뿌리고
7 또 야훼의 성전 가운데 남창의 집
을 헐었으니 그 곳은 여인이 아세라
를 위하여 휘장을 짜는 처소였더라
8 또 유다 각 성읍에서 모든 제사장
을 불러오고 또 제사장이 분향하던
산당을 게바에서부터 브엘세바까지
더럽게 하고 또 성문의 산당들을

기록일 : . . .

헐어 버렸으니 이 산당들은 그 성
읍의 지도자 여호수아의 대문 어귀
곧 성문 왼쪽에 있었더라
9 산당들의 제사장들은 예루살렘 야
훼의 제단에 올라가지 못하고 다만
그의 형제 중에서 무교병을 먹을
뿐이었더라
10 왕이 또 힌놈의 아들 골짜기의 도
벳을 더럽게 하여 어떤 사람도 몰
록에게 드리기 위하여 자기의 자녀
를 불로 지나가지 못하게 하고
11 또 유다 여러 왕이 태양을 위하여
드린 말들을 제하여 버렸으니 이 말
들은 야훼의 성전으로 들어가는 곳
의 근처 내시 나단멜렉의 집 곁에 있
던 것이며 또 태양 수레를 불사르고
12 유다 여러 왕이 아하스의 다락 지
붕에 세운 제단들과 므낫세가 야훼
의 성전 두 마당에 세운 제단들을
왕이 다 헐고 거기서 빻아내려서 그
것들의 가루를 기드론 시내에 쏟아
버리고
13 또 예루살렘 앞 멸망의 산 오른쪽
에 세운 산당들을 왕이 더럽게 하
였으니 이는 옛적에 이스라엘 왕
솔로몬이 시돈 사람의 가증한 아스
다롯과 모압 사람의 가증한 그모스
와 암몬 자손의 가증한 밀곰을 위
하여 세웠던 것이며
14 왕이 또 석상들을 깨뜨리며 아세라
목상들을 찍고 사람의 해골로 그
곳에 채웠더라
15 또한 이스라엘에게 범죄하게 한 느
밧의 아들 여로보암이 벧엘에 세운
제단과 산당을 왕이 헐고 또 그 산
당을 불사르고 빻아서 가루를 만들
며 또 아세라 목상을 불살랐더라
16 요시야가 몸을 돌이켜 산에 있는
무덤들을 보고 보내어 그 무덤에서
해골을 가져다가 제단 위에서 불살
라 그 제단을 더럽게 하니라 이 일
을 하나님의 사람이 전하였더니 그
전한 야훼의 말씀대로 되었더라
17 요시야가 이르되 내게 보이는 저것
은 무슨 비석이냐 하니 성읍 사람
들이 그에게 말하되 왕께서 벧엘의
제단에 대하여 행하신 이 일을 전
하려 유다에서 왔던 하나님의 사람
의 묘실이니이다 하니라
18 이르되 그대로 두고 그의 뼈를 옮
기지 말라 하매 무리가 그의 뼈와
사마리아에서 온 선지자의 뼈는 그
대로 두었더라
19 전에 이스라엘 여러 왕이 사마리아
각 성읍에 지어서 야훼를 격노하게
한 산당을 요시야가 다 제거하되
벧엘에서 행한 모든 일대로 행하고
20 또 거기 있는 산당의 제사장들을
다 제단 위에서 죽이고 사람의 해
골을 제단 위에서 불사르고 예루살

렘으로 돌아왔더라
21 왕이 뭇 백성에게 명령하여 이르되
이 언약책에 기록된 대로 너희의
하나님 야훼를 위하여 유월절을 지
키라 하매
22 사사가 이스라엘을 다스리던 시대
부터 이스라엘 여러 왕의 시대와
유다 여러 왕의 시대에 이렇게 유
월절을 지킨 일이 없었더니
23 요시야 왕 열여덟째 해에 예루살렘
에서 야훼 앞에 이 유월절을 지켰
더라
24 요시야가 또 유다 땅과 예루살렘
에 보이는 신접한 자와 점쟁이와
드라빔과 우상과 모든 가증한 것
을 다 제거하였으니 이는 대제사장
힐기야가 야훼의 성전에서 발견한
책에 기록된 율법의 말씀을 이루려
함이라
25 요시야와 같이 마음을 다하며 뜻을
다하며 힘을 다하여 모세의 모든
율법을 따라 야훼께로 돌이킨 왕은
요시야 전에도 없었고 후에도 그와
같은 자가 없었더라
26 그러나 야훼께서 유다를 향하여 내
리신 그 크게 타오르는 진노를 돌
이키지 아니하셨으니 이는 므낫세
가 야훼를 격노하게 한 그 모든 격
노 때문이라
27 야훼께서 이르시되 내가 이스라엘
을 물리친 것 같이 유다도 내 앞에
서 물리치며 내가 택한 이 성 예루
살렘과 내 이름을 거기에 두리라
한 이 성전을 버리리라 하셨더라
28 요시야의 남은 사적과 행한 모든
일은 유다 왕 역대지략에 기록되지
아니하였느냐
29 요시야 당시에 애굽의 왕 바로 느
고가 앗수르 왕을 치고자 하여 유
브라데 강으로 올라가므로 요시야
왕이 맞서 나갔더니 애굽 왕이 요시
야를 므깃도에서 만났을 때에 죽인
지라
30 신복들이 그의 시체를 병거에 싣고
므깃도에서 예루살렘으로 돌아와
그의 무덤에 장사하니 백성들이 요
시야의 아들 여호아하스를 데려다
가 그에게 기름을 붓고 그의 아버
지를 대신하여 왕으로 삼았더라
31 여호아하스가 왕이 될 때에 나이가
이십삼 세라 예루살렘에서 석 달간
다스리니라 그의 어머니의 이름은
하무달이라 립나 예레미야의 딸이
더라
32 여호아하스가 그의 조상들의 모든
행위대로 야훼 보시기에 악을 행하
였더니
33 바로 느고가 그를 하맛 땅 립나에
가두어 예루살렘에서 왕이 되지 못
하게 하고 또 그 나라로 은 백 달란

기록일 : . . .

트와 금 한 달란트를 벌금으로 내
게 하고
34 바로 느고가 요시야의 아들 엘리아
김을 그의 아버지 요시야를 대신하
여 왕으로 삼고 그의 이름을 고쳐
여호야김이라 하고 여호아하스는
애굽으로 잡아갔더니 그가 거기서
죽으니라
35 여호야김이 은과 금을 바로에게 주
니라 그가 바로 느고의 명령대로
그에게 그 돈을 주기 위하여 나라
에 부과하되 백성들 각 사람의 힘
대로 액수를 정하고 은금을 징수하
였더라
36 여호야김이 왕이 될 때에 나이가 이
십오 세라 예루살렘에서 십일 년간
다스리니라 그의 어머니의 이름은
스비다라 루마 브다야의 딸이더라
37 여호야김이 그의 조상들이 행한 모
든 일을 따라서 야훼 보시기에 악
을 행하였더라
24 여호야김 시대에 바벨론의 왕 느
부갓네살이 올라오매 여호야김이
삼 년간 섬기다가 돌아서 그를 배
반하였더니
2 야훼께서 그의 종 선지자들을 통하
여 하신 말씀과 같이 갈대아의 부
대와 아람의 부대와 모압의 부대와
암몬 자손의 부대를 여호야김에게
로 보내 유다를 쳐 멸하려 하시니
3 이 일이 유다에 임함은 곧 야훼의
말씀대로 그들을 자기 앞에서 물리
치고자 하심이니 이는 므낫세의 지
은 모든 죄 때문이며
4 또 그가 무죄한 자의 피를 흘려 그
의 피가 예루살렘에 가득하게 하였
음이라 야훼께서 사하시기를 즐겨
하지 아니하시니라
5 여호야김의 남은 사적과 행한 모든
일은 유다 왕 역대지략에 기록되지
아니하였느냐
6 여호야김이 그의 조상들과 함께 자
매 그의 아들 여호야긴이 대신하여
왕이 되니라
7 애굽 왕이 다시는 그 나라에서 나
오지 못하였으니 이는 바벨론 왕이
애굽 강에서부터 유브라데 강까지
애굽 왕에게 속한 땅을 다 점령하
였음이더라
8 여호야긴이 왕이 될 때에 나이가
십팔 세라 예루살렘에서 석 달간
다스리니라 그의 어머니의 이름은
느후스다요 예루살렘 엘라단의 딸
이더라
9 여호야긴이 그의 아버지의 모든 행
위를 따라서 야훼께서 보시기에 악
을 행하였더라
10 그 때에 바벨론의 왕 느부갓네살의
신복들이 예루살렘에 올라와서 그
성을 에워싸니라

기록일 : . . .

11 그의 신복들이 에워쌀 때에 바벨론
의 왕 느부갓네살도 그 성에 이르니
12 유다의 왕 여호야긴이 그의 어머니
와 신복과 지도자들과 내시들과 함
께 바벨론 왕에게 나아가매 왕이
잡으니 때는 바벨론의 왕 여덟째
해이라
13 그가 야훼의 성전의 모든 보물과
왕궁 보물을 집어내고 또 이스라엘
의 왕 솔로몬이 만든 것 곧 야훼의
성전의 금 그릇을 다 파괴하였으니
야훼의 말씀과 같이 되었더라
14 그가 또 예루살렘의 모든 백성과
모든 지도자와 모든 용사 만 명과
모든 장인과 대장장이를 사로잡아
가매 비천한 자 외에는 그 땅에 남
은 자가 없었더라
15 그가 여호야긴을 바벨론으로 사로
잡아 가고 왕의 어머니와 왕의 아
내들과 내시들과 나라에 권세 있는
자도 예루살렘에서 바벨론으로 사
로잡아 가고
16 또 용사 칠천 명과 장인과 대장장
이 천 명 곧 용감하여 싸움을 할 만
한 모든 자들을 바벨론 왕이 바벨
론으로 사로잡아 가고
17 바벨론 왕이 또 여호야긴의 숙부
맛다니야를 대신하여 왕으로 삼고
그의 이름을 고쳐 시드기야라 하였
더라

18 시드기야가 왕이 될 때에 나이가
이십일 세라 예루살렘에서 십일 년
간 다스리니라 그의 어머니의 이름
은 하무달이요 립나인 예레미야의
딸이더라
19 그가 여호야김의 모든 행위를 따라
야훼 보시기에 악을 행한지라
20 야훼께서 예루살렘과 유다를 진노
하심이 그들을 그 앞에서 쫓아내실
때까지 이르렀더라 시드기야가 바
벨론 왕을 배반하니라

25 시드기야 제구년 열째 달 십일에
바벨론의 왕 느부갓네살이 그의 모
든 군대를 거느리고 예루살렘을 치
러 올라와서 그 성에 대하여 진을
치고 주위에 토성을 쌓으매
2 그 성이 시드기야 왕 제십일년까지
포위되었더라
3 그 해 넷째 달 구일에 성 중에 기근
이 심하여 그 땅 백성의 양식이 떨
어졌더라
4 그 성벽이 파괴되매 모든 군사가
밤중에 두 성벽 사이 왕의 동산 곁
문 길로 도망하여 갈대아인들이 그
성읍을 에워쌌으므로 그가 아라바
길로 가더니
5 갈대아 군대가 그 왕을 뒤쫓아가서
여리고 평지에서 그를 따라 잡으매
왕의 모든 군대가 그를 떠나 흩어
진지라

기록일 : . . .

6 그들이 왕을 사로잡아 그를 립나에
있는 바벨론 왕에게로 끌고 가매
그들이 그를 심문하니라
7 그들이 시드기야의 아들들을 그의
눈앞에서 죽이고 시드기야의 두 눈
을 빼고 놋 사슬로 그를 결박하여
바벨론으로 끌고 갔더라
8 바벨론 왕 느부갓네살의 열아홉째
해 오월 칠일에 바벨론 왕의 신복
시위대장 느부사라단이 예루살렘에
이르러
9 야훼의 성전과 왕궁을 불사르고 예
루살렘의 모든 집을 귀인의 집까지
불살랐으며
10 시위대장에게 속한 갈대아 온 군
대가 예루살렘 주위의 성벽을 헐었
으며
11 성 중에 남아 있는 백성과 바벨론
왕에게 항복한 자들과 무리 중 남
은 자는 시위대장 느부사라단이 모
두 사로잡아 가고
12 시위대장이 그 땅의 비천한 자를
남겨 두어 포도원을 다스리는 자와
농부가 되게 하였더라
13 갈대아 사람이 또 야훼의 성전의
두 놋 기둥과 받침들과 야훼의 성
전의 놋 바다를 깨뜨려 그 놋을 바
벨론으로 가져가고
14 또 가마들과 부삽들과 부집게들과
숟가락들과 섬길 때에 쓰는 모든
놋그릇을 다 가져갔으며
15 시위대장이 또 불 옮기는 그릇들과
주발들 곧 금으로 만든 것이나 은
으로 만든 것이나 모두 가져갔으며
16 또 솔로몬이 야훼의 성전을 위하여
만든 두 기둥과 한 바다와 받침들
을 가져갔는데 이 모든 기구의 놋
무게를 헤아릴 수 없었으니
17 그 한 기둥은 높이가 열여덟 규빗이
요 그 꼭대기에 놋 머리가 있어 높
이가 세 규빗이요 그 머리에 둘린
그물과 석류가 다 놋이라 다른 기
둥의 장식과 그물도 이와 같았더라
18 시위대장이 대제사장 스라야와 부
제사장 스바냐와 성전 문지기 세
사람을 사로잡고
19 또 성 중에서 사람을 사로잡았으니
곧 군사를 거느린 내시 한 사람과
또 성 중에서 만난 바 왕의 시종 다
섯 사람과 백성을 징집하는 장관의
서기관 한 사람과 성 중에서 만난
바 백성 육십 명이라
20 시위대장 느부사라단이 그들을 사
로잡아 가지고 립나 바벨론 왕에게
나아가매
21 바벨론 왕이 하맛 땅 립나에서 다
쳐죽였더라 이와 같이 유다가 사로
잡혀 본토에서 떠났더라
22 유다 땅에 머물러 있는 백성은 곧
바벨론 왕 느부갓네살이 남긴 자라

기록일 : . . .

왕이 사반의 손자 아히감의 아들
그달리야가 관할하게 하였더라
23 모든 군대 지휘관과 그를 따르는
자가 바벨론 왕이 그달리야를 지도
자로 삼았다 함을 듣고 이에 느다
니야의 아들 이스마엘과 가레아의
아들 요하난과 느도바 사람 단후멧
의 아들 스라야와 마아가 사람의
아들 야아사니야와 그를 따르는 사
람이 모두 미스바로 가서 그달리야
에게 나아가매
24 그달리야가 그들과 그를 따르는 군
사들에게 맹세하여 이르되 너희는
갈대아 인을 섬기기를 두려워하지
말고 이 땅에 살며 바벨론 왕을 섬
기라 그리하면 너희가 평안하리라
하니라
25 칠월에 왕족 엘리사마의 손자 느
다니야의 아들 이스마엘이 부하 열
명을 거느리고 와서 그달리야를 쳐
서 죽이고 또 그와 함께 미스바에
있는 유다 사람과 갈대아 사람을
죽인지라
26 노소를 막론하고 백성과 군대 장관
들이 다 일어나서 애굽으로 갔으니
이는 갈대아 사람을 두려워함이었
더라
27 유다의 왕 여호야긴이 사로잡혀 간
지 삼십칠 년 곧 바벨론의 왕 에윌
므로닥이 즉위한 원년 십이월 그
달 이십칠일에 유다의 왕 여호야긴
을 옥에서 내놓아 그 머리를 들게
하고
28 그에게 좋게 말하고 그의 지위를
바벨론에 그와 함께 있는 모든 왕
의 지위보다 높이고
29 그 죄수의 의복을 벗게 하고 그의
일평생에 항상 왕의 앞에서 양식을
먹게 하였고
30 그가 쓸 것은 날마다 왕에게서 받
는 양이 있어서 종신토록 끊이지 아
니하였더라

기록일 : . . .

구약 4 : 사무엘상 - 열왕기하

성령님과 함께 쓰는

은혜로운 필사성경 4

초판 1쇄 인쇄 2020년 5월 06일
초판 1쇄 발행 2020년 5월 27일

편 집 인 김호성
발 행 처 서울말씀사
출판등록 제2016-000172호
주 소 서울시 영등포구 은행로 55, 나동 9층
전 화 02) 846-9222
팩 스 02) 846-9225

MERCIFUL WRITING BIBLE